창간호 ● 2010

울산문수필담동인

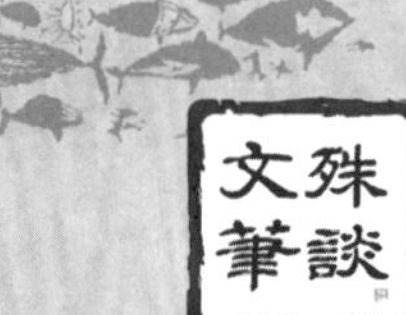

차례

창간호 • 2010

>>>>기행문 · 수기

>>>>논단

점수청정點水蜻蜓한 마음으로

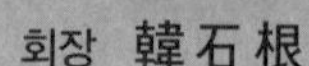

꽃들이 만발하게 피는 늦은 봄날 물 위를 나는 잠자리가 물점 찍는 모습을 보고 읊은 두보의 시 〈곡강曲江〉 제5, 6구에 나오는 대목이 '점수청정' 이다.

봄 풍경을 절묘하게 포착했다. 잔잔한 수면 위를 엷은 날갯짓하며 살짝 구부린 꽁지로 점 하나 살며시 찍으며 알을 낳고 날아가는 잠자리의 모습을 그렸다.

이 시의 제4구는 '인생칠십고래희人生七十古來稀' 라 읊었다. 이 구절에서 70세를 고희라 부르게 되었다고 〈세설신어世說新語〉에서 정민은 읊었다.

이제 칠십에 이르니 주변의 모든 것이 새로워지고 걸어온 인생행로가 되돌아 뵌다. 하여 잠시 머물다 가는 이생에서 마음 맞는 사람끼리 글벗이 되어 필담筆談과 시심詩心을 나누며 두보의 '점수청정' 같은 글을 쓰며, 고담준론의 애애한 정을 돈독히 하고자 이 모임을 창립했다.

필담 동인끼리 밀고 당기며 오뉘같이 따슨 마음을 가슴 가장자리에 간직하며, 공자가 말했듯,

> 이제 칠십에 이르니 주변의 모든 것이 새로워지고
> 걸어온 인생행로가 되돌아 뵌다.
> 하여 잠시 머물다 가는 이생에서 마음 맞는 사람끼리
> 글벗이 되어 필담筆談과 시심詩心을 나누며
> 두보의 '점수청정' 같은 글을 쓰며,
> 고담준론의 애애한 정을 돈독히 하고자
> 이 모임을 창립했다.

학이시습지불역열호인부지이불온불역군자호

學而時習之不亦說乎人不知而不慍不亦君子乎

배우고 또 그것을 수시로 익히면 어찌 기쁘지 아니하겠는가?

사람들이 알아주지 않아도 성내지 않으면 어찌 군자가 아니겠는가?

하려고 다짐해 본다.

우리 문수필담 동인들도 비록 이순에 이르고, 고희에 접어들면서 두보의 시 〈곡강〉 같은 문체를 따르고, 공자의 가르침을 익혀 부끄럽지 않은 글을 쓰고 올바른 삶을 살고자 노력하리라.

세상에 태어난 《문수필담》 창간호, 서툰 걸음 내딛는 동인들을 따뜻하고 애정 어린 눈길로 보살펴 주길 바란다.

2010. 12. 30

殊談文筆

시

문수필담
창·간·호

한석근 —— 표충사 솔숲 외 2

김금자 —— 작천정에서 외 2

김수정 —— 울산 12경의 노래詩

한신디아 —— 너의 이름 외 2

정환철 —— 길목 외 2

김경식 —— 행복한 삶 외 2

유성재 —— 연어의 전설 외 1

이명숙 —— 태화강 은빛 억새 외 1

김경숙 —— 눈 내린 아침 외 1

표충사 솔숲 외 2

원시의 섭리를 내부로 간직하고
눈망울 초롱히 남성의 근육질 드러내듯
억센 가지마다 뒤틀린 자세로
허공을 향해 치솟는 아우성은
조선인의 독립을 위한 기백을 닮았구나

더러는 통곡하듯 겨울바람 송뢰松籟는
한민족의 혼을 흔들어 위기를 부추기며
외세의 침략 앞에 항거하는 몸부림으로
땅을 끌어안고 불끈 쥔 주먹 뿌리며
거북등 같은 피부로 연륜을 이겨낸 등걸은
바늘 잎새 더불어 천년 사찰 영화를 꿈꾸는구나

솔숲은 어느 때 행인으로 찾아와도
산과 계곡의 풍광을 자랑하고
나무와 수석搜石의 묘경을 연출하고

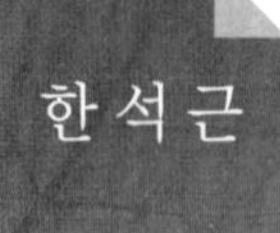

《월간문학》《시대문학》으로 문단 데뷔. 동포문학상, 한국수필문학상, 울산문화상 수상. 대표에세이문학회 · 경남수필문학회 회장 역임. 울산시인협회장, 한국문인협회 · 국제PEN클럽 회원

산새들과 다람쥐의 곡예를 바라보며
봄을 기다리는 노목의 자세는 의연하구나

한풍산빛 한 자락 여린 가지마다 거느리고
너울대는 모습은 민족의 넋을 달래는
신바람 민족의 춤사위같이 신명나는 그 품새
다시 오고 싶은 표충사 곰솔숲은
언제 보아도 넉넉하고 아름답구나

처음은

강가의 잔자갈도
처음은
큰 바위였고
출렁이는 강물도
처음은
숲의 목마름을 적셔주던
빗방울이었다

웃기지 마라
세상사 사는 것이 다 그런 것인데
어쩌자고 혼자만이 고고한 군자 같고
천상천하 유아독존인가

한낱 거리에서
구걸하는 걸인에게도
저 나름의 인생이 있고
희망과 포부가 있다

깨어진 사기그릇도
처음은
반듯한 상 위에 오른

귀하게 대접받던
반상기飯床器였다

쥐뿔 같은 힘 가졌다고
까불대지 마라
한 번은 누구나
처음은
큰 바위였고 강물도
숲의 목마름을 적셔주던
고산준령에 내리던
빗방울이었다

당신도
처음은
때 묻지 않은
순진무구한 어린아이였다.

발랄한 목도目島

사방 둘러보아도
지난날 상처 진 곳 아물어
섬은 발랄한 청춘이다

노목 숲 가지 사이 두견杜鵑이 울면
젊은 후박나무들
저마다 잘난 얼굴로
새잎이 돋는 상춘賞春이다

젖은 옷 털며
육지를 향해 걸어나오는 섬은
동백나무 잎새마다
붉은 혀 깨물고 지독하게
현란한 춤추는 모습 환상이다

섬나무들 무리지어 덩달아
꽃축제에 신이 나서
짙은 초록바다 손뼉을 치며
환희로운 새들의 노랫소리에 젖어
뱃고동 앵콜올 자청이다

작천정에서 외 2

— 한시백일장

작괘천 너럭바위 하이얀 버선코
사뿐사뿐 구름 타고 내려앉았네
숨죽인 계곡물, 굴참나무, 안 보는 듯 젖었다

한 자락 두 자락 풀어내는 신들린 붓끝
구부정 허리 펴고 시 한수 적어 날리는
촌로들 눈동자 속으로 흘러드는 구름들

김금자

《시조문학》 2007년 신인상 등단. 울산시조시인협회 사무국장, 울산공단문학회 회원.
울주문화원 사무국장

빈 집

눈도 아닌 것이
눈이라고 우기며
직선을 그리며 공격하던 날
겁 없이
울밀선을 단숨에 넘어버렸다

거미 병정들이
진을 친 대문을 비집고
와락, 껴안은 장작더미
저 너머로
입 앙다문 창호지 문
눈물만 그렁그렁

문고리에
매달린
그녀 목소리가 흔들리고
바람이 눈을 담아 등짝을 떠밀며
웅 웅 웅 대숲이 말없이 떠났다 한다

파 꽃

네가 알면 무엇을 얼마나 안다고
얼굴엔 하얀 솜털이 뽀송뽀송한데
비워야 가벼워진다고 목청 높이고 있다

배 아픈 건 참지만, 고픈 건 못 참아
뱃속 가득 욕심 채워 다져질까 두렵다
아는 듯 유월 햇살은 등 두드려 주는데

시

울산 12경의 노래詩

1960년 공업 입국이란 기치 아래 전격적으로 울산에 진행된 공업단지는 활발하게 추진되었다.

산업도시로 성장한 울산은 그동안 각종 공해와 폐수에 삶의 젖줄인 태화강은 죽음의 강으로 변하고 온갖 공해병으로 시달려 왔다. 이런 병든 도시에서 미래를 위한 삶의 희망은 보이지 않았고 문화와 예술을 향유할 수 있는 가치관은 상실된 채 나은 미래의 생활을 영위하기 위해서는 획기적인 대안이 시급해졌다. 울산시는 광역시 승격을 강력히 추진하여 지난 97년 경상남도의 완강한 반대를 무릅쓰고 광역시 승격이란 쾌거를 이뤄냈다.

그동안 울산광역시는 외면했던 공단의 공해 배출을 통제하고 개도하면서 공해 없는 쾌적한 도시 만들기에 앞장섰다. 그러기 위해 태화강으로 흘러드는 오염물질인 오수와 폐수를 차단하고 야간에 방출하는 공해물질을 철저하게 감시 통제했다. 10여 년이 지나면서 강물은 되살아나고 시들어가던 가로수도 생명력을 되찾았다.

드디어 생태가 살아난 강으로 되돌아오면서 공해도시는 생태

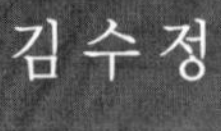

김 수 정

부산대학원 음악과 졸업. 1995년 《서울문학》 등단. 한국작곡가회 자문위원, 동주대 작곡과 교수

도시로 변하여 희망의 녹색물결이 출렁거렸다. 죽었던 강물 속에 사라졌던 숭어 떼와 전어 떼가 몰려들고 연어가 돌아와 알을 낳았다. 그 사이 문화 예술도 서서히 되살아 꽃피어서 생태도시로, 녹색도시로, 예술의 도시로 탈바꿈했다.

이런 노력으로 세계 속의 울산으로 발돋움한 울산은 볼거리, 먹거리, 즐길거리를 만들어 가려고 오래 전부터 관이 주도하여 추진위원회를 구성하여 새로운 관광사업 차원에서 울산 12경을 지정했다.

이에 발맞추어 12경을 예찬하는 노래가사로 시를 쓰고 작곡하여 울산 12경의 노래를 만들었다.

가지산 사계 외 11

—1경

태화강의 발원지
우리나라 산 중에 가장 먼저
일출 볼 수 있는 곳
사계절에 비경을 볼 수 있고
여름에는 싱그러운 푸르름
봄에는 향기로운 색깔
가을에는 깊은 숲
깊은 개울에 마음을
가지산 사계 깊은 개울에
마음을 비우고 말없이 서 있다.

강동, 주전 해안 자갈밭
—2경

까만 밤 둥근 밤 몽돌밤
보석돌 강동 자갈밭
하얀 물보라가 푸른 물보라 사이로
빛으로 춤을 춘다
푸른 동해안 청정지역이
너와 나를 행복한 몸짓으로 부른다
강동 주전 해안 자갈밭
너와 나를 행복한 몸짓으로 부른다

간절곶 일출

—3경

동쪽 나라 아시아에서
해가 제일 먼저 뜨는 곳
대륙에서 해가 제일 일찍
잠을 깨는 곳
간절곶 일출은
희망을 노래하는 곳
우리 삶의 힘을 주는 곳
동해안의 아름다운
절경을 볼 수 있는 곳
꿈속에서도 보고 싶은 일출

대왕암 송림

—4경

바다 위에 서 있는
일만이천 아름드리 송림
기암괴석 절묘한 바위들이
우정을 노래하고
동해 푸른 바닷물은
대왕암 송림을 품에 안고
사랑을 속삭이고 있다
신라의 문무대왕 비가
호국용이 되어서 머무는
대왕암 송림

대운산 내원암 계곡

—5경

자연의 명품 깊고 맑은
청량한 계곡 수려한 폭포
가슴속에 안기고서
아름다운 자연의 명품
대운산 폭포는
내원암 계곡을 시원하게
잠을 깨우고 있다
자연의 명품 대운산 내원암 계곡

문수체육공원

—6경

보석 같다고 칭송받은
축구경기장 문수축구경기장
문수산 남암산 호수와 어우러져
한 폭의 그림을 그리고
건강과 행복을 주는
문수체육공원
우리의 영원한 좋은 친구로다
우리들의 삶의 활기를 주는
문수체육공원
우리들의 건강 우리들의 만남
우리들의 사랑 익어가는 곳
삶의 활기를 주는 문수체육공원

무룡산에서 바라본 울산공단 야경

—7경

밤에 보는 울산공단
야경은 보석을 뿌려 놓은 것과 같이
빛나는 모습
아름답기가 수정 같고
어두운 무룡산의 공단은
노래한다 한국의 산업도시
수도의 자태를 노래하고 있다
무룡산에서 바라보는
울산공단 야경은 소망의 불빛

반구대
—8경

자연과 조화를 이루어
산과 이야기하고 있는
거북 한 마리 바위로 몸단장하고
넙죽 엎드린 모양을 하여
우리를 유혹하고 있다
연호산의 한 줄기가 뻗어
이곳에 멈춰서 묘한 바위로
누워 있는 반구대
소나무와 숲들과 물소리와
친구가 되어서 멋진 합창을 하며
그 모양새가 거북이와 같다

신불산 억새평원
—9경

1. 사평과 함께
영남의 가장 귀한
억새 군락지 광활한 억새평야
가을이면 은색 물결이
춤추는 곳 명산 중의 명산
아름답고 신비로운
명산 중의 명산
신불산 억새공원
공원은 가을이면
꿈속에서 속삭이는 소리

2. 설레이는 마음
기쁨 맘 좋은 사람
함께하는 곳 산세가 화려하고
물 좋은 곳 쉬어가는 곳
등산로 옆길에는
들꽃 피어 있고
꾸불꾸불 돌고 돌아온 곳
억새공원 공원은
공원은 가을이면
꿈속에서 속삭이는 소리

작괘천

—10경

간월산에서 등억리를 지나
작천정 앞을 흐르는 시냇물
물은 맑고 풍경은 그림 같아
암반의 모양이 희귀하도다
움푹 움푹 파인 형상
넓고 넓은 바위 오랜 세월 동안
흐르는 물에 세수하여 조각되어
그 모양이 찻잔 같아
묘한 자태 묘한 형상이로다
모양이 찻잔 같아
묘한 자태 묘한 형상이로다

태화강 선바위와 십리대밭

—11경

태화강 상류에 서 있는 바위
선바위는 왜 서서 있을까
기암절벽과 백용담이 어우러져
아름다운 그림 십리대밭은
철새들이 쉬어가는 별장
행복의 보금자리
십리대밭은 우리들의 안식처가 되는
마음의 보금자리

파래소 폭포
—12경

배내골에 깊은 계곡
원시림이 어우러진 절경
물보라의 찬란한 모습
웅장한 비경 폭포의 하얀 포말은
마음을 경외롭게 한다
물보라와 자연이 어우러진 절경
마음을 시원하게 한다
흘러내린 폭포수
내 마음 맑게 한다

너의 이름 외 2

사각거리는 낙엽을 힘껏 움켜 안으면
먼지보다 가늘게 흩어질 야윈 인연들
그리움으로 잘 삶아진 눈물을
나는 무엇이라 불러야 하나
삶의 마지막 날까지 다시 놓칠 수 없이
나를 숨 쉬게 하고 있는 그 이름아

노을 지는 강변을 외로움 붉게 달구며
헛씹어 맴돌고 있을 쓰린 통곡에게
이젠 어디쯤 왔느냐고 물어야 할까
어두운 밤하늘 노란 은행잎이 별 되어 반짝이면
너울너울 춤추고 있을 질기고 쓴 기다림이여

가을이 먼 곳까지 와락 쏟아진 자리마다
여전히 굶주리고 서 있을 창백한 고백들에게
진정 목 놓아 부르고도 아깝지 않을 메아리 되어
눈부시게 다시 찾아올 사랑이라는 너의 이름

《국보문학》 등단. 울산시인협회 회원, 울산문수필담 동인

당신을 위한 기도

쓸쓸함,

그 숨 막히는 절대 고독의 순간에
먼 교회당 종소리처럼
낮게 울리는 긴 여운을 담아

서릿발 내리는 겨울
벗은 나무의 소리 없는 숨결을 느끼며
당신을 위한 기도로 새벽을 넘는다

늘 엇갈리는 상사화相思花처럼
우리가 만날 날은 점점 떠밀려 가는
젊은 파도들의 망설임이 되어도

그리움 절은 바다를 향해
영원히 끝나지 않을
우리들의 희망으로 약속하리다

당신을 위해 나는
고독으로 절규하다 외로이 부서질
침묵의 파도로 살아가리.

봄비 내린 날

노년의 어머니는 도회지 병동이 집이셨고
동백이 소복한 계절까지 들풀처럼 그리 사셨다
손마디 틀리도록 자식 궂은 수발 다하여도
꼼짝 못할 병세 앞엔 재간 없는 서러움뿐이셨다
뚫린 가슴을 말 못할 사연으로 가득 메우시며
괘안타 걱정 마라 이제는 더는 아프지 않겠다
조금만 더 있다 가거라 잠시면 된다
바쁜 마음의 내 발길 말리시고 부름 놓은 지 얼마 만에
아끼고 보듬어야 했을 애달픈 밤 남겨 두시고
미련 담은 눈물 끝 가늘게 두 볼을 적신 채
봄비 어여삐 내린 날 진달래꽃잎 따라 하늘 길 지르셨네
내 새끼 내 새끼 금쪽같은 내 새끼 노래하시던
어머니 그리운 날 봄비가 하염없이 내린다.

길목 외 2

산동네
산그늘엔
눈이 녹는데
꽃동네
양지쪽엔
꽃이 피는데
어슴푸레 졸린 눈빛
오금 저린 철쭉 가지
풋가슴 피어나는
첫순정 한구석엔
꽃편지 잎편지 목이 메인 쪽지 한 장
해묵은 사연에 묻혀 옷고름만 적시다가
한 사나흘 한 열흘쯤
몸살 앓던 꽃처녀
문고리 고쳐 걸고 몸을 푸는 이른 봄.

정환철
현대자동차

백령도

3.26 21시 22분
백령도 하늘은 별빛도 흐느꼈다
대한의 수병들이 대한의 희망들이
한순간 공포와 절망을 만났을 때
캄캄한 선체 격실에서 몸부림칠 때
조국은 조국은 두동강 허리 잘려
파도 속에 침몰했다
기다려도 차디찬 물속에서 애타게 기다려도
무심히 흘러간 최후의 69시간
정치판은 40m 수중을 혓바닥으로 훑었지만
새우 한 마리 물지 못한 채 틀니만 박살났다
지상에는 애끓는 통곡 소리만 통곡 소리만이
내 아들 내 남편 내 아빠를 부르며 울부짖는 눈물의 백령도
실낱같은 희망도 던져버린 가슴에 너를 고이고이 묻고서
돌아서면 돌아서면 저 파도가 미치게 춤을 춘다
달 뜨고 해 지고 뭇 세월 스쳐가도
그 상처 서러워서 어이 잊으리오
꽃다운 넋들이 출렁이며 찾아오는데 저렇게 웃으면서 달려오는데
용감했던 전우야, 뱃고동 울렸다 기상나팔 소리 울렸다 일어나라
그토록 다정했던 우리의 전우야 많이 먹어라
위령제 목소리도 함께 먹으려무나

옛 집

꿈속에서 보았네
외딴 초가집
힘겹게 버텨선
지붕 위로
실연기 피어나는 집

숭숭 뚫린 벽 틈으로
드나드는 바람 따라
찢긴 문풍지에
달빛이 젖는 집

채송화 마당가에
햇살 남겨 놓고
엄마랑 누나랑
두레일이 저문 날은
별빛이 먼저 마중 나오는 집

살구꽃이 눈부시게 피어 있는
외딴 초가집
흑백필름
옛집을
꿈속에서 보았네

행복한 삶 외 2

바람이 불어도 꽃봉오리가 미소를 머금듯이
세상이 어지럽고 어려운 시련이 밀려올지라도
정직하고 밝게 살아갈 수 있기를 소원한다.

지난날의 어려운 일들을 돌아보며
더 나은 미래의 좋은 결실을 위해
오늘도 다시 마음을 다지며 달려간다.

인간의 마음속에 가장 아름다운 사랑
기쁨으로 맞이하는 따뜻한 이웃
소중한 나의 존재를 떠올린다.

조물주의 축복으로 아름다운 세상에 내려오고
사랑 속에 더욱 기쁘고 뜻 깊은 날
인생의 여정에 행복한 날을 기원한다.

전 무룡중학교 교장, 울산제일교회 장로, 홍조근정훈장 수상

오늘도 뜻 깊은 하루의 날이 밝아오고
미래의 목표를 위한 모든 일에도
하나님의 은총을 진심으로 기대해 본다.

삶에 인정과 기쁨이 넘치고
늘 건강한 모습으로 미래를 꿈꾸며
믿음, 소망, 사랑이 가득한 행복한 삶을 염원한다.

아름다운 말

서로의 마음과 마음을 이어주는 다리
아침 처음 만날 때 건네는 정다운 인사 한마디
하루를 정답고 아름답게 열어갈 수 있지요.

공간 속에서 하루를 꾸며 나가는 많은 시간들
오가며 만나는 사람에게 반기는 웃음의 말
하루를 행복한 마음으로 맞이하고 보낼 수 있지요.

행복해질 수 있는 말로 서로에게 다가가면
짧은 말 한마디로 마음의 문을 열게 되고
듣는 순간 우리에게 기쁨을 가져다주지요.

사랑해, 고마워, 미안해, 짧은 한 마디 말
상대에게 따뜻한 감정을 건네게 되어
서로 진심으로 사랑하는 마음을 가지게 되지요.

세상이 아무리 어렵고 힘들더라도
아름다운 말로 마음의 문을 활짝 열면
우리 곁에 있는 많은 사람이 행복해지지요.

주위의 사람들에게 건네는 아름다운 말로
모두 행복의 문을 열고 달려 나가
살기 좋은 아름다운 세상으로 만들어 가지요.

축 복

마음속 사무치는 그리움이
주름 속으로 스미어 들고
아름답게 속삭이던 사랑은
세월 속으로 여운을 남긴다.

지나가는 세월의 흐름에
마음을 실어 날려 보내고
주름살 위로 웃음의 꽃이 피어나
풍성한 삶으로 영글어 간다.

안개처럼 날아간 그리움은
아늑한 마음으로 돌아오고
사랑으로 불러들여 속삭이며
임의 모습 아름답게 그려 본다.

하나님의 손길을 삶에서 느낄 때
우리의 소망이 마음 밭에 내리고
서로의 사랑 속에 미움은 사라지고
모든 아픈 기억 물러간다.

하나님의 은혜 속에 소망을 그리며
지나온 삶이 신의 은총 만들고
미래의 삶에 행복을 기대하며
아름다운 그대만을 축복한다.

연어의 전설 외 1

한가위 보름달 만삭이 되는 날
눈 감으면 코 베어 간다던 도시로 간 새끼 연어들
피멍이 들고 실핏줄 터져나는 오체투지五體鬪志로
숙명처럼 모천母川을 찾아든다

죽음보다도 더 지독한 외로움에 목구멍까지 닫혀버려
생명이 꺼져가던 모천母川은
연어 떼 찾아오는 날
맥박이 뛰고 붉은 피가 돈다

오늘 밤 연어는 다시 어머니 꿈을 꾼다

굳게 닫혔던 녹슬은 고향 집 대문
앞가슴 활짝 열어젖히고
아들 며느리 손자 이산가족 상봉하는 날
그 지독한 울 엄니 신경통 거짓말처럼 낫는다

마을 뒷길 돌아 어린 연어들 바다꿈 꾸던 시냇가

삼호초등학교 교장

여름이면 동네 물까마귀 자맥질하던 맑은 시냇물 흐르던 자리
육중한 다리 떠~억하니 심술궂게 누워 있고
어머니 속살 같은 그 하얀 모래언덕 자리엔
이름 모를 잡초만 무성하다

모정母情은 상전벽해桑田碧海에 묻혀 말이 없지만
너도 언젠가 어미 되면 연어의 전설을 전해 듣겠지…,

모진 산고産苦 이겨 낳은 자식
언제 저리 늙었나
애타는 어미 마음 자식은 알까

하룻밤 새기가 무섭게 바쁘다는 핑계로
하나 둘 서둘러 떠나는 자식이 약속도 하련만
'어여들 가거라, 조심해서 가거라'
서운함 애써 감추고 어미는 굴비처럼 운다

산모퉁이 돌아 멀어질 때까지
어머니는 망부석처럼 언제까지나 그 자리에 서 계셨다.

장돌뱅이

우리 부부는 주말이면 시골장터 찾는 장돌뱅이다

오늘도 시골장 가는 날
딱히 살 것은 없어도 마음부터 설렌다.

장터 길목길 풍경 언제나 새로운데
한껏 멋 부린 시골아낙 발걸음 구름 위 날듯 살갑고
이웃동네 아저씨 이산가족 상봉한 듯 반가운데
검게 그을린 함박웃음 얼굴얼굴들

그렇게 장터엔 포도송이 같은 인간의 정이 익어가고
사랑방 메주 익는 향긋한 냄새로 가득하다

'삐꺼덕삐꺼덕' 뻥튀기 타임머신처럼 돌아가고
마주치는 사람마다 모두가 형님 아우
국밥집 뽀오얀 김 속에 신선이 마주 앉아
넘치는 막걸리 한 잔 쭈욱 온 세상 행복을 다 마신다

비좁은 골목길로 밀려난 채소 파는 노파상인
푸성귀 몇 묶음 앞에 놓고 손자 다루듯 매만지는 그 손길에서
시공을 초월한 강태공의 넉넉함이 부럽다

돈에 환장하고 가짜가 더 진짜 같은 세상
나를 잊고 너를 탓하며 초침에 매달려 허둥대는 우리들에게
오늘을 살아야 하는 화두話頭를 던진다

비록 백화점처럼 화려하진 않지만
만족할 줄 아는 소박함을 가르쳐 주는 곳
시골장터에는 삶의 애환이 서려 있는
풋풋한 정이 넘치고 향긋한 사람 냄새로 젖어 있어 좋다

오늘도 우리 장돌뱅이 부부는 만선의 기쁨으로 돌아온다

태화강 은빛 억새 외 1

깨질 듯한 투명한 태화강에서
출렁이는 은빛 물결 억새 무리들
군중들은 새떼처럼 지나가고

움켜쥐면 바삭하고 부서질 듯
공허한 줄기 텅빈 몸통으로
바스라질 듯 땅으로 까무러질 듯해도
들풀들은 바람의 친구 되고

자연의 영혼을 닮은 태화강 은빛 억새들
거기 그렇게 너같이 되고 싶은 내가
바람에 춤추며 그곳에 서 있고 싶다

대한민국환경미술대전 운영위원 · 심사위원 및 초대작가. (사)환경미술협회 울산광역시지회장. 대구예술대학교 한국컨텐츠학과 겸임교수

바람개비 언덕

—임진각 평화누리에서

빨주노초 파남보
예쁜 색 바람개비 돈다
팔랑팔랑 바람춤 추고
바람개비 어깨춤 춘다
바람에 흔들리는
사랑의 노랫소리 들리고
생명의 들판 위에
희망 소리 들려온다

눈 내린 아침 외 1

어둠이 덜 깬 하얀 아침
밤새 내린 눈으로
아침도 꽁꽁 차도 꽁꽁
얼어붙은 거리 하루 늦춘다.

뜨거운 입김 '호오' 불어가며
차창 얼음 닦아낼 때
머릿속 어둔 생각 날아갔을까?

맑아진 유리 너머 천천히 달리는 길
내 마음 한결 맑아져
하얀 바깥 풍경과 사람들의 표정
어제보다 더 여유로워진 마음

김경숙

한자구구단 본부장, 독서논술진흥회 교육위원, 능률교육 화상영어 컨설턴트, 여성포럼 인적자원분과위원

하늘 그리기

하늘이 보고 싶다.
은혜로운 햇살 끝없이 이어지는 날

나는 지금 무얼 생각하고
나는 지금 무얼 희망하나

늘 웃는 얼굴이면서도 쓸쓸해 하는 것은
늘 행복해 하면서도 간절히 기도하는 것은

하늘이 보고 싶을 땐 하늘을 그림 그리면서
혼잣말로 약속해 본다

하늘처럼
넉넉히 살고 싶다고

文殊筆談

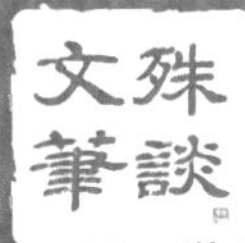

수필

문수필담
창 • 간 • 호

재건축과 욕심 외 1

주변에 재건축, 재개발로 주택, 땅 팔고 떼부자 된 사람이 더러 있다. 줄잡아 시가보다 두배는 더 받았으니 횡재한 것만은 틀림이 없다.

그런데 사업을 하다 중단한 곳이 많다. 펜스를 치고 공사를 하다 방치되었거나 아예 철거를 반쯤 하다 버려진 곳도 있다.

이렇게 중단된 주택과 공터가 각종 범죄의 온상이고 불량배들의 놀이터가 되고 있다.

혹자는 이런 결과를 가져온 것이 소수의 사람들이 터무니없이 5~10배 지가보상을 요구했기 때문이라고 한다. 타인보다 과욕을 부려서 시행사가 사

이영식

울산신용협동조합 전무 · 울산광역시 청소년위원장 · 국제민간외교협회(PTP) 한국본부 부총재 · 사단법인 메아리복지원 이사장 · 천주교 울산지역 평신도협의회 회장 지냄

업성을 잃어버렸기 때문에 투자한 돈 날리고 손을 뗐다고 한다.

속담에 '욕심이 많으면 실물을 감한다' 고 했다. 아마 이런 재건축, 재개발 현장의 과욕을 두고 한 말 같다. 남이야 어떻게 되든지 알 바 아니다. 내 욕심이 채워져야 하고 더불어 함께 살아야 된다는 사회성이 없는 행동이 부른 이웃과 사회에 준 과욕의 재앙이다.

내가 아는 건축업을 하는 L사장님은 사업을 하다 이런 일을 겪었다. 아파트를 짓기 위하여 부지를 다 매입했는데 한 필지만 유독 욕심을 부렸다고 한다. 평에 300만 원 땅을 600만 원을 주겠다고 해도 팔지 않아 5개월 동안 협의를 해도 성사가 되지 않아 하는 수 없이 그 대지를 빼고 설계를 하여 지하 기초를 마쳤다.

그때 그 지주가 찾아와서 사라고 해서 안 산다고 하니 평에 600만 원 주겠다 해도 안 팔던 땅을 300만 원 달라고 했다 한다. 지하공사를 마쳤으므로 필요가 없다고 하였는데 그 후 시름시름 앓다가 죽었다고 한다.

또 어느 고등학교 앞에도 흉물로 남은 현장이 있다. 시가보다 네배 반을 더 달라고 버티다 소송까지 갔다가 계약을 취소하라는 판결을 받고 그 충격으로 법원에서 나오다 병원으로 바로 갔다고 한다.

"과욕은 선이 아니다" 나 한 사람의 분별 없는 욕심이 업자를 망하게 하고 사업이 중단되어 정상적인 건설사와 이웃이 큰 손해를 입는 결과를 가져온 것이다. 또한, 범죄의 온상이 되어 피해 보는 주변과 시민들을 불안공포에 떨게 하고 있다. 더불어 함께 살겠다는 윤리의식이 그리워진다.

아무리 자본주의이고 시장경제 지향하는 민주국가지만 의식주의 재료를 가지고 과욕을 부리거나 눈 속이는 자들을 제재하는 강한 법적 뒷받침이 나와야 하겠다.

약 2년 동안 주택APT를 짓지 않았는데 내년부터 집이 많이 모자란다고 한다. 서민들이 내 집 가진다는 말 생각조차 하지 말아야 하겠다. 의식주의 농간을 합당하게 풀지 못하면 세상의 갈등은 해결의 길이 없다. "과욕은 선이 아니다."

천국에도 혼자만 오겠다고 하면 입장 불가라는 표시판이 있단다. 욕심 속에 찌들어 사는 사람은 평생 만족을 모르고 살다 간다고 한다.

어디로 가야 할까?

정의란 무엇인가

—법을 밟고 사는 사람이 있고 법을 이고 사는 사람이 있다면

요즘 "정의란 무엇인가"가 세간의 화두다. 하버드 대학 마이클 샌델 교수의 강의노트로 만든 책이 파장을 일으키고 있다.

사람과 사람, 집단과 집단 사이가 항상 정의를 가운데 두고 자기가 옳다고 다툰다.

도대체 정의란 무엇인가? 한마디로 설명을 할 수가 없다. 사전에는 사람으로서 지켜야 할 바른 도리라고 되어 있으며 관청에 가면 "정의사회 구현" 슬로건으로 많이 내걸려 있다.

샌델 교수는 의견의 불일치를 받아들이는 것이 "정의"로 가는 첫 단계이며 정치는 당파가 아닌 공공선에 대해 고민하는 것이라고 했다.

또한 남의 마음을 얻고 남을 인정하고 소통하는 것과 정치가 당파의 이익싸움이 아닌 국가와 국민을 위하여 마음을 쏟는 것이 정치적 정의라고 말하고 있다.

정의는 인간人間이 갈 곳에 가고, 있을 곳에 있고, 할 것을 하는 것이라고 생각한다. 항상 우리가 만들어 놓고 잘 지켜지지 않는 것이 법이므로 법이 지배하는 사회Rule of Law이고 또한 양심이 지배하는 사회Rule of conscience, 남을 배려하는 사회Rule of consideration라고도 생각한다. 이명박 대통령도 국정지표를 정의에 두고 선진국의 잣대로 삼고 있다.

국민 모두가 세계 속의 일류국가를 외쳐 봐도 개인이 아무리 많은 재산을 가져도 법이 공정하게 집행되지 않고 법을 밟고 사는 사람이 있고 법을 이고 사는 사람이 있다면 공정사회는 이룰 수 없을 것이다.

이것은 법관들의 문제만은 아니다. 큰 법이나 작은 법이나 국민들이 실천하고 지켜가지 않으면 정의의 외침이란 공허한 울림이 될 것이다.

종교나 개인 양심의 정의도 참 어렵다. 모든 종교가 다 그렇지만 내가 속한 가톨릭에서는 실천하자고 가르치는 내용이 십계명이다. 절대자신神에 대한 흠숭, 부모와 자식 윗사람과 아랫사람이 해야 할 예의, 국민의 국가에 대한 의무, 가난하고 고통받는 이에 대한 나눔을 구체적으로 실천하라고 한다.

영국은 분배를 잘못하여 큰 어려움을 겪었다. "요람에서 무덤까지"를 외치며 한땐 복지 천국이었다. 복지지수가 높아질수록 생산지수 GDP, GNDP도 높아져야 하는데 그 반대였다. 물고기 잡아주면 안되는데 잡아 줬고, 어디가면 잡는지 가르쳐 주지도 않았다. 그래서 게으르고 나태한 국민을 만들었다. 분배는 정말 공정하고 지혜로워야 한다.

노블레스 오블리주란 부자, 권력자, 앞선 자가 약자를 배려하자는 것이다. 또한 가진 자는 나눠야 될 의무와 책임이 있다는 것이다. 여기서 우리는 깊이 생각할 점이 있다. 가지지 않은 자가 기회균등이 주어졌는데도 열심히 하지 않아서 어렵다면 스스로 자초한 것인데 가진 자에게 나눠야 할 의무를 지우는 것은 정의인가? 깊이 생각해봐야 할 문제이고, 정의라고 할 수 없을 것이다.

요즘 나눔에 대하여 무척 강조하고 사회적 실천 덕목으로 가진 자들이 무언의 압력을 받는 것 같다. 경영학에서 “이익 없이 기업 없다”고 했는데 기업이 사회적 책임에 지나치게 휘둘리는 경우는 없어야 하겠다. 물론 세상에 공짜는 없기 때문에 기업이 베푼 만큼 거둘 수 있겠지만 강요는 일자리 자체를 줄게 할 수 있다고 생각한다. 특히 정부는 공정과세의 기준을 법과 정의에 둬야 한다.

소득이 높은 자가 세금을 적게 낸다면 복지의 정의는 불가능할 것이다. 선거에서 이겨 정권을 잡아야 하기 때문에 선심과 공짜로 표를 유혹해서는 절대 안 되겠다. 정치권이 각성하지 않으면 나라가 망하고 국민을 죽이는 결과를 가져올 것이다. 부자의 감세를 비판하면서 부자급식을 무상으로 하자는 이중 잣대는 논리에 맞지 않다.

무분별한 호화청사 건립과 지역축제로 혈세를 낭비하는 것을 막는 것도 정의의 실천이라고 생각한다. 물론 사회안전망의 구축은 꼭 필요하다. 국민들에게 공짜의 맛을 보이기는 쉬운데 마약과 같아서 끊으면 마음과 몸에 병이 온다는 것을 알아야 한다.

정의란, 지킬 것을 반드시 지키고, 갈 곳에 반드시 가고, 있을 곳에 반드시 있고, 할 것을 반드시 해야 하는 것이고, 나눌 것을 반드시 나누는 것이라 생각한다.

정의의 잣대는 변한다. 그러므로 개인이나 조직은 일신日新, 일일신日日新, 우일신又日新의 정신으로 깨어 있어야 하겠다.

호국가람 신흥사를 찾아서 외 1

요즘 산사를 향하는 걸음이 잦아졌다. 아마 나이가 들면서 떨쳐내지 못한 번뇌가 꽤나 쌓인 모양이다. 내리막길 산모롱이를 돌면서 긴 한숨을 토해보지만 가슴은 도통 뚫리지 않는다. 중간에서 숨 고르기를 하고 주변을 살폈다. 쏟아지는 계곡물 소리가 귓전에 와 닿는다. 계곡과 벼랑 사이로 내려앉은 운무가 희뿌옇게 자국을 남기고 있다. 벼랑과 숲길이 아래로 이어진다. 그때 먼 하늘빛이 망막에 차오르면서 하늘과 숲이 맞닿았다. 숲길 사이 맞은편 중턱에 기와지붕이 그림처럼 비쳤다. 이곳이 함월산의 호국가람 신흥사란 것을 단박에 알았다. 그러니까 이곳이 백두대간 태백의 줄기를 따라 토함

전 울산문화방송(주) 상무이사

산을 거쳐 농소의 동대산에서 만난 천년가람 신흥사였다. 줄곧 울산에서 살아왔지만 무심하게도 처음 밟아본다.

함월산이라고 불리는 이곳의 동북쪽을 안고 중턱에 숨은 듯 앉아 있는 신흥사. 벼랑을 따라 계곡을 건너 찾아간 절 앞 주차장에는 여러 대의 승용차가 보인다. 절 입구를 들어서면 위쪽에 '함월산 신흥사' 라는 현판이 있다. 이 현판을 지나 돌계단을 올라가면 머리 위에 신성루라는 현판이 보이는데, 이 현판이 임진왜란 때 병마절도사 이상국의 친필이라고 한다. 경내를 이리저리 살피면서 다녀도 사람의 모습이 보이지 않는다. 그때 "공양하시죠"라고 말을 건네는 두 분의 보살을 만난다. 법당에서 나는 독경 소리가 세파의 영혼을 깨쳐 주는 것 같았다. 아마 49재를 올리는 모양이다. 비록 작은 절인데도 신흥사는 창건 이래 숱한 얘기들을 간직하고 있다. 신라 선덕여왕 4년에 창건되었다는 설도 있다. 통도사보다 10년 앞선다는 것이다. 더욱이 창건부터 호국과 관련하여 오랜 세월과 풍상에도 꿋꿋이 버텨온 호국 사찰이다. 선조 25년 임진왜란이 일어나자 승병 100여 명이 이곳에서 약 2km 떨어진 함월산 기박산성에 진을 치고 있는 의병을 찾아간 지운스님이 사찰 양식 300여 섬을 건넸다는 얘기로 유명하다. 이후 지운스님은 의병들과 합세하여 당시에 왜병이 점령하고 있던 병영성으로 쳐들어가 성에 불을 지르고 돌아왔다는 기록이 있다. 이 병영성 싸움은 임란시 울산에서 승병이 출전한 유일한 것으로 전해지고 있다.

대한불교조계종 제15교구 통도사 말사인 신흥사, 673년(신라 문무왕 13년)에 명랑明朗법사가 창건한 당시에는 건흥사로 불렸다. 호국에 앞장섰던 절이 무사할 리 만무하다. 법당과 승방이 모두 타버리자 인조 때 경상좌도 병마 절도사 이급李伋 등의 시주로 혜종이 중창했다고 전한다. 옛날 신흥사에는 절을 찾아오는 신도들이 호환으로 희생되는 일이 잦아, 호랑이에게 물려가지 않게 방책을 세웠다는 얘기도 있다. 대웅전 앞 축대에는 연꽃 문양이 희미하게 새겨져 있다. 꽃 모양도 몇 송이 되지 않지만, 언뜻 지나칠 수 있을 정도다. 그러나 이 절에서는 신라 유물로 소중하게 다루어지고 있다. 여기에는 고목이 된 회나무와 향나무가 절의 역사를 지키는 듯 오랜 세월을 뛰어넘으면서 자라고 있어 모두들 신기하게 바라본다. 또, 이곳 신흥사 대웅전 안에 걸린 후불탱화는 좀 특이하다. 대웅전 가운데 부처가 모셔져 있고, 그 위에 탱화가 있다. 다른 절의 후불탱화는 대부분 그림으로 되어 있다. 그러나 이 곳 대웅전의 후불탱화는 그림이 아니고, 일일이 손으로 파낸 목각이다. 부처를 중심으로 좌우에 10명의 제자와 8명의 보살이 서 있는 이 탱화는 조각 자체가 선명하고, 색채가 매우 아름답다.

호국사찰의 명성이 오랜 세월 속에 묻혀진 것 같아 아쉬운 생각을 가지고 절을 나섰다. 절을 떠나면서 법당과 스님에게 인사도 하지 못하고 정자 쪽 내리막길로 들어섰다. 보기보다는 산세가 깊고 정갈했다. 신라 3대 사찰이 모두 호국의 큰뜻을 간직하고 창건되었다면, 신흥사 또한 이 지역 승병들의 호국에 넘치는 의기 있는 용맹이라 할 수 있다. 비록 그리 크지 않은 가람이지만 요새 같은 지형에서 나라의 영고성쇠와 함께 천년을 버텨왔다는데 감탄한다. 우리의 굴절된 역사 속에서 오늘을 보는 신흥사의 모습에서 빛과 그림자가 보인다.

이육사李陸史문학관과 옥비沃非 여사

2월의 끝자락이라지만 산마루턱에는 아직 잔설이 분분하고 꽃샘추위가 골짝마다 냉기로 덮어 봄이 잠시 머뭇거린다. 봄을 기다리면서 안동에 있는 이육사의 문학관을 찾았다. 안동은 긴 역사의 터널만큼 국내 어느 도시 못지않게 다양한 문화재가 고르게 분포하고 있다. 의義와 예禮가 숭상되고, 굳은 절개에 학문과 풍류가 혼재하여 있는 옛 선비의 고장이다. 퇴계 이황을 비롯해 유성룡 등 많은 명현이 배출되어 조선조 학문의 전당으로 자리한 곳도 안동이다. 바로 우리 유교문화의 본향이라 할 수 있으며 현대 한국정신 문화의 토대가 마련된 뿌리를 갖고 있다.

이곳을 찾으면서 주목한 것은 많은 애국 독립운동가가 배출되었다는 점이다. 이는 바로 선비정신에서 비롯된 결과로 여겨지며, 지금도 그 정신은 면면히 흐르고 있음을 엿볼 수 있다. 우리에게 널리 알려진 안동 출신 이육사 선생의 문학관이 선생의 탄신 100주년을 기념하여 이곳에 세워진 것도 이런 정신에 바탕을 두고 있다. 앞쪽으로 풍광이 수려하고 유장하게 흐르는 낙동강 물길은, 마치 한 폭의 그림 같다. 멀리 청량산을 품고 있는 안동시 도산면 원천리에 건립된 이육사문학관에는, 1904년 이곳에서 태어난 선생의 시와 독립운동가로서의 흔적이 고스란히 녹아 있다.

퇴계退溪 이황李滉의 14대손인 육사는 원록源錄 원삼原三 활活이라는 이름으로 불려지기도 했다. 육사는 또, 1927년 조선은행 대구지점 폭파사건에 연루되어 3년간 옥고를 치렀는데 그때의 수인번호 264번을 따 호를 육사라고 지었다고 한다. 민족의 대표적 저항시인이자 독립운동가인 육사는 평생에 10여 차례가 넘은 옥살이로 1944년 41세로 별세했다. 그의 문학관에 들어서면 바로 1, 2층에 잘 정돈된 육사의 친필원고가 눈길을 끈다. 학창시절에 즐겨 애송했던 시 〈청포도〉와 〈광야〉도 보인다. 문학관 벽면과 진열대 안에는 육사 생전의 작품들이 잘 전시되어 있었으며, 그 특유의 애틋한 서정과 일제에 저항한 독립정신의 기개가 전시관 안을 압도하고 있어 가슴을 설레게 했다. 2층 영사실에는 육사 생전의 사진을 배경으로 한 내용들이 영상 프로그램으로 소개되고 있어 참관자들의 마음을 숙연하게 했다.

이육사 선생에게는 현재 옥비沃非라 불리는 따님이 한 분 있다. 그는 문학관에 근무하면서 일어 통역원으로 일하고 있다. 연세가 높고 나지막한 키에 부드러운 인상을 가진 한복 차림의 옥비 여사는 문학관을 찾은 우리가 구입한 이육사 전집에 본인의 이름자를 기념으로 직접 써주었다. 영상실의 마이크 앞에서 선 그는 이육사 선생이 세상을 떠날 때 겨우 세 살이어서 기억은 전혀 없지만 어머니와 친지들에게 들은 얘기를 또박또박 들려주었다. 옥비란 이름은 비옥할 옥沃에 아닐 비非의 한자로 '욕심 없이 살아가라' 는 뜻으로 아버지 이육사가 직접 지어 딸에게 남겨준 유일한 것이라고 담담하게 말했다. 37세라는 늦은 나이에 딸을 본 이육사는 딸이 백일 때 옥비라는 이름을 붙여준 것이다. 옥비 여사는 소박하고 욕심 없이 살라는 그 이름대로 살아가려면 아직 멀었다고 말하면서 수줍게 웃는 모습이 인상에 남았다. 옥비 여사는 지난 2008년부터 서울서 안동으로 내려와 생활하면서 이육사의 형제가 태어난 육우당六友堂(육사의 생가 모형) 마루에 앉아 아버지를 회상한다는 것이다. 그는 아버지 시詩 중에 따뜻한 마음을 느끼는 〈청포도〉와 항일 운동의 의지를 보인 〈광야〉가 좋다고 했다. 그는 또, 〈광야曠野〉의 무대인 윷판대 등, 작품의 배경을 돌아보면서 아버지 유업과 정신을 가슴속에 새기고 있다고 했다. 올해가 삼일운동 91주년에 광복 65주년이 된다. 비록 세월은 흘렀지만 일제 강점기에 끝까지 민족의 양심을 지키며 죽음으로써 일제의 항거한 한 시인의 생애와 숭고한 아버지의 뜻을 기리는 그 딸의 일생을 바라보는 우리의 가슴에 나라사랑에 대한 꿋꿋한 의지를 느낄 수 있었다.

안동댐에 있는 이육사 시비에 새겨진 〈광야〉를 다시 낭송한다.

까마득한 날에
하늘이 처음 열리고,
어데 닭 우는 소리 들렸으랴.

모든 산맥들이
바다를 연모해 휘달릴 때도
차마 이 곳을 범犯하던 못하였으리라.

끊임없는 광음을
부지런한 계절이 피어선 지고

큰 강물이 비로소 길을 열었다.

지금 눈 내리고
매화 향기 홀로 아득하니
내 여기 가난한 노래의 씨를 부려라.

다시 천고의 뒤에
백마 타고 오는 초인이 있어
이 광야에서 목 놓아 부르게 하리라.

분재 전시 관람기 외 2

나무의 뿌리와 가지 부분을 잘라서 얄팍한 화분에 담아 최소한의 물을 주면서 키우는 분재라는 취미에 나는 별로 관심이 없었다. 분재는 일본이나 중국에서 들어온 것이라는 이야기도 그렇고, 허세나 허영심을 부추기는 엉뚱해 보이는 폄하된 주장을 들은 적도 있지만 실제로는 내 개인적 경험의 선입견 때문일 것이다.

30여 년 전쯤, 평소 분재취미에 대한 예술적 고상함과 자연 사랑에 대한 일가견을 말하기를 주저하지 않는 친구가 있었다.

그의 분재 찬양 이야기 중에는 빠지지 않는 항목의 하나가 '분재 하나 잘

울산 출생. 부산대학교 졸업. 전 중등학교 교사

가꾸면 수백만 원, 수천만 원도 가능하다' 였다.

나 같은 가난뱅이에게는 피하기 어려운 유혹이었던지 순간적으로 어설픈 욕심이 발동한 적이 있었다. 투자비용도 별로 안 들고 작은 공간에 열성 어린 정성 하나만 다하면 된다니까 나도 그런 열성쯤이야 하고 생각했던 것이었다.

그러던 어느 날 그의 집 옥상에 만들어진 분재원에 초대받아 구경할 기회가 있었다. 처음에는 키가 작고 기묘한 모습의 살아 있는 나무들이 신기해서 놀랐고 그렇게 멋지게 키워낸 정성에 감탄을 연발하였다.

또 그가 들인 돈과 열과 성에 담긴 고생담인지 영웅담인지 모를 기나긴 설명도 재미있게 들었다.

줄지어 진열해 놓은 분재들을 구경한 뒤, 진열의 끝 쪽에 서 있는 소나무들과 이름도 모르는 나무들의 가지를 철사 줄로 칭칭 동여매고 이리 당기고 저리 비틀어 억지로 구부려진 나무들을 보고 놀랐던 기억이다.

그 옆의 널찍한 광에는 숨을 거둔 자잘한 소나무들, 또 다른 이름 모를 나무들이 가득하였다. 대부분 뿌리가 달린 원형 그대로 말라비틀어져 던져둔 나무 시체들이었다.

뿌리째 뽑혀 와서 낯선 화분에 옮겨 심어지고, 최소한 목숨연명의 작전배양을 견디지 못하고 죽어서 그렇게 버려지는 생명의 말로를 보는 것에 나는 감전당한 것 같은 느낌이 왔던 것이다.

철사 줄에 칭칭 감기고 비틀어 묶인 나무들의 모습이 너무나 처량해 보였고, 그렇게 묶여서 몇 년의 세월을 보내야 한다니, 예술적 작품이라고 자랑하는 신기한 모습의 나무들이 모두 자연상태가 아닌 인위적으로 비튼 불구의 모양에 찔끔찔끔 물을 주다 말다 하여 겨우 이어지는 생명을 보고 즐기는 꼴이 아닌가.

도대체 취미가 뭣이기에 싱싱했던 나무들을 저렇게 혹사해 키워서 보기 좋다고 감탄하고 하물며 자연을 사랑한다고 자랑하는가 하는 생각이 들자 순식간에 거부감이, 아니 분노 같은 기분이 일었던 것이다.

남에게 고통을 주면서 쾌감을 즐긴다는 새디스트의 성격이 아니고서야 이런 일을 즐길 수 있을까 한 것이 나의 분재에 대한 첫 번째 인상이었다.

그래서 스스로 고상한 자연애호가 친구에게 나도 모르게 솔직한 표현을 해 버렸다. '너는 산림훼손으로 산림청에 고발감이다. 그리고 생명훼손의 표본 같다. 분재 취미는 좀 잔혹한 생명경시의 악취미다.' '앞으로 내 앞에서는 자연사랑, 나무사랑 이야기는 비치지도 마라.' 하고 쏘아 버렸으니 어떻게 되었겠는가.

그와는 완전히 소원한 사이가 되고 마는 섭섭한 사건(?)이 되었다. 그 후로 지금까지 안부도 모르는 형편으로 30년이 넘었으니 분재 때문에 친구 하나 잃었다는 씁쓸한 기억이다.

분재라는 것이 산천의 자연스럽게 사는 나무들을 가져다가 좁고 얇은 화분에 옮겨놓고 물을 주었다 말렸다 하면서 생명을 갖고 장난하는 악취미가 아닌가 하는 생각은 아직도 남아 있다.

식물의 생명을 죽였다 살렸다 하는 장난을 좀 하면 욕구의 대리만족이 되어 인간들 사이에 일어나는 잔인한 사건 같은 것들이 좀 줄어들 것인가 하는 엉뚱한 생각도 해 보지만 내게는 별로 내키지 않는 취미가 분재다.

일본 히로시마에 '슈케이엔'(축경원, 축소공원이라는 뜻)이라는 유명하다는 공원을 구경한 적이 있다.

작은 호숫가의 작은 소나무들을 인위적으로 성장을 억제하고 키를 낮추려 애를 썼다고 하였다. 게다가 솔잎의 길이들을 가위로 반쯤씩 잘라내고 있는 정원사들을 보았다. 마치 이발소에서 머리를 깎는 식이었다.

그렇게 키운 나무들을 보면서 신기하다, 보기 좋다며 감탄하는 일본 사람들을 보았을 때, 이들의 유전자 속에는 아예 생명경시 풍조가 들어 있는 것 아닌가 하면서 놀라워한 적도 있다.

그래서 그들은 체면, 명분, 의리에 쉽게 목숨을 걸고 칼부림을 하고 사람의 목숨을 경시했던 사무라이들의 정신이라는 걸 그리도 신성시하고 자랑삼는 것인가 하는 의구심이 일었다.

그런데 시인이요 수필가이면서 조경사업을 직업으로 하는 친구, H선생으로부터 밀양의 '분재전시회'에 가자는 권유를 받았다. 무료하던 참이라, 어떤 기억을 떠올릴 사이 없이 약속을 했다.

식목에 관한 오랜 경험과 전문적 식견에다, 분재에는 달인 급으로 알려져 있어서 나무에 관한 의문이 있으면 곧장 그에게 자문을 구하는 터라 나의 분재 추억과는 무관하게, 분재전시회에 갔다.

오랜만에 구경하는 분재들이 너무나 작은 것들이라는 첫인상으로 나를 놀라게 했다. 모두가 고혹적이랄까, 작고 작기만 한 작품들을 보게 된 것이다. 안내 팸플릿에도 나와 있는 희한하게 꾸부러진 향나무(?), 하얀 뿌리인지 줄기인지가 너무나 예쁘고 앙증맞고 실물 나무인지 어떤 묘한 재주로 만든 가공물인지 분간이 안 되는, 축소 분재된 작은 나무들이 나를 계속 놀라게 했다.

조용히 앉은 나무들이 빛깔과 향기, 생기를 내뿜고 있는 듯했다. 분재 전시가 그렇지만 전시된 분재들 모두 크기가 작은 화분에 보통 볼 수 있는 나무들을 더 작게 키운 모습인데 이 전시회에서는 상식보다 훨씬 더 작은 작품들이 전시되어 있었다.

생각보다 훨씬 더 작은 소나무, 더 작은 소사, 더 작은 매화나무 등등이었다. 도대체 어떻게 키우고 관리했는지 신기함이 가히 기기묘묘하다는 표현이 맞을 것이다.

하얀 매화꽃이 달린 작은 분재, 주먹보다 조금 큰 향나무, 아주 작은 화분에 담은 아주 작은 꽃들, 옆에 놓인 평소의 생각보다 훨씬 작은 기물奇物들을 액세서리로 배치한 전시의 기획 또한 세심하게 분재 키우는 사람들다운 마음의 표현을 짐작케 하였다. 작은 분재들과 잘 어울리는 모습들이 너무나 앙증맞고 예뻐 보였다.

검붉은 빛을 내며 핀 매화꽃을 보고 있으니 시인 친구가 다가와 '흑용매'라고 가르쳐주었다. 내가 처음 보는 매화였다. 분재 가꾸기에 어떤 신기한 재주를 가진 사람들의 경연인가?

극도로 축소된 자연 모습의 연출이었다. 첫인상에서 시작된 생명의 원초적 힘을 보고 있다는 느낌이 확실해졌다. 새로운 이해다. 아무리 비틀고 구기고 줄여 봐도 자연의 생명은 적응하고 살아나는 힘을 가졌음을 보여주고 있었다.

생존의 본능을 포기하지 않는 무서운 힘, 그 힘이 수억만 년을 지구상의 온갖 재난과 악조건 속에서도 살아남아 그 원천적 힘을 보여주는 교훈의 증거들이 아닌가 하는 느낌이었다.

내가 도저히 가늠해 볼 수도 없는 어떤 생명의 원력原力이 있었기에 오늘까지 살아남았으리라는 경이로운 깨달음의 맛을 본 것 같다.

감히 설명할 수도, 실체를 볼 수도 없지만, 생명의 정기, 우주의 힘 같은 것이 추상적 느낌으로 다가오는 것이 아니고 이렇게 우리 생활 한 곳에서 버젓이 실재로 있었으니 말이다.

그러한 힘을 알고 했든 모르고 했든, 이 생명들을 가꾸고 지켜낸 "분재가들은 그러한 깨달음을 얻으려 애쓰는 수도자의 마음들로 가꾸었을 것이라는 생각을 하자." 라고 나 자신에게 말하고 있었다.

귀갓길에 내 머릿속을 맴도는 진경산수화 속의 나무들, 그 초록 생명들의 소리에 더욱 귀 기울여 봐야겠다는 생각이 들었다. 생명의 원력을 보여주고, 가르치기 위한 분재가들의 정성은 내 오래된 선입견을 수정해야 하는 계기가 될 것 같은 분재관람이었다.

酒戰生還記

스무 살 전후쯤, 집안의 한 어른께 '술은 도깨비 국물이니 항상 조심해서 마셔야 한다.' 라는 말을 들었다. '취중의 실수를 조심하라' 는 정도로 이해하면 된다고 여겼다. 도깨비를 본 적이 없으니 술에 취한 사람이 어떤지는 상상으로만 짐작될 뿐 마음에 새겨듣지는 않았다.

본격적인 음주는 언제 어떻게 시작되었는지 애매하지만 나의 술 마시기도 시간의 길이로만 따지면 어느 명사처럼 '주유반세기酒遊半世紀' 쯤 된다. 그러나 나의 음주는 주유酒遊라기보다 오히려 주전酒戰이라 하는 것이 맞지 않을까 한다.

가족들의 비난성 원망과 친한 사람들의 증언들에 의하면 도깨비 형상 비슷하게 간 적도 있었다.

일과 후의 짜릿한 소주 한 잔의 후련한 기분, 얼큰한 취기에 쌓인 일탈의 분위기는 긴장으로 투명한 정신상태보다는 훨씬 좋았던 것이다.

그야말로 살아 있다는 기분이었고, 존재감을 확인하는 퇴근주의 맛이었다. 차츰 2차, 3차의 허세와 호기를 받아주는 단골집도 생기고 객기와 만용의 레퍼토리가 습관처럼 붙기도 하였다. 자신도 모르는 사이에 애주가인지 탐주가인지가 된 것이었다.

고등학교 졸업식을 마치고 자취방에 찾아온 친구 두 놈과 '사나이주'라 이름 붙이고 안주도 없이 정종 두병을 몽땅 나누어 마시고는 밤새 토악질로 괴로워했던 것이 음주에 관한 최초의 기억이며 평생의 이야깃거리가 되었다. 50년도 넘은 추억이다.

용돈에 허덕이던 대학시절의 설익은 음주여정에는, 젓가락으로 밥상 두드리며 유행가 고함 지르기, 술값으로 책가방 · 손목시계 잡히기, 한 달 용돈 하루저녁에 털어먹기, 잘 알지도 못하는 철학이론 들먹이기 등의, 지금 생각하면 절로 웃음이 나오는 이야기지만 그 시절에는 자못 심각한 표정마저 좋은 안주가 되었다.

초급 장교로 최전방에서 군 생활을 시작했을 때, 애주가 중대장이 신고주라면서 소주를 군용식기에 가득 부어 내밀었을 때 기죽지 않으려고 내리 석 잔을 요즘의 원샷으로 마시고는 뻗어버렸던 치기稚氣가 두 번째 기억쯤 된다.

술 마실 줄 아는 소대장이 왔다면서 반가워(?)했고 그 다음부터는 본격적으로 60년대의 강원도 최전방 지역의 옥수수 막걸리를 무던히도 마셨다.

똑같이 임관하여 첫 휴가를 받은 친구 두 놈과 강릉에서 만나 4박 5일 동안 줄곧 통음하고는 귀향을 포기했던 첫 번 휴가, 그 통음의 기행은 결코 다시 올 수 없는, 철없이 호호탕탕하던 시절의 추억이 되었다.

그 후로 나의 애주벽(?)이 이어져 왔다. 사업이 망해 절망감에 쌓인 친구와 밤을 샌 적도 있고, 포장마차에서의 작별주가 새벽까지 이어져 집으로 가는 방향을 잃고 부산 서면로터리, 북성극장 옆, 육교의 계단에 앉아 나의 혼백이 돌아오기를 기다리기도 하였다.

새벽에 거리 청소를 나온 청소원 아저씨가 빗자루로 머리를 밀며 '어이, 어 이' 하며 부르는 소리에 겨우 깨어났던 일도 있었으니 그게 도깨비국물 마법의 효과였던가 한다.

친구의 친구인 스님이 머무는 절간에서 밤을 새워가며 숨겨간 됫병 소주를 마시며, '스님들은 술을 곡차穀茶라 한다는데' 했더니 그 유식한 학승學僧은 '반야탕般若湯' 이라고 한다는 소리를 듣고는 '정말 그럴듯하다' 며 탄복했던 기억은 지금까지 잊히지 않고 있다.

인간관계를 부드럽게 해주고 친밀감을 배가하며 때로는 스트레스를 풀어준다는 효과를 부정할 수가 없다. 그러나 나에게 술이 필요할 만한 그런 스트레스가 실제로 있었는지는 애매하다. 하지만 그런 말들은 애주의 변명이요 억지핑계라고 면박하는 식구들의 빈정거림 또한 반박할 수가 없다.

계속된 과음으로 일찍 세상을 뜬 친구도 있고 음주운전으로 장애자가 되어 패가망신하는 사람도 보았으니 말이다. '많이 마시면 망주亡酒요, 적당히 마시면 약주藥酒' 라는 충고도 거쳤다.

음주를 찬양도 부정도 하고 싶지 않다. 또 흔히 듣게 되는 주도酒道의 풍류도 잘 알지 못하고 보니 멋진 음주를 탐할 수도 없다. 자작시 한 구절 읊는 재주도, 삶에 대한 통찰의 대화로 사람을 매료하는 위트나 재기 또한 없다.

취하면 기분이 좋고, 함께 마시는 사람들과의 풀어진 모습, 여유롭고 느긋한 분위기를 좋아할 뿐이다.

그냥 한 잔 술로 가벼워진 분위기, 어색함이 덜한 인간관계의 모습을 좋아할 뿐이다. 내가 마시는 술은 거저 필부의 생활타령을 곁들인 소인배의 '넋두리주' 정도로 이름을 붙이는 것이 고작일 듯하다.

호화롭게 꾸민 술집의 비싼 술, 양주에 폭탄주 같은 것은 별로 해본 적이 없고, 형편이 안 되어 하는 소리일지도 모르지만 하여튼 나는 소주에 간단한 안주로 길들여진 토종 중의 토종 술꾼이었다.

세월이 흘러 몸이 부대끼니 단골 의사와 병원도 생겼고, 몸에 탈이 나는 간격이 점점 짧아지는 것을 실감하고 있던 어느 날, 지방간에 알콜성 간염, 당뇨에 혈압까지 가세하고 있으니 약을 먹어야 하고 그리고 절대 술을 절제하라는 경고를 받았다.

처음에는 날벼락 같은 충격으로 얼마간 참았지만 그게 오래갈 수 있는 절제가 아니었다. '술꾼이 술 끊는다, 노름쟁이 노름 끊는다, 늙은이 어서 죽어야지' 의 거짓말 힘을 실감했다. 의사의 금주 충고는 강도를 더해갔으나 음주습벽을 바꾸는 것은 힘들었다.

얼마 전, 드디어 주치의의 절대금주 선고를 받았다. 그는 "병원에 왜 왔소? 그렇게 신나게 마시며 즐겁게 살다 앰뷸런스 타고 응급실 몇 번 왔다 갔다 하다가 그 다음에 꽃장식한 장의차 타면 될 텐데, 그냥 즐겁게 사십시요." 하였다.

멍해진 정신을 차리려고 애써본다. 우선 내가 술을 마셔야만 특별히 즐거웠는지를 알 수가 없으니 그게 너무나 황당하였다. 그러나 그런 걸 따지고 있을 게제가 아닌 알콜 중독자의 증세를 말하는 엄중한 선고였다.

이른바 요두출수搖頭出手의 증세를 겪었다. 술자리에서 누군가 잔을 돌리다 차례가 오면 머리는 가로흔들며 '아니 아-니' 하면서 거부하지만 손은 술잔을 맞으러 나가는 걸 보고 지은 말이다.

이승에서 얼마쯤 더 살아야 할 일이라도 있는지, 미련의 탓인지는 몰라도 아직은 목숨을 체념하지 못하고 구명도생苟命圖生을 위한 술과의 작별을 고하고 있다.

참으로 힘센 마법의 도깨비국물과의 전쟁에서 패하고 만 씁쓸한 패배담이랄까. 정리하고 보니 나의 '주전생환기酒戰生還記' 쯤 되고 말았다.

山情母情

산에는 인생의 행로가 있고, 사람살이의 모습이 있다.

산등성이 능선을 따라 걸으면 삶의 길에서 마주치게 되는 상황들과 비슷한 오르막 내리막, 음지와 양지가 있고 숨 가쁜 오르막의 순간들을 지나고 나면 더없이 유쾌한 이완의 안도감을 맛볼 수 있는 것은 인생의 길과 닮았다고 여길 수밖에 없다.

도저히 넘을 수 없을 것 같은 아스라한 절벽 앞에서 망설이기도 하고 목표지점에 대한 갈망은 있지만 치친 몸이 스스로 주저앉아 낙심하는 상황은 세상살이에서 마주치게 되는 좌절감과 너무나 닮았다.

일상생활에서 실망과 갈등에 허덕일 때의 생각이 절로 떠오르고, 겸손과 양보, 싫어도 나아가야 할 때와 좋아도 물러서야 할 때를 생각하게 하며, 쉬이 건널 수 없는 계곡에서 우회를 생각하는 것이 인생살이와 흡사하다.

정상을 향해 올라갈 때는 몸을 숙이고 헉헉대며 걷지만 마침내 정상에 서서 조망의 성취감을 맛본 이후에는 걸음걸이의 모습이 달라진다.

내리막길에 들어서게 되면 오르막길의 그 힘들었던 발걸음 모두 잊어버리고 거만하게 몸을 뒤로 재낀 듯 뻣뻣한 자세가 되어 걷는 모습이, 작은 성공에 교만해진 인간들의 행동거지와 꼭 닮았다고 느낀다.

옛 선현이 말했다는 연아불이然我不二를 자주 생각하게 된다. 우주 자연에 대한 깊은 철학적 사유의 뜻은 잘 모르지만, 자연과 내가 둘이 아닌 하나라는 뜻이겠으니 참으로 적절한 성찰의 말씀으로 깊이 새기고 있다.

옛사람들은 기근이 들면 생명을 구하러 산으로 들었고, 전쟁이 나면 피난처를 산에서 구했다.

도道를 구하러 입산을 했으며 하늘의 뜻을 묻기 위해 산을 찾았으니 종교와 철학이 산에 있었음이다. 인간의 종말은 흙으로 돌아가는 것이라 하였으니 흙무더기 산은 인간과 뭇 생명들의 태반胎盤이었으며, 삶터였고, 모든 생명체가 의존하는 보호처였다. 최종의 안식을 위한 목적지 또한 산이 된 것은 당연한 순리의 길이라 여기게 된 것이 아닌가 한다.

산은 돈으로 살 수도 권력으로 낮출 수도 없다. 지혜로 옮길 수 없으며 기술로도 이길 수도 없으니 산에서 부나 명예는 모두 헛것이 된다.

조망의 희열을 아는 자, 누구에게든지 공평하게 행복을 나누어주는 산, 오직 육신으로만 부딪쳐 오라는 근엄한 산, 그 앞에서 나는 솔직하지 않을 수 없다. 근사한 수풀이 있고, 깨끗한 개울, 맨손으로 갈증을 해소할 수 있는 옹달샘, 넘어야 할 능선, 결코 함부로 해서는 안 되는 신비의 계곡이 있다.

어루만지고 싶은 나무와 입맞춤하고 싶은 꽃이 있다.

산은 스스로 다가오는 법이 없이 언제나 멀찌감치 앉아 찾아오란 듯, 유혹하는 듯, 의연히 앉아만 있으니 그 점잖음, 그 육중함을 배우고 싶다. 가만히 앉아 산의 모습을 보고만 있어도 그 가르침들이 내 가슴에 경외스런 마음을 스스로 피워 올린다.

누군가 산이 앉은 전체적 모습은 엉덩이보다 어깨가 좁아 여자의 앉은 모습과 흡사하다 했으며, 또 산 정상의 모습 또한 여자의 쪽 찐 뒷머리의 모습과 많이 닮았다고 관찰한 그의 안목이 참으로 절묘하다 여겼다.

그러나 산은 앉은 모습뿐만 아니라 그 성질 또한 여성적이라는 것이 나의 생각이다. 항상 바람과 구름이 함께 어울리는 산은, 산을 사랑하는 사람들을 악의 없이 골려먹는 변덕 같은 일들을 자주 일으키는 것이 꼭 귀여운 여성의 짓궂은 장난기와 닮았다.

그리고 자꾸만 같은 산을 가다 보면 탐색의 여지는 줄어들고 신비하던 그 산이 익숙한 곳이 되면 또 다른 새로운 산에 대한 유혹을 뿌리칠 수 없고 낯설은 능선, 새로운 계곡을 만나러 나서길 서슴지 않는다. 이를 두고 한량의 속된 바람기가 들었다고 놀림을 당한다 해도 나는 달게 받을 각오가 되어 있다.

산속의 향기는 또 어떤가? 고운 미소를 띤 여인의 싱싱한 향기와 닮았다. 싱그러운 솔향이 그렇고 나무와 꽃의 향기가 또한 그렇다.

하지만 인간의 어떤 재주로도 제조해 낼 수 없는 최상의 아름답고 달콤한 향을 모두 다 지니고 있는 것이 산의 향기이다. 새롭고 낯선 산을 찾고, 전인미답의 처녀림을 헤맬 때의 가슴 두근거리는 흥분은 내 산사랑 이유 중의 하나다.

산의 속성이 여성과 닮았다는 표현이 속물적이라고 타박할 사람이 있을지 모르지만 산이 여성의 심성만큼이나 오묘함과 크나큰 모성을 지니고 있음을 나는 부정할 수 없다.

오직 사랑하는 여자에게서만 얻을 수 있는 자신만의 희열이 있듯이 어떤 산을 가 봐도 나 혼자만이 안긴 듯 포근한 만족감을 얻을 수 있고, 자신과 산만이 아는 둘만의 대화를, 밉지 않은 이기심의 세계를 이야기 나눌 수도 있는 곳이 산이다.

백두산에 올라가 천지에 손을 담가 본 희열을 필설로는 도저히 표현할 수 없었던 내 경험이 있다.

오직 걷고 또 걸어서 올라 정상에 섰을 때 맛보았던 그 흥분은, 자동차를 타고 횡하니 올라갔을 때와는 그 맛의 크기와 깊이가 달랐다.

그것은 사랑함으로서 얻는 희열과 감동, 고뇌와 인내의 수많은 시간을 보내고서야 얻을 수 있는 사랑의 성취감과 맞먹는 최상의 기쁨이기 때문이라 생각하였다.

백두의 영산靈山은 우리 한반도를 품에 안고 있었고, 백두대간, 그 넓은 치맛자락을 반도에 풀어 우리를 살게 했음을 절절히 공감하였다.

천지에서 정화된 물을 이 땅의 생명수로 베풀었고 그 물을 마시며 살아온 우리 민족임을 느꼈을 때의 전율 같은 흥분은 내 온몸을 진동시켰다.

그 산이 바로 우리 민족의 산이라 부르는 백두산이었으니 나는 서슴없이 어머니 같은 산이라고 말했다. 이 땅의 모든 산들은 어머니 백두산의 등줄기와 물려 있으니 우리 한국인 모두는 넉넉한 모성의 너그러움과 그 유전인자를 지니고 있지 않겠는가.

온 세상을 품고 인적人跡과는 멀찍이 앉은 산들, 말없이 우리를 보듬어 안고 있지만 평소 잊고 있지는 않는지 그 안부를 자주 묻고자, 또 나를 깨치고자 하는 마음 바닥의 갈망에 떠밀리어 나는 자꾸만 산을 오른다.

내가 산에 안겨 죽는다 할지라도 후회될 것이 없다. 산에 안기는 안도감에 잠겨 숨을 거두는 나의 마지막 안식의 산행을 기대한다. 비록 상여를 타고 가는 마지막 길이라 하더라도 그 길은 행복한 산행길이 될 것이다.

반구대암각화 앞에서 외 3

왁자한 선거가 끝난 주말, 작은 배낭 하나 얹고 대곡천을 찾았다. 심장이 두근거렸다. 바쁜 일상을 핑계 삼아 봄 초입에 설핏 다녀간 뒤로 한동안 찾지 못한 마음이 무슨 죄책감이라도 든 모양이다. 그새 녹음이 짙은 석가선 모퉁이에 들꽃이 옹기종기 짝짓기를 한다.

벌써 6월이다. 풀내음이 훈향을 피워 올려 후각을 유린한다. 올해는 봄날 유난히 비가 많아 풀잎들도 건강하다. 무량수복이라 했던가. 암각화박물관을 돌아 반구대암각화 가는 길을 만나자 다시 심장이 요동을 친다. 두 달 만이다. 공주대연구팀이 임시교각을 설치해 무슨 공사장 같았던 봄날, 우연히

울산신문사 편집국장

마주했던 암각화는 멀리서 그도 무연히 나를 보고 있다.

방명록의 내용물이 묵직하다. 지난해만 해도 한 달에 5,000명 남짓하던 방문객이 올들어 크게 늘었다고 한다. 관심이 많아진 것도 원인이지만 무엇보다 다시 찾는 이들이 많다는 흔적이 곳곳에서 눈인사를 보내니 반갑다. 방명록이 그 증거다. 한 장 한 장 열어보면 이 땅에 대한 사랑과 애틋함이 불쑥불쑥 고개를 든다. 문득, 물빛 따라 시선을 돌려 반구대암각화로 향하자 망원렌즈처럼 벽면이 눈앞에 와 있다. 그래, 이제 다시 물속으로 잠길 시간이다. 이번이 마지막이라고 몇 번을 다짐했는데 아직 기약 없는 자맥질로 우리의 숨통마저 옥죄는 시간이 다시 돌아왔다.

무엇보다 반구대암각화가 전국민의 관심사가 된 일은 큰 성과다. 백과사전이나 여행자의 추억담, 학자들의 전문적인 이야기 속에 등장하던 반구대암각화는 이제 누리꾼들의 단골 메뉴가 됐다. 불과 몇 개월 만에 반구대암각화 관련 블로그가 1,000여 개나 만들어졌고 검색창을 두드리면 셀 수 없이 많은 관련 사이트가 쏟아진다. 어디 그뿐인가. 문화재청 홈페이지 게시판은 반구대암각화를 살려내라는 글이 무수하고 세상의 관심사와 상관없이 오늘도 관련 댓글이 사이트를 달구고 있다.

6월 4일 김지영 씨가 올린 글이다.

> 문화재청은 반구대암각화의 문화적 가치와 우리나라 역사에서 없어서는 안 될 중요한 문화재라는 것을 어느 누구보다 잘 알고 있으리라 생각합니다. 수천 년 역사에도 끄떡없던 암각화가 1년에 8개월을 물에 잠겨서 40년 만에 무너지기 직전의 위험에 처해 있습니다. 반구대 암각화는 우리나라의 문화유산일 뿐만 아니라 세계적으로도 그 유래를 찾아보기 힘든 역사적 가치를 지닌 문화재입니다. 자라나는 우리 학생들이 배우는 국사 교과서에는 우리나라의 구석기, 신석기, 청동기 시대를 정의하면서 대표적 역사유물로 고인돌, 빗살무늬토기

와 함께 반구대암각화를 우리나라의 유구한 역사를 보여주는 중요한 자료로 예를 들고 있습니다. 훗날 학생들이 반구대암각화박물관에 견학을 가서 '암각화가 예전에는 존재했었는데 현재는 존재하지 않는다.' 라는 말을 듣게 하는 것이 아닌가 걱정됩니다.

박창현 씨가 올린 글은 이렇다.

울산 반구대암각화 문제로 말씀드리고자 합니다. 1965년 완공된 사연댐 때문에 마땅히 보존되어야 할 우리 문화유산이 물에 노출되어 있는데 물이 바위에 부딪히면 부식이 일어나 금방 형태를 알아볼 수 없을 정도로 망가지게 될 것입니다. 반구대암각화가 국보로 지정된 유적인 만큼 마땅히 보존되어야 한다고 생각합니다. 물론 이러한 얘기가 이미 많이 거론되었다는 것은 알고 있지만 여전히 조치가 이루어지지 않다는 것이 매우 안타깝습니다. 지금이라도 우리의 후대에게 좋은 문화유산을 남기려면 반구대 암각화는 물론 보존이 취약한 여러 문화유산들의 보존이 시급하다고 생각합니다. 이 글을 보신다면 이 일에 대해 좀 더 신경써 주시고 이 글에 대해 빠른 답변을 부탁드립니다.

완곡하고 차분한 게시판을 읽고 있노라면 심장이 뛴다.

지난겨울, 여당 대표가 다녀갔고 국회의장이 다녀갔다. 문화관광부 장관은 기념사진도 찍었다. 하지만 그대로다. 수문설치 비용이 확보됐으니 사연댐 물을 빼면 그만이라는 문화재청은 기다려달란다. 보존회도 만들어지고 고천제도 지냈다. 걷기대회도 열리고 제안과 당부의 글도 쏟아졌다. 하지만 문화재청은 묵묵부답이다. 국비확보가 됐으니 수문을 설치하고 대체수원을 확보하면 자맥질은 없다는 소리만 들린다. 그것도 책임 있는 인사의 이야기가 아니라 그렇게 되고 있다는 설이 전부다.

반구대암각화를 뒤로하고 한실마을 쪽으로 방향을 잡자 여름이 성큼 앞을 막았다. 덥다. 가슴이 콱 막히는 더위가 호흡을 막는다. 벌써 6월이다. 무수한 선거의 공약 속에 반구대암각화는 문화공약의 일부로 잠깐 언급되는 정도이고 구체적인 방법론은 여전히 상상 속에 있다. 이제 물축제 끝나고 장마지면 허리춤까지 차오른 반구대암각화 물길은 온전히 바위를 덮게 된다. 물길 높아지기 전까지 부지런히 대곡천을 찾아야겠지만 그때마다 숨길이 막혀오그라들 생각을 하니 한실마을 가는 길이 천근만근이다.

개운포와 남창
그리고 울산의 국제성

지난 주말 울산은 축제로 물결쳤다. 금요일 아침, 가벼운 차림으로 축제의 끝자락인 남창역을 출발해 개운포까지 여정을 잡았다. 걷는다는 것은 대지의 맥박을 짚어가는 일이다. 이 땅의 깊숙한 곳에서 오랫동안 축적된 역사와 대면하는 길이자 먼 과거와 나의 현재성이 대면하는 두근거림이다. 울산의 남쪽 끝 작은 역사 남창은 마침 장날이었다. 장거리에 흥청한 시골풍경이 발걸음을 한결 여유롭게 한 출발은 그래서 소풍 나온 아이마냥 신이 났다. 장터 지나 외고산엔 옹기축제가 한창일 테고 바닷가 개운포로 향하면 신라 천년의 역사와 만나는 처용이 덩실 춤을 출거라는 상상이 흐뭇하기만 했다.

문제는 뜻하지 않게 출발지에서부터 시작됐다. 남창역사 입구부터 수없이 나붙은 2010 세계옹기문화엑스포 만장이 펄럭였지만 장터와 옹기는 어느 곳에서도 연결고리를 갖지 못했다. 세계옹기문화엑스포가 열리는 외고산 옹기마을과 남창장터는 도보로 20분이 채 안 되는 거리에 있다. 축제의 현장과 남창장은 오래된 역사성을 갖고 있다. 일제강점기 당시인 1919년 4월 8일 대한독립 만세 소리가 터져나온 현장이 남창장터였고 그 장터에서 옹기장수들이 태화동 일대 가마터에서 구운 울산옹기를 팔았다. 한국전쟁 직후 외고산 아래 모여든 옹기장인들이 가마를 짓고 옹기를 굽기 시작하면서 새로운 역사를 만들어가면서 남창은 남부지역 옹기상의 물류 중심지로 변모했다.

남창장은 외고산 옹기마을에서 생산되는 울산옹기의 집하장 역할을 했다. 남창장에 모인 옹기가 동해남부선을 거쳐 전국으로 팔려나갔다. 울산옹기의 우수성이 알려지면서 외고산 옹기마을도 번창해 1970년대는 200여 세대가 옹기마을을 이룬 대규모 옹기마을로 자리했다. 바로 그 역사의 현장인 남창이 세계옹기문화엑스포가 열리는 외고산 옹기마을과 완전히 분리돼 딴나라 축제로 남아 있는 현장을 목격했다. 펄럭이는 만장이나 몇 곳에 설치된 주차장, 승강장이 엑스포와 남창을 연결하는 유일한 고리였다. 지난 반세기 동안 우리가 잃어버린 것들은 눈에 보이는 것만이 아니다. 특색을 잃은 장터는 그저그런 시장처럼 분주하기만 할 뿐 그 옛날 옹기장수들이 붐비던 독특한 남창장의 풍경은 어디에도 없었다. 마을과 마을, 사람과 사람을 이어주는 마음의 끈까지 사라져버린 장날 풍경을 뒤로하며 옹기문화엑스포가 챙기지 못한 남창장의 복원이 아쉽기만 했다.

갯바람을 따라 바다로 향하자 개운포가 나타났다. 처용문화제의 시작을 알리는 고유제의 현장이다. 신라는 고대 세계사의 한 획을 그은 세계열강의 하나였다. 그 증거가 바로 개운포에 남아 있다. 8세기 무렵 세계 4대 도시는 콘스탄티노플과 바그다드, 중국의 장안과 서라벌이었다. 당시 100만 인구가 거주한 서라벌은 우리의 상상을 뛰어넘는 국제도시였다. 이슬람의 지리학자 이드리시나 후드라드베의 기록에 남아 있는 신라는 풍요의 땅이자 유토피아와 같았다. 문제는 지금의 시각으로 신라를 바라보는데 있다. 고려조 김부식의 역사서 삼국사기에 의존한 우리 역사는 많은 오류를 안고 있다. 그 오류의 대표적인 사례가 바로 신라에 대한 기록이다.

일제는 조선을 침탈한 이후 악랄한 방법으로 조선의 정신을 살해하려 했다. 그 작업의 한 축이 과거사에 대한 정리였고 역사서의 '분서갱유' 였다. 1910년 일제는 조선총독부 산하에 취조국을 두고서 모든 서적을 일제히 수색했으며, 다음 해 1911년 말까지 1년 남짓 동안 무려 20만 권의 서적을 강탈해갔다. 조선총독부 관보에 의하면 당시 일제는 이 땅 곳곳에서 51종 20만 권 정도의 서적을 수거해 불태우거나 본국으로 가져갔다. 그때 사라진 책 가운데 신정동국역사新訂東國歷史나 대동역사략大東歷史略 등 귀중한 역사서가 대부분이었다. 사라진 역사서를 들춰볼 순 없지만 이슬람의 기록이나 중국역사서를 기초해 보면 8세기 무렵 신라는 우리의 상상보다 크고 웅장한 세계와의 교류를 해온 국제국가였음을 알 수 있다.

바로 8세기의 시각으로 신라를 바라보면 개운포가 보인다. 개운포는 신라가 국제사회와 소통하는 교류의 현장이었다. 우리 역사에서 서역인이나 아랍인이 등장하는 것도 바로 개운포에서 시작된 역사다. 국제무역항인 개운포가 신라의 수도 서라벌과 인접해 있다는 사실은 매우 중요한 역사적 의미를 지닌다. 개운포는 우리나라의 가장 오래된 지리지인 '경상도지리지' 와 '세종실록' 등에서도 통일신라 때에 경주를 배후에 둔 산업, 상업의 중심지로서, 신라 최대의 국제무역항으로 나타난다. 또한 개운포는 아랍 상인들이 많이 와서 살던 당나라 양주揚州로 가는 바닷길의 신라 쪽 출발지였으며 당시 신라와 교역하고 왕래하던 중국인들과 일본인들은 물론, 동서교역의 주역인 아랍인들도 이용하던 국제항이기도 했다.

처용문화제가 열리는 출발지인 개운포를 지나며 문득 울산이 과거 서역과 교통하던 국제무역항일 때 과연 어떤 모습이었을까 싶은 생각이 들었다. 생각이 천년 전의 세월로 거슬러가자 다시 천년의 세월이 지나 국제적인 물류시설이 들어서고 자유무역지대가 건설 중인 이 땅이 오래된 미래의 현장이었다는 사실이 낯설지 않았다. 우리의 역사는 교류의 역사였고 고여서 정체된 부동의 문화보다 흘러서 교차하고 새롭게 변용하는 흐름의 문화였다. 이는 바로 신라 천년의 에너지를 제공한 국제무역항 개운포의 역동성이 원천이었다. 개운포와 남창장터의 간극이 천년의 세월로 교차된 주말, 문화는 총체적인 시각으로 담아내야 제대로 해석된다는 사실을 다시 한 번 생각해 보게 됐다.

그와 나만의 시간

지난 주말, 필자는 22년 세월을 함께한 사형師兄을 보냈다. 그를 보낸 회한이 사람들에게 화제가 될 리 없지만 그의 생애가 지역 언론과 무관하지 않기에 이 자리에서 그의 삶의 궤적을 좇는 일도 의미 있는 일이라 본다. 그와 나는 만남부터 헤어짐의 순간까지 긴장과 이완의 순간이 수없이 교차했지만 그에 대한 글을 적는 일은 여전히 쉽지 않은 일이다.

사형과 나는 두 번의 이별과 세 번의 만남을 이어온 인연이 있다. 울산에 지역 언론이 처음 등장한 것은 1989년의 일이다. 당시 울산은 지역 신문에 대한 문화가 전무했기 때문에 신문기자라는 이름으로 울산의 곳곳을 누비는 일 자체가 신선한 바람을 불러왔다. 그와 첫 인연을 맺은 것도 그때였다. 영문과 출신인 그는 연배가 3년이나 빨랐지만 입사동기라는 점을 내세우며 깍듯한 공대를 썼다. 수습기간 동안 그와 나는 거의 매일 숙식을 같이했다. 다음 날 부장에게 제출할 숙제를 몇 번이나 고쳐가며 기사 작성의 틀을 익혔다. 붉은 색연필로 원고지가 만신창이가 되는 날이 많았지만 우리는 밤마다 서로의 문장을 두고 치열하게 설전을 벌였다.

그와 같은 언론사에서 함께한 시간은 치열했다. 푸른 청춘의 날, 아무것도 두렵지 않고 아무것도 부끄럽지 않았던 시절이었다. 오염된 태화강의 유속을 원활하게 하기 위해 조개섬이 사라지게 된 날, 함께 배를 타고 찾아간 섬에서 돗질산의 울음소리에 우네가 사람 하나 잡아간다는 전설을 들었던 기억, 선바위 아래 용소는 해마다 처자 하나 잡아가야 큰물이 들지 않는다는 기묘한 이야기까지 벌써 20여 년 전 우리는 태화강의 이야기를 녹취하며 술잔을 기울였다.

신장염으로 가족과 이별의 날을 기다리던 한 아저씨와 진행성 근육 경직으로 미래가 없는 삶을 살고 있던 무거동 고물상 뒷집 형제를 함께 찾아 지역사회에 도움을 호소한 일, 지금은 젊음의 거리로 바뀐 옛 주리원백화점 옆길을 '자동차 없는 길' 로 만들자며 기획기사를 밤새워 썼던 일은 사형과 나만의 보람이자 자부심이다. 4년이 채 되지 않는 짧은 시간이었지만 사형과 나의 시간은 40년 이상의 질퍽함이 있었다.

그런 그가 갔다. 필자가 언론사를 옮겨 부산에서 생활할 때 무시로 찾아와 깊은 눈빛 보내고 돌아서던 그였다. 부산으로 직장을 옮긴다고 했을 때 누구보다 그는 반겼다. 흔쾌히 장도를 축하했고 언젠가 함께할 시간이 올 것이라며 술잔을 기울였다. 그런 그가 갔다. 그리고 얼마 후 현대자동차 노조에서 분신 사건이 터졌다. 양봉수 사건이다. 사건이 터지자 울산으로 가라는 회사의 명령이 떨어졌고 그 일로 얼마간 울산에 와 있게 됐다. 그와 다시 함께한 시간이 시작됐다.

'잘가라 너무도 짧았던 우리네 젊음의 센 빛이여.' 보들레르를 좋아했던 낭만주의자 사형은 그때가 삶의 절정기였다. 안정된 가정과 무르익은 문장이 내면의 깊이를 더해 보다 나은 사회를 꿈꾸는 지역 언론의 길찾기에 열정을 다하고 있었다. 누구보다 가족을 사랑한 그는 이상하게도 가족 앞에서는 사랑의 표현법에 부끄러움이 많았다. 나에겐 언제나 자신의 분신인 딸 서영이를 자랑하고 다녔지만 정작 서영이는 아버지의 무심한 표현법에 갈증을 느꼈으니 말이다. 가슴으로 사랑하는 그의 사랑법은 그랬다. 언론사를 나와 부표처럼 떠돌던 시절, 그의 사랑은 늘 가슴에만 머물렀다. 드러낼 줄 몰라서가 아니라 드러내지 않으려고 몸부림친 세월이었다.

세 번째 만남은 같은 지역 언론의 수장으로 함께할 기회였다. 지난여름 그는 지역 언론사의 편집국장 자리를 제의받았다. 그 무렵 사형에게 병마가 찾아왔다. 아니 이미 산하를 지붕처럼 알고 지내는 시간 동안 병마는 사형의 심장을 향하고 있었지만 영욕의 세상을 녹여 혈액으로 돌게 한 그의 내공은 병마와 악수하고 싶지 않았을지 모른다. 다시 만날 기회를 병마가 갈라놓은 지 얼마 후 그는 갔다. 2010년 11월 18일 오후 1시. 그가 가고 난 자리에 겨울이 문득 찾아왔다. 그를 보내는 날, 양산 영축산 아래 암자에서 그를 생각하며 한 편의 글을 썼다. 그와 나만의 시간을 위하여.

영축산 능선이
병풍으로 감싼 십일월 광천사
새벽녘 선잠으로 맞은
그의 죽음 앞에
투벅투벅 산을 오른다
생각이 추억을 쫓지 못하는 시간
시작이 없으니
끝이 보일 리 없다.
요란함이 싫어 마른 잎에 가린 풀잎이
그저 멍한 내 발길의 동무일 뿐

몇 발자국 오르지 못해 시야가 뿌옇다.
망울이 모여 빰을 타고 흐르는 시간
그는 벌써 사위를 한 바퀴 돌아
친구야, 세상은 스스로를 버려야 채워지는 거라며
토닥토닥 어깨를 두드린다.
명부전 대리석이 얼어붙은 시간
벌겋게 달군 화로에서
그는 다시 태어난다.
살아 백년 죽어 천년을
이름 하나 걸고 치열하자던 그의 한 마디.
육신이야 바람이고 물이고 흙이지만
한 마디 말은 뇌성처럼 울려
능선을 타고 광천사 명부전 돌아
푸른 연기로 퍼져간다.

북유럽 신화를 엘베에 담은 함부르크

11월의 첫주, 인천발 프랑크푸루트행 A705편은 나를 엘베 강 하구에 내려놓았다. 엘베는 보헤미아를 품은 산줄기 리젠을 따라 독일평원을 유유히 흐르다 북으로 향하는 거대한 물줄기다. 평원은 드레스덴을, 하구의 삼각주는 함부르크를 낳았다.

물의 도시들은 언제나 신화를 만든다. 1,000km 달려온 육중함이 하늘과 닿아 범선 만들고 토해낸 바람이 배를 몰아 대양을 향했다. 그 마지막이 엘베이고 출발은 함부르크다.

엘베 하구, 영화 속 올리카가 알스터 호에서 붉게 물들 때 엘베 강의 시간은 그대로 멈췄다.

햇살보다 낮은 먹구름이, 모네보다 뭉크가 친숙한 도시, 40여 년 전 비틀즈가 빵을 위해 노래했던 레퍼반에는 'Let it be'가 흐르고, 21세기 대역사가 한창인 하펜시티에는 육중한 굉음이 시간을 담금질한다.

11월, 북해의 해풍이 가슴까지 얼게 한 함부르크의 거리는 쩡쩡한 바닷바람과는 달리 여유와 낭만이 넘실대고 있었다. 함부르크 항구의 밤거리를 걷노라니 어디선가 비틀즈의 노래가 들려온다. 존 레논은 이런 말을 했다.

'내가 자란 곳이 리버풀이라면, 나는 함부르크에서 성공했다.'

그는 2년여 동안 함부르크에 살면서 클럽에서 노래했다. 클럽에서 미친 듯이 노래하던 비틀즈를 가능케 한 함부르크의 문화적 저력이 감지된다. 클럽문화는 생동감 넘치는 음악인을 탄생시키는 거대 저수지였다.

유럽으로 가는 길엔 루이스의 '나니아 연대기' 나 톨킨의 '반지의 제왕' 을 가방에 넣어둘 만하다. 눅눅하고 축축한 음지의 기운이 어디서부터 신화로 바뀌어 기묘한 이야기를 풀어내는지 북해와 발트해 근처 어느 땅을 밟아도 저절로 영감이 스친다.

함부르크Hamburg는 독일 북부에 있는 넓이 755㎢에 인구 180만 명의 도시다. 정식 이름은 '자유 한자 도시 함부르크' 로 독일에서는 베를린 다음 가는 제2의 도시이다. 811년 카를 대제가 알스터 강江이 엘베 강으로 합류하는 지점에 '하마부르크 성城' 을 쌓은 것이 시의 기원이다.

함부르크는 특별하다. 독일 여느 도시들과 달리 귀족계급이 중심인 도시가 아니라 상인의 도시로 시작됐다. 고풍스런 성곽이나 장식, 화려한 문양이 빽빽한 건축물보다 뭉툭하고 나지막한 창고형 건물이 즐비하다. 그나마 오래된 중세식 건물들은 제2차 세계대전 당시 연합군에 의해 철저하게 파괴됐고 그나마 시청사와 몇 개의 교회가 중세 유럽의 고풍스런 모습을 남기고 있다.

귀족의 거만함을 정면으로 거부하고 바다에 뛰어든 장사치들의 단순함이 도시에 배어 있는 함부르크. 그래서 효율적이다. 1897년에 지은 함부르크 시청사Rathaus는 웅장하다. 시청사는 함부르크 남쪽 시가지 중심부에 자리하고 있는 르네상스 양식의 건축물로 영국의 버킹궁 궁전보다 화려하다는 평을 받고 있다.

시청사 근처에는 함부르크의 번화가 '노이어 발Neuer Wall'이 있고 인공호수인 알스터 호와 엘베 강을 이어주는 샛강을 따라 고급 의상실과 명품가게들이 줄지어 있다. 이 거리에선 여느 유럽처럼 거리악사들이 보인다. 트럼펫, 호른, 튜바 따위의 금관악기들로 연주를 하고 있지만 구경꾼은 별로 없다.

독일은 언제나 히틀러와 맥주, 자동차, 홀로코스트, 라인 강의 기적으로 연상된다. 그만큼 독일은 융통성 없고 딱딱하고 재미없는 나라다. 하지만 함부르크에서 만난 독일은 수준 높은 문화를 향유하고 있는 나라였다. 모두 들어가 보진 못했지만 도시 곳곳에는 한 블록만 지나면 다양한 박물관과 갤러리, 극장, 오페라하우스가 즐비했다. 하물며 공창지대인 레퍼반까지 문화거리로 조성해 밤문화를 하나의 문화상품으로 만들고 있는 도시가 함부르크였다.

함부르크에서 가장 쉽게, 그리고 흔하게 만나는 것이 바로 물이다. 하루에도 몇 차례 빗방울이 떨어졌다 그치는 것을 반복하고, 도시 곳곳을 흐르는 샛강과 수로가 차라리 징그럽다. 이탈리아 베네치아보다 물길이 많은 도시가 함부르크라고 한다. 샛강 위에는 백조들이 한가하게 떠 있다. 체코로 이어지는 수로에는 신호등이 있다. 도심으로 들어오는 수로에는 허가받은 유람선 외에는 절대 엔진이 달린 배를 운행할 수 없다고 한다.

물의 도시답게 재난이 생활화된 도시가 함부르크다. 일년에 한번은 2~3층까지 물이 차올라 해안가 집들은 모두가 1층과 4층에 별도의 출입문을 두고 있다. 이 때문에 이들은 건물 3층마다 비상계단을 설치해 재난에 대비하고 있다.

예전엔 해안가 수로를 따라 배로 짐을 운반하여 도심까지 들여왔다. 그래서 도심 운하인 수로 근처엔 300년이 넘은 붉은 벽돌 건물들이 빽빽하게 들어서 있다. 건물 앞에는 언제 지었고, 언제 보수했다는 이름표가 자랑하듯 새겨 있다. 지금 이 건물은 대부분 카페트나 건축재료 등을 보관하는 창고겸 사무실로 쓰고 있다.

낡고 칙칙한 건물이 그대로 불편함을 드러내지만 그들은 낡은 건물들을 허물고 새로 짓지 않는다. 그저 보수할 뿐이다. 일부 건물은 눈으로 보기에도 위험스럽게 기울어졌지만 그들의 눈에는 그저 아버지와 그 아버지, 그리고 그들의 생활공간일 뿐이다.

함부르크는 클래식 음악으로도 의미 있는 곳이다. 우리가 익히 아는 노래인 멘델스존의 '노래의 날개 위에' 가사가 하이네에 의해 함부르크에서 쓰였다는 말도 있다. 함부르크에는 독일 최초로 상설 오페라하우스가 세워졌으며 헨델(1685~1759)이 그의 첫 작품인 '알미라'를 이곳 무대에 올렸다고 한다. 브람스가 함부르크 출신이며, 베버의 뮤지컬 '오페라의 유령'을 위해서 특별히 극장 '신 플로라'가 세워지기도 했다.

함부르크 항구에 지금도 공사 중인 오페라하우스는 세계 최대의 수상 홀로 건설 중인데 마치 한 척의 범선이 북해를 향해 닻을 올린 모양을 하고 있다. 이 오페라하우스는 함부르크에 본사를 둔 니베아그룹 등 이곳 재벌 4인이 공사금액을 전액 기부해 도시브랜드마크로 건설 중이라고 한다. 안내원의 설명을 들으며 바라본 오페라하우스는 차양에 가려져 있지만 마냥 부러움을 감출 수가 없었다.

함부르크는 과거 유럽 최대의 무역항이었다. 12, 13세기경 한자Hansa라고 불리는 상인들의 단체가 많이 있었는데, 이들이 '한자동맹'이라는 도시동맹을 결성, 중세 상업사의 획을 그었다. 바로 그 동맹의 중심도시가 함부르크였다.

함부르크 명성의 최고점은 아이러니컬하게 2차 세계대전에서 꽃피었다. 제3제국이 개발한 첨단 잠수함은 연합국의 상선들을 무차별 공격하여 보급선을 끊었다. 함부르크는 그들 잠수함을 만들어내던 본산지였다. 덕분에 함부르크는 2차대전 종료 당시 연합국의 폭격으로 폐허가 됐다.

과거의 명성은 명성일 뿐, 현재와 미래를 내다보는 함부르크는 이제 대변신 중이다. 옛 항만에 건설 중인 하펜시티Hafencity가 바로 함부르크의 미래다. 국제해양박물관, 하펜시티대학교, 초등학교, 과학센터, 크루즈센터, 바스코 다 가마 플라자, 마르코폴로 광장, 전통선박항구 등이 들어섰거나 건설 중이다. 항만의 낡고 퇴락한 시설공간에 최첨단 건축물을 세워나가며 녹색정치의 본산답게 지극히 환경친화적인 수변공간을 제시한다.

함부르크는 한때 아메리카 신천지로 향하는 가난한 독일 사람들의 출발지였다. 이민 떠나는 이들이 함부르크 항구에서 마지막 밤을 지샜으며, 뉴욕-함부르크 정기노선은 오늘날 미국사회에서 독일계의 전신을 이루고 있다. 현재 미국 사회의 주류로 활동하는 유태인들도 그 조상은 바로 함부르크 항에서 밤을 보내고 이민길에 올랐던 후예들이다.

세계도시는 항만이나 강을 끼고 있는 물의 도시다. 물을 잘 관리하는 도시가 세계적인 도시가 된다는 이야기다. 물 많기로 이름난 함부르크가 알스터라는 인공호수를 도심에 만들어 친수공간으로 활용하는 것은 물이 주는 문화적 가치가 얼마나 큰 것인가를 생각하게 한다. 친수공간의 활용이 과제가 되는 울산으로서도 충분히 벤치마킹할 필요가 있다는 이야기다.

장인어른, 죄송합니다 외 2

장인어른은 여든 중반의 연세가 믿기지 않을 정도로 건강하셨던 분이었다. 젊은 사람도 감당하기 버거울 정도의 묵직한 낚시 망태를 어깨에 둘러메고 새벽마다 정자나 감포 앞바다에 나가 바다낚시를 즐기시곤 하셨다.

해방 후 공산정권이 싫어 직장과 논밭전지 다 버리시고 일가친척을 떠나 고향 땅 개성에서 장모님과 단 두 분이 아무 연고도 없는 남쪽으로 넘어와 경북 상주에 정착하셨다. 축산업을 일구시고 평생을 바르고 정직하게 살아오시며 지역유지로서 어려운 이웃에게 도움의 손길을 아끼지 않으셨다. 연세가 드시니 사업을 정리하고 딸과 사위가 있는 울산에 내려오셔서 낚시로

의학박사, 소아청소년과 전문의. 울산 · 경남소아청소년과학회 회장 지냄. 대한소아청소년과 개원의사회 부회장, 아시아 · 태평양 소아과학회 정회원, 이왕복소아청소년과의원 원장

소일하시며 여생을 보내시게 되었다.

북한의 공산정권뿐만 아니라 남한에 뿌리내려 준동하는 좌익세력에 대해서도 미워하신 철저한 반공주의자이셨다. 남북 이산가족 면회 우선순위가 되었음에도 북녘 땅에 공산정권이 무너지지 않는 한, 단 한 발짝도 내딛지 않으시겠다며 두고 온 형제와 친척을 눈물로 그리워하면서도 면회신청을 거부하셨다. 온 나라가 금강산이며 개성 관광으로 떠들썩할 때도 관광 권유를 뿌리치셨다. 여행 가서 두고온 고향이 지척에 보이는데 어떻게 발길을 되돌아서겠느냐며 통일 전까지는 결코 이북 땅에 발을 들여놓지 않겠다는 결심을 비추곤 하셨다. 그 당시 남북의 소통으로 인한 화해 분위기를 크게 신뢰하지 않으시며 기대가 크면 실망도 크다는 단순한 이치에 따라 남쪽의 들뜬 사회분위기를 오히려 경계하셨다. 남북 화해 분위기를 통해 통일에 대한 기대까지는 아니더라도 최소한 남북의 갈등해소와 더불어 무력충돌의 위험에서 벗어났다는 남쪽 사람들의 환상에 대해 걱정 어린 눈길을 보내셨던 것이다. 이러한 남북경제교류사업은 북한의 변화와 개방을 유도하기보다는 결국은 북측의 정권연장만 도와주는 부질없는 일이라는 주장을 피력하셨는데 지금 남북의 정황을 보니 선견지명이 계셨던 것 같다.

장인어른의 사위사랑은 아주 특별하셨다. 학꽁치 잡는 철이 되어 어쩌다 하루의 수확이 풍성한 날은 기분이 아주 좋아서 의기양양한 목소리로 딸에게 전화를 거신다.

"이 서방에게 줄 횟감을 많이 잡았으니 싱싱할 때 얼른 가져가라."

이후 사위가 맛있게 먹었다는 것을 전해 들으시고는 어린아이와 같이 기뻐하시며 다음번에는 더 많이 잡아야겠다는 각오를 다지셨다고 한다. 한번은 못에 가서 어른 손바닥만 한 붕어 몇 마리를 잡으셨던 모양이다. 사위 내외가 붕어찜이라도 해서 맛있게 먹었으리라는 생각에 흐뭇해 하셨을 터이다.

그런데 새로 잡은 물고기를 갖다 주기 위해 딸네 집에 들르셨다가 집사람이 손질하기 귀찮아 냉동실에 넣어 둔 붕어를 발견하시고는 그렇게 서운해 하셨다고 한다. 장인어른에게서 낚시는 단순한 소일거리로서 취미생활이기 이전에 사위를 향한 순박한 사랑을 실천하는 방법이었던 셈이다. 한 마리씩 낚아 올릴 때마다 베풀 수 있는 사랑에 흡족해 하셨을 장인어른의 얼굴을 떠올리며 눈시울을 적신다.

이렇게 건강하시던 분이 언제부터인가 우측 상복부에 둔통과 소화불량 증상이 있었다. 의사 사위가 있건만 자식들에게 걱정거리 안긴다는 생각에 그냥 참아 오셨던 모양이다. 도저히 견디지 못할 즈음에 이르러서 고통스러움을 토로하셨다. 복부초음파 검사를 하니 담낭과 담관에서 돌이 몇 개 보인다고 했다. 그간 담석증으로 인해 고생하셨던 것이다. 연세 때문에 마취문제가 다소 신경이 쓰이기는 하지만 지금껏 건강하게 지내 오신 편이라 담낭절제술 날짜를 잡게 되었다. 그런데 청천벽력과도 같이 병원에 입원하여 수술 전 기본적으로 체크한 chest X-ray상에 종양 덩어리로 의심되는 병변이 폐의 군데군데 산재해 있는 것이 아닌가. 폐암의 소견이었다. 비록 젊은 시절에 흡연은 하셨지만 오래 전부터 금연한 상태로 지금껏 지내오시며 그간 폐암을 의심할 만한 증상이나 징후는 전혀 없었던 분이다. 다른 장기로의 전이여부에 따라 얼마나 더 살 수 있을지 예후가 결정되는 상태에서, 마취와 담석증 수술이 가능한지도 따져야 할 때이었다. 그러나 담석증으로 인한 환자의 통증이 심하니 일단은 개복하여 폐암의 복강 내 원격전이 유무를 먼저 파악한 후, 괜찮으면 담낭절제술을 시행하기로 했다.

수술을 앞둔 장인어른은 담석 제거수술만 받으면 그동안 본인을 괴롭혀 왔던 통증도 깨끗이 사라지고 다시 낚시도 다닐 수 있다는 기대에 부풀어 계셨다. 근심 어린 눈빛의 자식들에게 오히려 걱정 말라 하시며 수술의 공포와 아픔을 이겨 낼 수 있다는 자신감을 보이시기까지 하셨다.

하지만 장인어른은 폐암의 원격전이 소견으로 인해 당초 목적했던 수술도 제대로 받지 못하신 채 수술실을 나오게 되었다. 이후 거의 2주 이상을 마취에서 깨어나지 못하시고 의식불명 상태로 지내시게 되었다. 의식이 어느 정도 돌아오자 수술 받으면 좋아지리라 기대했던 통증이 해소되기는커녕 오히려 더 심해지니 처음 진단이나 수술과정에 문제가 있었던 게 아닌지 의구심을 가지셨다. 연로하신 탓에 몸의 전반적인 상태가 좋지 못하시니 수술의 효험을 별로 보지 못하시는 것 같다는 말씀으로 둘러댔지만 무슨 말인지 알아들으시지 못하는 눈치였다.

"내가 이제 더 이상 생명에 애착이 있어서가 아니라 의학이 발달한 이 좋은 세상에서 죽더라도 무슨 병이 있어서 이렇게 고통스러운지 제대로 알기나 하고 죽었으면 좋겠다."라고

집사람에게 서울의 명성 있는 의료기관에서 다시 진단받기를 원하시는 뜻을 이렇게 넌지시 비치셨다고 한다.

이럴 때는 차라리 폐암이 온몸에 전이되어 있어서 담석제거수술을 할 형편이 못되었다는 솔직한 설명을 드리는 게 어떨까 하는 생각도 해보았지만 망설여졌다. 말씀드릴 적절한 타이밍을 놓쳤다는 판단이 들었다. 수술 전에는 환자가 회복에 대한 희망을 잃지 않고 투병의지가 꺾이지 않도록 입을 다물고 있는 편이 좋을 것 같았다. 하지만 수술 이후에는 마취의 부담으로 명료한 의식을 지속적으로 유지하지 못하는 예상치 못했던 상황이 생겨서 마음의 준비를 하시게끔 사실을 알려드린다는 것이 큰 의미가 없다는 생각이 앞섰다.

그토록 사랑받던 사위였건만 의사로서 생사의 기로에 서서 고통으로 신음하시는 장인어른께 별로 도움을 주지 못함이 가슴 아팠다. 어쩌면 장인어른의 마음 한구석에는 서울로 모셔가지 않는 사위에 대한 섭섭함이 있었으리라는 생각을 하니 더욱 마음이 쓰라렸다. 그렇게 장인어른은 본인을 죽음에

이끄는 원인 질환이 폐암이었다는 사실을 전혀 모르시는 가운데, 병원에서 자신의 병을 확실히 밝혀내지 못했다는 아쉬움을 간직한 채 천국으로 가셨다.

지금 다시 비슷한 상황이 재현된다면 나는 어떻게 할 것인가? 의사로서 환자에게 취하는 잣대와 내 가족에게 적용하는 잣대가 조금 차이가 있음을 숨길 수는 없다. 그러나 가족이 아닌 의사의 입장에 선다면 가능하면 환자의 알권리를 존중하는 차원에서 사실대로 말을 하여 환자가 죽음을 준비하고 주변정리를 할 수 있는 시간을 주는 것이 바람직하지 않을까 하는 생각을 한다.

가끔 일식집 상 위에 학꽁치가 나오면 장인어른의 한량없는 사랑이 떠올라 목이 메어온다.

"장인어른! 천국 가시는 마지막 길 끝까지 잘 보살펴 드리지 못해 정말 죄송합니다."

소중한 추억

군의관 복무를 마치고 소아과 레지던트 1년차로 대학병원에 복귀하고 보니 소아병동 입원환자 중에 최고의 VIP 환자가 있었다. 권문세가의 자제이거나 어떤 중요한 사람의 부탁이 있어서 특별한 대접을 받나 했더니 중학교에서 교편을 잡고 계신 아빠와 전업주부인 엄마 사이의 평범한 가정에서 자라온 초등학교 6학년 철민이라는 아이였다.

철민이가 VIP 대접을 받고 있었던 이유가 신장학을 전공하시는 주임교수님이 관심을 갖고 있던 비교적 희귀한 질환으로 입원하였기 때문인 것을 금세 알 수 있었다. 주임교수님께서 아침저녁 회진을 꼭 챙기셨을 뿐 아니라 그의 상태의 변화나 각종 검사결과의 이상 유무도 보고사항이었다. 대학병원에서 입원환자의 진료상 그리 흔하지 않는 일이다. 담당 주치의는 그냥 명목상이고 제반 오더order(약 처방 및 각종 임상검사를 내는 것)는 거의 주임교수님이 직접 내리셨다. 그의 병실에는 전공의들이나 간호사들이 자주 들

락거리며 항상 무슨 불편함이 없는지 과잉 친절로서 환자를 보살핌이 누가 보아도 눈에 두드러진다. 대학병원 소아병동에 장기적으로 입원해 있던 다른 환자 보호자들은 같은 병동 내에서 자기 자식보다 뭔가 더 대접받는 듯한 철민이에 대해 어떤 집 자제인지 궁금해 했다.

내가 철민이를 만났을 즈음에는 그의 병이 상당히 진전되었을 때였다. 입원한 지 한 달쯤 되었다는데 하루하루 그의 병세는 악화되어 가고 있는 중이었다. 평소에 건강하게 지내던 애가 어느 날 갑자기 양 뺨에 나비 모양의 발진(butterfly rash)이 나타나서 단순한 피부질환으로 별 대수롭지 않게 생각하여 가벼운 마음으로 소아과 외래를 찾았다고 한다. 그러나 진료하신 선생님은 심각한 얼굴로 자가 면역 질환의 하나인 '전신성 홍반성 루프스' 라는 병이 의심되니 입원하여 확진을 위한 여러 가지 검사를 시행해보기를 권유했으니 부모의 놀라움도 이만저만 큰 게 아니었을 것이다.

전신성 홍반성 루푸스Systemic Lupus Erythematosus;SLE는 자가 항원에 대한 자가 항체를 형성하여 이 자가 항체들이 혈액 내를 순환하며 신장, 혈구, 중추신경 등의 표적기관에 염증을 일으켜 조직파괴를 일으키는 일종의 결체조직질환Connective Tissue Diseases이다. 원인은 확실하지 않으나 유전, 호르몬, 환경 등의 복합요소가 관련된 면역 조절 이상에 의한 것으로 생각된다. 자연경과는 예견할 수 없는데, 다양한 경과를 취하여 치료하지 않은 전신성 홍반성 루프스가 자연 치유되기도 하고 몇 년씩 끌거나 갑자기 사망하기도 한다. 며칠 전 소화 장애로 외래를 방문한 35세의 여성은 자신은 20여 년 전에 이 병의 진단을 받았으나 여태껏 큰 문제없이 지내오고 있는 중이라고 한다. 이처럼 이 병의 자연경과와 예후는 철민이처럼 급격히 진행하는 경우도 있고 이 여성처럼 그리 큰 문제없이 그럭저럭 지내는 것과 같이 다양하다.

철민이도 입원 초기에는 다른 입원 환자들과는 달리 우선 외견상으로는 멀쩡해 보이니 병실 복도를 나다닐 때는 어디가 아파서 입원했는지 궁금해 하는 사람들도 많았다고 한다. 우선은 병의 확진을 하기 위하여 입원했으니 자가 면역 질환에 대한 혈액검사 결과가 나오기를 기다리며 매일 소변검사를 하면서 신장에 병변이 오는지 관찰하는 입원 초기의 나날을 보내었다. 그러나 자가 면역 질환에 부합하는 검사 결과가 나와서 병의 확진이 된 입원 2주차 말경부터는 차츰 신장에 병변이 시작된 소견인 현미경적 혈뇨 및 단백뇨가 소변검사에서 보이기 시작했다. 신장조직검사상에는 만성신장염으로 잘 이환되며 치료 반응이 좋지 않은 막성사구체신염membranous glomerulonephritis 소견을 보였다.

입원 3주가 지날 무렵에는 신장 병변이 점점 더 진행되었다. 신장 기능도 많이 떨어져서 급성신부전의 검사소견BUN, Creatinine(수치의 증가)을 보였으며 혈뇨와 단백뇨는 심해졌고 소변량이 크게 줄어들어 전신부종이 생겼다.

증상 및 신질환을 호전시켜 생존 기간을 연장시킨다는 목적으로 사용한 스테로이드 치료의 부작용까지 겹치니 특히 얼굴의 부종이 심해 도무지 예전의 얼굴 모습을 찾아보기 힘들게 되었다. 소변으로 단백이 빠지니 혈중에는 단백수치가 뚝 떨어져 있어 '알부민' 이라는 고가의 단백주사제를 수시로 투입해도 혈중의 단백수치는 크게 오르지 않고 소변이 시원스럽게 배출되지 않으니 부종이 줄어들지 않았다.

드디어 신부전 증세가 너무 심해 일주일에 두세 차례 복막투석을 시작했다. 사실 낮은 연차의 수련의 입장에서는 입원 환자가 이러한 중한 치료를 시작하면 "아이구, 이제 우리도 당분간은 죽어나겠구나" 하고 한숨을 쉰다. 앞으로 추가될 과중한 업무에 대한 부담을 지울 수가 없기 때문이다. 병동 당직근무에 상관없이 집에 갈 생각은 버려야 한다. 어쨌거나 힘든 업무에서 조금이라도 빨리 벗어나기 위해 환자의 치료반응이 좋아져 투석을 하지 않아도 될 만큼 신장기능이 한시바삐 회복되기를 기도하며 바랄 뿐이다. 신장기능의 조속한 회복만이 철민이도 살리는 길이요, 햇병아리 1년차 소아과 수련의도 고된 업무에서 해방되는 길이기 때문이다. 지금 그 시절을 돌이켜보면 뜬눈으로 밤을 지새운 적도 많았고 하루 평균 수면시간이 2~3시간도 족히 되지 않았던 것 같은데 어떻게 지냈었는지 신기할 정도이다.

비록 담당 주치의는 아니었지만 거의 한 달간을 가까이서 모든 수발을 들어서인지 어느 정도 낯이 익은 후부터 자신을 위해 애쓰는 데 대해서 미안해하며 제법 어른스러운 말로 고마움을 표시하기도 했다. 자신도 장래 의사 선생님이 되고 싶다고 하는 철민이의 통통 부은 손을 만질 때는 안타까움에 가슴이 아려올 정도로 정이 듬뿍 들었다.

의료진의 최선의 치료를 위한 노력에도 불구하고 철민이의 병은 급속히 악화되어 갔다. 복막투석에도 별 효험이 없어 혈액투석을 하게 되었고, 또한 스테로이드 치료에 반응하지 않아 신장질환의 진행을 억제하기 위하여 세포독성약물치료cytotoxic therapy까지 병행하니 면역력은 더욱 떨어져 세균성 폐렴 및 패혈증 등의 합병증이 겹쳐 생사의 고비를 몇 번 거쳤다. 그러다가 입원한 지 거의 두 달째 되는 날, 철민이는 사랑하는 엄마 아빠와 그동안 애썼던 의료진의 눈물 속에 하늘나라로 떠났다.

철민이가 떠난 지 한참을 지나 소아과 당직실로 철민이 엄마가 그동안 수고했던 모든 분들을 위해 고마운 마음을 전하기 위해 작은 선물을 마련해서 찾아오셨다.

그런데 어느 선생님 한 분에 대해서는 이상하게도 선물을 빠트리는 듯 보였다. 철민이를 옆에서 지켜보며 상태를 관찰할 때(병원에서는 Keep이라는 용어를 씀) 철민이에게만 집중하지 않고 이따금씩 환자차트 정리를 하곤 해서 섭섭했었음을 토로하셨다. 시간에 쫓기는 초년의 수련의 선생님이 Keep 도중에 철민이가 특별한 징후가 없을 때는 잠시라도 시간을 쪼개 쓰는 의도에서 그러셨던 모양이었다. 죽음의 문턱에 있는 자식을 바라보는 엄마의 마음은 한순간이라도 자기 아들에게서 눈을 떼고 다른 일을 했던 선생님이 야속하고 못마땅했던 것이다. 이 일을 통해서 환자의 진료에 임함에 있어서는 일순간이라도 흐트러짐 없이 최선을 다해야 한다는 교훈을 얻었다.

어느덧 소아과 진료실에서 보낸 지 26년이라는 세월이 흘렀다. 아이들에 대한 사랑으로 소아과 의사를 천직으로 여기며 나름대로 최선을 다해 후회 없는 삶을 살아왔다고 자부한다.

지금도 소아과 의사의 첫걸음을 내디딜 때 만난 철민이가 나에게 특별한 의미로 다가오는 것은 환자의 치료에는 날카롭고 해박한 의학적인 지식뿐만 아니라 따뜻한 사랑의 마음을 갖고 임해야 한다는 것을 깨닫게 해준 소중한 추억이 되기 때문이다.

신세대 아빠

현영이 아빠는 오늘도 진료마감시간에 임박하여 생후 6개월 된 현영이 동생을 아기 포대기에 들쳐 업고 헐레벌떡 병원 문을 들어선다. 어찌나 급히 서둘러 왔는지 가빠진 숨소리가 진료마감 무렵 적막감이 도는 대기실에 가득 찬다.

매번 진료 마감시간에 병원을 찾아오는 것이 미안한지

"방금 퇴근해 보니 쌍둥이 중 한 놈이 열이 나고 기침 콧물이 있네요."

라며 늦을 수밖에 없는 상황을 변명처럼 늘어놓는다. 첫아이인 현영이와 한 살 터울로 아들 쌍둥이를 최근에 봄으로써 젊은 나이에 벌써 아들 셋을 둔 어엿한 가장이다.

요즘처럼 저출산이 심각한 사회문제로 대두되어 국가의 백년대계를 생각할 때 '국가의 준準비상상태'라고까지 하며 출산장려정책을 펴는 나라에서 출산율을 높이는데 실질적 기여를 한 애국자라고 농담 삼아 치켜세우면

"아이고 원장님, 애국자라고요? 완전히 빛 좋은 개살구입니다."라고 하며 손사래를 친다.

애들 세 명 키우려니 죽을 지경이란다. 교대로 아프기도 하고, 밤에는 깨어서 빽빽 우니 야근 후에 잠 좀 자야 할 때도 잠도 잘 수 없단다. 특히 현영이가 동생들 본 후로는 시샘하느라 응석과 고집이 늘어 너무 힘들게 한다고 푸념을 하지만 말하는 표정에는 직장근무의 스트레스에다 퇴근 후 애들 등쌀에 시달려 하루하루가 힘들고 고된 아빠의 기색은 전혀 읽을 수 없다. 오히려 얼굴에는 자신의 가족에 대한 애정과 주어진 삶에 대한 기쁨과 감사함이 서려 있다. 아기들이 아프면 으레 병원 방문은 자기 몫이라고 생각하는 비록 작은 배려지만 아기 엄마의 고된 육아를 돕는 따사한 마음을 느낄 수 있어 흐뭇하다. 애기를 들쳐 업는 게 몸에 익은지 그 모습이 전혀 어설퍼 보이지 않고 언제 보아도 순박한 아빠의 가족을 향한 사랑의 향기를 물씬 느끼게 한다.

근래에는 소아청소년과 병원외래뿐 아니라 공원이나 백화점 등에서도 젊은 아빠들이 아기띠로 아기를 업거나 안고 있는 광경을 흔히 볼 수 있다. 불과 10여 년 사이에 부쩍 늘어난 신세대 부부의 풍속도이다. 유교적인 사고와 관습에 배어 있는 나로서는 남자 체면이 손상되는 일은 좀처럼 받아들이지 못하는 구시대 사람이라 직업상 젊은 세대와 자주 접촉하면서도 이러한 광경을 이해하고 적응하는데 다소 시간이 걸렸다.

우리 세대에는 남자가 아기 포대기를 허리에 두르고 주위의 시선을 아랑곳하지 않고 집 밖에 나다닌다는 것은 분명 돈키호테적인 발상에서 나온 돌출행동이 아니라면 쑥스럽고 체면 상하는 일로 여겨 얼굴이 웬만큼 두껍지 않고서는 하기 어려운 행동이었다. 더운 여름날 시골에서 연세 지긋한 할아버지가 해질 무렵 동네 느티나무 아래 펴놓은 평상에서 이웃 노인들과 바둑 한

수 두기 위해 마실 나설 때 간혹 애지중지하는 손자를 포대기에 들쳐 업고 나가던 광경 이외엔.

그러나 세월이 흘러 지금은 아기띠를 멘 자상한 아빠의 모습이 아무 거부감 없이 자연스럽게 여겨진다. 오히려 건장한 아빠가 옆에 있는데도 엄마가 아기 몸무게를 감당하지 못해 힘겨워하는 모습을 볼 때는 안쓰럽다는 생각에 주제넘게 아빠를 훈계하고 싶은 충동마저 느낄 정도로 내 의식에도 변화가 왔다.

신세대 아빠들이 자기 가족에 쏟는 사랑과 지극한 정성을 보면서 나는 우리 애 둘을 키우면서 무슨 도움을 줬나 돌이켜 보니 집사람에게 미안한 마음이 든다. 포대기로 아이들을 업어 준다는 것은 고사하고 무엇 하나 제대로 도와준 기억이 없다. 물론 힘들고 바쁜 수련의 시절이었던 탓도 있긴 하지만 육아는 아예 여자의 몫이라는 고루한 사고가 주된 원인이었던 것 같다. 아빠로서의 사랑의 베풂이 적어서인지 아이들이 크면서 얘깃거리나 상의할 문제가 생기면 엄마부터 찾았다. 아빠로서는 소외되는 것 같아 섭섭한 마음이 들 때가 있지만 '심은 대로 거두리라.' 라는 말이 있지 않는가?

요즘은 병원에 온 아기들이 주사나 진찰에 대한 두려움으로 울 때도 엄마보다는 아빠를 찾는 경우가 더 많다. 10여 년 전만 해도 "엄마!" 하고 부르면서 울음을 터트리던 것이 이제는 "아빠!" 하고 찾는 대상이 바뀌었다. 그만큼 신세대 아빠들의 자녀 사랑이 유별나다는 것을 입증하는 현상이다. 그래서 나도 훌쩍 커버린 아이들에게 비록 때늦은 감이 있지만 잃어버린 아빠의 점수를 만회하고자 나름대로 노력을 기울였더니 최근에는 아이들과의 관계가 많이 좋아졌다. 이제 비로소 부모노릇을 올바르게 하는 것 같은 기분이 들어 기쁘다.

일전에 신세대의 결혼식장에 가보니 신랑이 신부에게 바치는 축시와 축가를 직접 낭독하고 부르고 있다. 격세지감을 느끼게 한다. 30년 전, 신혼여행 첫날에 겨울바닷가를 걸어가다 느닷없이 집사람이 더운지 외투를 벗더니만 들어 달라는 눈치였다. 무척 당혹스러워 하며 주변를 의식하여 돌아봤다. 아무래도 힐금힐금 쳐다볼 주변의 눈길이 두려웠다.

"여자가 남자 외투 드는 건 몰라도 어찌 남자가 여자 외투 들고 다니노?"
라며 어물쩍 넘어가는 바람에 신부의 여린 마음에 상처를 주며 한동안 토라지게 만들었다. 지금 같으면 당연히

"응 그래 이리 줘, 내가 들어 줄게"라고 했을 텐데 그때는 왜 그런 아량을 베풀 너그럽고 세련된 마음이 생기지 않았는지 모르겠다.

"아! 여보, 그때 미안했어"라고 지금이라도 말해주고 싶다.

하지만 신세대 아빠들이 너무 가정적이고 순하고 착하기만 하여 걱정되는 면도 있다. 어느 날 병원 대기실에서 고교 동창인지 이웃집 동네 새댁을 만났는지 반갑게 어울려 수다를 떨고 있던 신세대 엄마가 아빠에게 안겨 있던 애기가 무엇이 불편했는지 갑자기 울음을 터트리니

"자기야, 아 우는데 뭐 하노! 혹시 기저귀 젖었는지 함 봐라."
라며 서슴없이 신랑을 질책하는 것을 보았다. 결혼시킬 장성한 아들이 있는 부모의 입장에서 기분이 씁쓸해졌다. 자칫하면 가정에서 남자로서의 성 역할Gender Role을 자녀들에게 바르게 심어주지 못하는 과오를 범하지 않을까 염려된다.

소아 환자를 진료할 때 비록 짧은 시간 동안이지만 이들의 진찰 태도나 얼굴 표정과 언행을 보면 그들이 자라온 가정 분위기나 가정교육이 어떠한지를 짐작할 수 있다. 병원에 처음 들렀는데도 진료에 대한 공포감도 없이 밝은 표정에 인사성도 있고 진찰 때도 잘 협조함으로써 칭찬받고 귀여움받는

어린이가 많다. 하지만 자기중심적이고 버릇이 없으며 행동이 막무가내여서 안타까운 생각이 들게 하는 어린이도 가끔 있다. 대개 이런 아이의 아빠들은 아이가 진찰이 불가능할 정도로 울며 생떼를 써도 타일러 그치게 하거나 제재할 생각은 안하고 오히려 아이를 감싸 안고 역성들며 아빠가 어떻게 해주길 원하는지 묻곤 한다. 신세대 아빠들의 맹목적인 사랑이 자칫 아이들을 잘못된 길로 인도할까 걱정하며, 아이들의 장래를 위해서는 올바른 사랑의 훈육도 함께할 것을 당부하고 싶어진다. 정말 신세대 아빠들의 역할이 중요한 시대라는 생각이 든다.

개혁을 성공시킨 대한민국 외 1

우리나라는 지금까지 건국 이후 많은 발전을 해 왔다. 많은 경제성장과 우리 민족의 문화 창달에 힘써 왔다. 그러나 오늘날에 있어 정치 · 사회적으로 많은 문제점이 있으므로 이러한 것들을 개혁하지 않을 수 없다. 오늘날까지 이 나라 정치 · 사회의 문제점을 해결하기 위해서 많은 정치 지도자들이 개혁을 추진해 왔으나 별로 효과를 거두지 못하고 말았다.

개혁을 성공하기란 매우 어려운 것이다. 반대하는 세력과 권력이나 이권 때문인데 그래서 상명하달에 의한 개혁은 아래까지 침투되지 않고 끝나는 경우가 대부분이었다. 그러나 선진국의 개혁은 대부분 지식층이 국민들에게

정치학 박사

홍보하므로 성공하는 경우를 볼 수 있다.

첫째, 우리나라 정치 사회의 부패를 개혁하기 위해서는 무엇보다도 국민들이 개혁의 필요성을 느끼고 시민정신을 가지고 추진해 나가야만 성공시킬 수 있다. 중요한 것은 많은 지도자가 단결된 힘으로 협력하고 시민이 협력할 때 우리나라 정치개혁, 사회개혁이 점차적으로 성공할 수 있다는 것이다.

또한 개혁을 달성하기 위해서는 지도자의 추진력과 홍보가 중요하고 인내력을 가지고 지속적으로 국민들로부터 인정받는 여론이 형성되어야 한다.

둘째, 개혁을 성공적으로 이끌기 위해서는 지난 월드컵 축구 경기 때 시민이 자발적으로 참여하여 열광적으로 응원한 것과 같이 개혁을 위하여 시민단체와 학생들이 주체가 되어 국민과 하나 되어 추진할 때 급진적으로 빠르게 성공할 수 있는 것이다. 예컨대, 시민단체나 학생 단체에서 공명선거 운동에 앞장서 나아갈 때 개혁은 성공할 수 있다는 것이다.

셋째, 우리나라 개혁이 성공하기 위해서는 지도자가 바로서야 한다. 지도자가 도덕성과 공정성을 가지고 어떤 원칙에 흔들리지 않는 믿음을 가져야 한다. 지도자부터 솔선수범하여 법과 원칙을 지키고 국민과 동참하여 일을 추진해 나갈 때 그 개혁은 성공할 수 있다. 그러므로 지도자들을 잘 교육하고 훈련시켜 나아가야 한다. 그리고 지도자는 국민들로부터 신뢰를 얻어야 한다는 것이다.

오늘날과 같은 세계화 시대에 유능한 지도자 양성은 국가 운명과 직결된다. 우선 지도자는 비전을 제시하고 그것을 추진해 나아가는 추진력과 사명감에 불타는 정신력을 길러야 한다. 지도자가 올바른 판단을 가지고 과감하게 개혁하겠다는 의지와 믿음을 가질 때 모든 사람들은 협력하고 지지하게 되는 것이다.

새 시대에 적응할 수 있는 올바른 지도자를 많이 양성하여 정말로 국가와 지역발전의 선봉에서 일할 수 있도록 해야 한다.

넷째, 개혁을 성공시키기 위해서는 지도자가 강력한 리더십을 가져야 한다. 지도자가 강력한 힘을 가지고 국민의 지지를 받을 수 있는 정책을 개발하여 국민과 함께 비전을 제시하고 강력하게 추진해 나아갈 때 개혁은 성공시킬 수 있는 것이다.

다섯째, 사회정의의 관점에서 생각하여 인간을 존중하는 인권 문제를 생각하지 않을 수 없다.

인간이 살아가는 데 있어서 항상 가진 자 중심으로 사회가 변화되어 가는 것을 볼 수 있다. 그러나 이제 우리나라 모든 국민은 지난날을 생각해 보고 이 땅에서 정말로 고생하면서 어렵게 살아온 이웃과 집단들의 삶을 돌아보면서 그들의 인권을 보호하고 그들에게 따뜻한 삶의 길을 열어주는 사회가 되도록 함께 힘써 나아가야 할 것이다.

우리는 이제 스스로 자신을 성찰하고 반성하며 개혁에 관심을 가져야 할 시점에 왔다고 생각된다. 오늘날 정치권에서 선거자금 문제에 따른 여 · 야 극한대립으로 심한 갈등을 겪고 있다. 서로 책임을 상대 당으로 전가시키려 하는데 남에게 책임을 전가시키려고 할 경우 결국은 자신에게 돌아온다는 것을 깨달아야 할 것이다.

이 땅에서 어려운 가운데서도 묵묵히 정의와 진리를 위해서 바른길을 걸어온 시민들이야말로 진정한 지도자요 나라가 어려울 때 힘을 합하고, 나라를 걱정하고, 검소한 생활로 살아간다는 사실을 기억해야 한다.

개혁을 부르짖는 것도 중요하지만 개혁을 바르게 인식하여 말없이 조용히 자신을 반성하고 지난날의 잘못 살아온 것들을 회개하며 기도하는 자가 진정한 지도자가 아닌가 생각된다.

이 나라 이 민족을 개혁하기 위해서는 자신을 반성하고 회개할 줄 아는 사람이 많아져야 한다는 사실을 반드시 명심해야 할 것이다.

개혁에 성공한 대부분의 나라를 살펴보면 정치사상가들의 적극적인 홍보가 큰 효과를 가져왔으며 또한 국민들의 적극적인 지지와 더불어 개혁의 필요성이 강할 때 성공할 수 있었다.

우리도 개혁을 성공으로 이끌기 위해서 앞서 이야기한 일들을 잘 지켜 나아가야 할 것이다.

분단국에서 통일국가로

우리나라가 사회 · 문화적으로 성장하기 어려운 것은 남북이 전쟁을 치른 후 남과 북이 분단되었기 때문이다.

흔히 서독과 우리나라가 분단된 것을 같이 생각하는 사람이 많으나 서독은 분단이 되어 있어도 전쟁은 하지 않았기에 우리나라보다는 갈등이 적었으나 우리는 6 · 25라는 피비린내 나는 동족상잔의 전쟁을 치렀던 것이다. 그러므로 통일 문제도 쉽지 않다는 것이다.

우리 민족은 옛부터 남을 사랑하는 마음이 강한 민족이다. 민족 주체성이 높고 민족애와 조국애가 어느 민족보다도 강하므로 우리 국민은 민족을 위한 책임감도 높다. 그러므로 우리 국민은 노력만 한다면 오늘날의 남북 통일 문제나 정치적인 어떤 것도 극복할 수 있는 힘과 맡은 바 책임과 의무를 실행할 수 있는 능력을 가지고 있다.

다만 이제 모든 국민이 시야를 넓혀 세계화 속에서 우리의 목표를 통일이라고 생각해야 한다.

남과 북은 시대의 흐름에 따라 김일성 사망 후 많은 변화를 겪어왔다. 이제는 과거의 공산주의 국가에 대한 반공의식이 조금씩 변화되고 있으나 아직까지도 체제 차이로 정치 · 사회 · 문화적인 면에서 개혁의식은 많은 어려움을 가지고 있다.

우리나라는 국토 면적이 작은 나라이고 이 작은 나라가 대륙으로 뻗어 나아가기 위해서는 남북 통일이 되지 않고는 세계적으로 커 나아가는 데 어려움이 많다. 즉 지정학적으로 교통수단과 경제적 유통 과정에서 볼 때 여러 가지 어려움이 많으며 그 외에도 분단은 우리의 마음을 답답하게 한다. 21세기를 맞아 우리는 남북 간에 평화적인 통일을 이룩해야 하고 세계 속에 우뚝 설 수 있는 희망의 나라, 세계를 향한 한국이 되어야 한다.

남과 북이 분단이 되어 있으므로 우리나라가 세계를 지향하는 데는 한계가 있으며 통일이야말로 세계를 능가할 수 있는 국력이 될 수 있다는 것이다.

또한 우리나라 안보 문제에 있어서도 만약 북한에서 핵무기를 보유하고 있다고 생각할 때 우리는 전쟁의 위협을 느끼지 않을 수 없다.

우리 민족은 지난 50년 6 · 25 한국전쟁으로 얼마나 많은 인명과 재산을 잃었는지 생각하면 소름이 돋는 전쟁의 공포를 느낀다.

전쟁을 치러 본 국민은 우리가 왜 평화통일을 그토록 소중히 생각하는지 알 수 있을 것이다. 오늘날에도 미국 부시 대통령의 강경정책으로 이라크 전쟁은 계속됨은 물론 한국의 안보문제도 불안을 느끼게 한다.

특히 국제 정세의 변화에 따라 전쟁은 계속되며 동맹국의 지원은 늘어나고 남북의 안보를 위해서 4자 회담이니 6자 회담이니 하면서 우리들을 긴장하게 하고 있다. 이러한 상황 속에서 우리는 국력을 강화하지 않을 수 없는 실정이고 경제적으로는 어려움에 처하고 있는 실정이다. 이러한 어려움 속에서 대두되는 것이 평화통일을 위한 국력을 향상시키면서 국방 외교력을 강화하고 국내 질서의식을 확립해 나가야 할 것이다.

이제 21세기 한국은 정전체제에서 벗어나 평화통일 체제로 전환시켜 세계를 향한 경제 발전과 대한민국의 통일된 국가를 만들어 남과 북이 하나가 되어 세계로 뻗어 나가야 한다.

우리 민족은 민족 공동체 의식 속에 산업화와 도시화로 인해서 오늘날의 새로운 공동체인 직장 공동체와 지위 공동체가 등장하였으며 공동체 이익을 위한 공동체가 생겨나는 시점에서 이제 세계 속에 새로운 건설을 위한 공동체가 형성되지 않고는 살아 남을 수 없는 것이다.

이제 우리는 남북이 하나 되어 공동체를 형성하고 무너진 도덕성을 찾아 세계화를 지향하는 전략을 세워 나아가야 한다. 남북한 국민 모두가 서로 사랑하고 이해하고 화합할 수 있는 통일 교육을 시행하며 질서의식과 법과 도덕이 중시되며 확고한 국가관과 민족 공동체의식을 중시하는 교육이 시행될 때 통일을 앞당길 수 있다. 그러한 통일은 세계를 능히 앞서갈 수 있는 새로운 창조력을 만들어내 한국인의 자부심을 가지게 할 것이다.

21세기 세계화 속에서 통일을 이룩하기 위해서는 혼탁한 정치 · 사회 · 문화를 새롭게 하고 통일 교육을 바탕으로 공동체 의식을 함양하며 남과 북이 서로 신뢰하는 시민의식을 가지고 통일에 대한 적극적인 자세를 확립해야 한다. 이해와 협력을 바탕으로 찬란한 민족 문화 창달과 새로운 통일국가 건설을 목표로 삼아 오늘날의 어려움을 남과 북이 협력하여 극복해야 할 것이다.

어려움과 고난 없이 평화통일이 찾아올 수 없다는 진리를 우리들은 깨달아야 한다. 지난날의 모든 것을 잊어버리고 새로운 희망의 통일을 위한 비전을 제시하고 남과 북이 하나 되어 합심하여 나아갈 때 통일을 확신하게 될 것이다.

성탄절의 의미

—기독교 신자의 입장에서

김 경 식

올해의 성탄절은 21C 들어 열 번째 맞이하는 기쁜 성탄절이다. 어느 해의 성탄절이든 우리에게 새로운 느낌을 가지게 한다. 그러나 이번 성탄절은 한 세기를 맞이한 지 10년이 되는 성탄절이라 유달리 새로운 의미를 가지게 한다. 지나간 20세기는 인간들의 노력으로 정치, 경제, 과학, 문화, 교육 등의 여러 분야에서 괄목할 만한 성과를 이루어 왔다. 21세기는 인간의 한계를 초월할 만큼 엄청난 발달과 변화를 가져올 것이다. 특별히 종교적으로는 적극적인 노력을 하지 않으면 개신교가 쇠퇴의 길을 걸을지도 모를 상황이 닥쳐올 것 같기에 성탄절의 의미를 되새겨 본다.

프란츠 카프카는 유태계 독일 소설가이다. 그는 창작 활동을 통하여 삶의 불안과 혼란을 주제로 한 소설 작품을 주로 남겼다. 그의 여러 작품 중에 〈변신〉이란 유명한 소설이 있다. 이 작품에 나오는 주인공은 평범한 소시민으로서 샐러리맨이다. 어느 날 아침 잠에서 깨어나 자기를 살펴보니 이상한 벌레로 변해 있는 자신을 발견한다. 자신은 깜짝 놀라 방황한다. 부모들은 놀라 졸도하고 유일하게 여동생의 보살핌을 받으면서 생활하지만 생활에서 오는 고독과 불안을 이기지 못하여 마침내 숨을 거둔다. 벌레가 죽고 나자 가족들은 아무 일도 없었던 것처럼 희희낙락하며 교외로 산책을 나간다. 이는 스스로를 뒤집지 못하는, 자신의 상황과 처지를 분별하지 못하는 상황이 전개된 것이다. 이러한 상황이 미국 대통령 선거에서 나타났다. 미국인들은 선거를 통하여 후보자 양측이 대립하여 갈등하는 모습을 보고 자신들의 자화상을 '카프카에스크kafkaesque' 라고 표현하였다. 양 진영이 서로 상대방을 '카프카에스크한 인물' 이라고 공격을 한다.

오늘날 우리나라의 기독교계에서는 사회를 선도하거나 등불의 역할을 감당하지 못하는 것을 보고 신자가 목회자를 향하여, 목회자가 신자들을 향하여, 신자들이 신자들을 향하여 서로 공격하고 책임을 전가하는 현상이 일어나고 있다. 어느 쪽이든 자신들의 잘못을 분명하게 인정하려고 들지 않는다. '카프카에스크' 한 상황이 일어나고 있다. 우리의 교회사를 보면, 초창기에 신자들과 목회자들은 목숨을 바쳐 일제에 항거하였고, 독립을 위하여 투쟁한 33인의 독립투사들 중에 절반이 기독교인이 아니었던가? 그때는 교회 수도 적었고 교인 수도 적었으나 사회를 향하여 등불의 역할을 잘 감당할 수 있었다. 반면에 오늘날은 양적으로 엄청나게 성장하였음에도 왜 사회의 지탄을 받는 일이 종종 일어날까? 서로 존경하고 신뢰하지 못하는 '카프카에스크' 식 상황 때문이 아닐까? 목회자(목사)는 목회와 성직자의 방향에서, 신자는 성경 말씀에 근거해서 심도 있게 생각해 볼 일이다. 사회에 대하여 소금과 등불의 역할을 잘 감당하기 위해서….

"하나만 아는 자는 아무것도 모르는 자이다."

이 말은 종교학의 아버지라고 일컬어지는 막스 뮬러가 한 말이다. 이 말은 기독교 중심의 편협한 신학적 분위기를 극복하고, 보다 객관적인 연구를 시도한 종교학의 입장을 잘 나타내주고 있다. 한 종교의 관점에 서서 다른 종교를 제멋대로 재단한다면, 그 종교를 제대로 이해하기란 불가능해질 것이다. 따라서 종교학은 처음부터 비교종교학이었고, 종교를 공정하고 올바르게 비교하는 일에 몰두해 왔다고 볼 수 있다.

오늘날 우리는 우리가 믿는 기독교와 다른 종교, 특히 불교와 얼마나 비교연구하여 보았는가? 이제까지의 연구는 우리 자신의 종교에만 많은 연구를 해 왔기에 다른 종교에 대한 교리를 정확하게 잘 알지 못하고 있는 것이 현실이다. 신학자들에 의하여 다른 종교에 대한 연구가 일부 진행되어온 것은 사실이지만 이것이 일반 기독교 신자들에게 제대로 교육되지 않았고 대부분의 교인들조차도 구태여 알려고 노력하지도 않았다.

'지피지기知彼知己 백전백승百戰百勝'이란 한자 숙어가 있다. 우리의 종교를 포교하려면 상대의 종교에 대한 비판 전략이 필요하다. 다른 종교에 대한 연구와 이해가 충분하여야 효과적인 전도의 방법을 세울 수 있고, 기독교 교리에 대하여 심취할 수가 있다. 다행하게도 이제까지는 다른 종교에 대한 비교연구가 부족해도 교세가 많이 성장하였다. 참으로 괄목할 만한 성과이다. 세계 선진국들의 기독교 역사를 보면 대체로 국민소득이 적었을 때에는 교세가 많이 성장하였으나 만 불이 넘어서면서부터 서서히 기독교인 수가 줄어들어 노인 중심의 교회로 변모해가고 있는 것이 현실이다. 우리나라도 IMF 전에는 만 불에 접근하였다. 이제는 더욱 발전하여 1인당 국민소득이 2만불이 넘도록 많이 향상되었다. 이로 인해 공무원과 산업체의 주5일제 근무가 실시되고 있고, 학교의 주5일제 수업이 1개월에 2회 실시되고 있다. 소득이 높아지고 쉬는 날이 많아지면 교회에 나오는 신자가 줄어들 것이다. 이에 대한 대비책이 필요하다. 서구와 같은 형태를 밟아갈 것인가? 아니면 계속적으로 교회가 성장해 갈 것인가?

세계의 교회사를 보면 우리는 이제 성인 전도보다 학생들의 전도에 전력을 기울여야 현재의 교세를 유지할 수 있을 것이다. 학생들이 잘 이해할 수 있도록 기독교와 다른 종교에 대한 교리를 비교 분석하여 기독교에 대한 이해의 폭을 넓혀 나가도록 기독교 교육에 한층 더 힘써야 할 시점에 왔다. 한국교회의 성장은 이제까지는 어른 중심이었으나 이제는 학생 중심의 선교활동으로 나아가야만 한국 교회의 미래가 밝아지지 않을까?

기독교는 어느 종교보다 윤리 면을 중요시하는 종교이다. 그런데도 우리나라 개신교가 이처럼 윤리 문제로 어려움을 겪는 이유는 무엇일까? 한국의 개신교는 대부분 교회와 사회, 믿음과 행동을 따로 생각하는 이원론에 입각해 있다. 한국에서는 일요일과 평일을 분리하여 생각하는 경향이 있다. 교회에 나올 때만 하나님의 가르침을 따르는 '일요일 기독교인' 이라는 말을 듣고 있다. 평일의 생활에서는 윤리적으로 올바른 행동을 하지 않는다는 지적이다. 이러한 잘못은 목회자(목사)들에게 책임이 크다고 볼 수 있다. 우리나라의 교회는 신자가 많이 모여야 성공한 것이라는 물량주의 때문에 목회자들이 도덕성보다는 기복성을 강조하고 있다. 그래서 항존직(장로, 안수집사, 안수권사)을 세울 때에 도덕성, 윤리성보다는 교회에 대한 열성을 우선하는 경향을 많이 볼 수 있다.

목회자(목사)는 성경 해석에 권위를 지니는 전업적 전문가일 뿐이다. "카리스마적인 존재라거나, 하나님으로부터 권한을 이양받았다거나, 목사를 비판하면 벌 받는다." 라는 식의 교육이나 이야기를 자주 접하다 보면 판단 감각이 무뎌지게 된다. 사회에서는 책임 있는 지위에 있는 사람도 교회 안에서는 순진한 어린이처럼 되는 경우를 많이 본다. 근래에는 대형교회의 담임목사 세습, 총회장 선거 시의 여러 가지 잡음, 독단적인 교회 운영, 사회적 지위에 따른 신분 차별 대우, 물량주의 등으로 인하여 목회자들의 도덕성, 윤리성이 문제되는 경우를 종종 볼 수 있다. 이러한 문제에 대하여 목회자들은 얼마나 자유로울 수 있을까? 한국 교회는 이제 위로부터의 윤리적, 도덕적 개혁이 적극적으로 선행되어야 한다. 그렇지 않고는 21C의 한국 교회는 황혼 길에 접어들지도 모를 일이다.

올해도 성탄절을 맞이하면서 신자들이 사회에 나아가 소금과 등불의 역할을 잘 감당하고, 학생 중심의 선교활동에 전력을 기울여 교세와 기독교 이해의 폭을 넓혀 나가고, 목회자(목사)를 중심으로 교회의 윤리성과 도덕성을 바로 세워 나가는 일에 전력을 기울여야 한다. 그리하여 한국의 교회들이 날로 성장하여 사회에 봉사하고, 하나님께 영광 돌리고, 세계에 모범이 되는 기독교 국가를 이루어 우리의 후손들에게 영광스러운 조국을 물려주어야 하겠다.

젊은 주례 외 1

유성재

지난해 연말 마산에 있는 제자들이 마련한 송년회에 초대받았다. 사모님과 함께 참석해 달라는 제자들의 성화에 못 이겨 아내와 같이 참석했다.

한 제자가 운영하는 식당에서 송연회가 열렸다. 정해진 시각보다 조금 늦게 도착하였으나 밖에서 기다리던 제자가 나의 도착을 알리자 모두가 우루루 몰려나와 소란을 피웠다. 가끔씩 만나는 터라 모르는 얼굴은 없었지만 제자들의 이름을 하나하나 부르며 눈을 마주쳤다. 그 귀엽고 천진난만했던 아이들이 이제 같이 늙어간다 싶어 시간의 무상함이 밀려왔다. 세월은 그 누구도 비켜 갈 수 없나 보다.

화기애애한 분위기가 무르익어 갈 무렵 이치호란 제자가 늦게 도착했다. 몇 년 동안 소식도 끊겨 궁금했는데 오늘 뜻밖에 참석하니 반가웠다. IMF 때 다니던 회사가 문을 닫아서 다른 일을 한다는 소식을 풍문으로만 듣고 있었다. 반가움에 치호의 손을 잡는 순간 나는 전기에 감전된 듯 흠칫 놀랐다. 손이 너무나 거칠어 철수세미를 쥐는 느낌이 들었다. 내심 거친 일을 하고 있다는 것을 느낄 수 있었다. 나의 이런 마음을 눈치 챈 듯 치호는 "선생님 저 노가다 합니다."라고 큰소리로 말했다. 친구들 앞에서 기 죽을 치호가 아니지만 막일하고 있다는 말에 순간 콧등이 찡해 왔다. 치호는 초등학교 시절 공부도 잘했을 뿐만 아니라 태권도 유단자이며 활달한 성격에 친구들을 잘 웃기기도 하여 인기가 많은 어린이였다. 집으로 돌아오는 내내 마음이 무거웠다. 뭐라 말할 수 없는 무언가가 가슴을 짓누르는 것 같다. 15년 전 치호는 나에게 잊을 수 없는 특별한 경험을 선물하기도 했다. 인생에서 가장 중요하다는 결혼식 주례를 난생처음 서게 했기 때문이다. 그것도 40대에 말이다. 예순을 넘긴 지금쯤이라면 주례 서는 일이 어색하지 않겠지만 그 당시는 그렇지가 않았다.

어느 봄날 치호가 여자 친구를 데리고 울산까지 와서 인사를 시켰다. 울산에서 해안 경관이 좋은 정자해변 관광도 하고 볼링도 함께하면서 그날은 즐거운 시간을 보냈다. 치호가 저녁 식사 자리에서 불쑥 주례를 서달라고 부탁을 했다. 나는 깜짝 놀라 아직 오십도 안 된 마흔여덟에 무슨 주례냐 하면서 극구 사양을 하였지만 잠시 후 치호의 부모님이 전화를 걸어와 간곡히 청을 하는 것이었다. 치호의 부모님과는 예전부터 잘 알고 있는 사이라 더 이상 거절할 수도 없어서 승낙을 하고 말았다.

주례에 대한 지식이나 경험이 없던 터라 몹시 당황스러웠다. 주례를 많이 서시는 아버지께 자문을 구했다. 결혼식은 성스러운 의식이라 더욱 조심스러운 자리인데 젊은 나이에 주례를 맡았다고 걱정을 많이 하셨다. 끝까지 사양하지 못한 것이 몹시 후회가 되었지만 이미 때가 늦었다. 결혼식까지 두 달 가량 남았으므로 틈만 나면 결혼식장마다 찾아다니면서 견학을 하였다.

결혼식이 있는 날 떨리는 가슴을 애써 진정시키며 단상에 올라서니 '주례가 너무 젊다' 하는 하객들의 수군거리는 소리가 여기저기서 들려왔다. 정신을 가다듬고 근엄한 모습을 보이려 애썼다. 다행히 여러 곳에 강의를 하는 등 대중 앞에 서본 경험들이 도움이 되어 첫 주례를 무사히 마칠 수가 있었다.

그후 1년이 지난 어느 날 재용이라는 제자가 찾아왔다. 이 제자도 주례를 부탁하는 것이 아닌가. 황당한 첫 경험을 한 터라 첫마디에 사양을 했다. 연세 지긋하고 사회적 덕망이 있는 분에게 부탁해 보라고 하였으나 그래도 물러서지 않고 한사코 청을 하여 그만 승낙하고 말았다. 대학이나 중 · 고등학교 은사님께 부탁을 해도 될 텐데 굳이 나에게 부탁하는 것이 무척이나 고맙기도 하지만 큰 부담으로 다가왔다. 이렇게 해서 두 번째 주례를 서고 말았다.

나의 제일 반가운 손님 일 순위는 역시 제자들이다. 제자들이 많다보니 별별 제자들이 다 있다. 연례행사로 하여 만나는 경우가 많지만 삼삼오오 찾아오는 경우도 있다. 어떤 때는 선생님과 함께 생일을 보내고 싶다며 예고도 없이 찾아와 깜짝 생일파티를 해준 적도 있다. 또, 퇴근길에 술 한잔 들어가면 전화로 근황을 보고하며 응석을 부리는 제자도 있다. 나와 제자들은 단순히 사제지간의 관계를 넘어 때론 아들 같고 때론 친동생 같기도 하다. 이런 제자들과의 만남은 나에게는 무엇과도 바꿀 수 없는 큰 보람을 느끼게 한다.

또한 특별한 제자들도 있다. 마산 교방초등학교 때의 제자들인데 가장 체계적이고 조직적으로 잘 뭉친다. 이 제자들은 해마다 스승의 날이면 어김없이 떼거리로 몰려온다. 우리의 만남에서 운동은 빼놓을 수 없는 주요 메뉴다. 편을 나누어 족구도 하고 배구도 하면서 웃고 떠들며 격 없이 시간을 보낸다. 만나거나 헤어질 때가 되면 제자들은 주위 시선에는 아랑곳하지 않고 넉살 좋게 모두가 일제히 길바닥에 엎드려 큰절을 한다. 길 가는 사람들 보기도 민망하여 쩔쩔맨 일이 한두 번이 아니다. 이 제자들에게 내가 어떤 모습으로 기억되었기에 나를 오십도 안된 나이에 두 번이나 주례를 서게 했고 이런 대접을 받을까 곰곰이 생각해 보게도 한다.

이 제자들을 만난 것은 지금으로부터 21년 전으로 교방초등학교 6학년을 담임했을 때 이른 여름으로 생각된다. 맹장을 참다가 복막염이 되어 수술을 받은 적이 있다. 수술을 마친 담당의사는 최소 열흘간 입원치료를 하면서 경과를 지켜봐야 한다고 했다. 이틀 정도 병원에 누워 있자니 아이들이 너무나 보고 싶었다. 사흘째 되는 날 오전, 아직 수술 자리가 아파 제대로 걸을 수도 없고 실밥도 뽑지 않았지만 아내만 남겨 놓고 병원을 탈출했다. 아내에게는 담당 의사를 만나서 통원 치료를 받겠다고 적당히 말하고 퇴원수속을 밟으라고 당부해 두었다. 완강히 만류하는 아내를 뒤로하고 택시를 잡아탔다. 교문을 들어서며 행여 남의 눈에 띌까봐 살며시 교실로 들어왔다. 교실엔 책걸상 하나 없이 텅 비어 있었다. 나도 모르게 눈물이 핑 돌았다. 오랜 입원 치료가 예상되어 우리 반 아이들이 다른 반으로 분반되어 뿔뿔이 흩어진 것이었다. 부장 선생님한테 돌아왔다는 사실을 알린 지 잠시 후 왁자지껄하는 소리와 함께 동 학년 선생님들과 우리 반 아이는 물론 다른 반 아이들까지 몰려왔다. 아이들은 나를 보자 달려와 안기며 엉엉 우는 것이다. 나와 아이들은 한데 어우러져 교실은 온통 울음바다가 되었다.

온통 난리가 벌어졌는데 교장 교감 선생님도 모를 리 없었다. 교장 선생님과 교감 선생님은 적잖이 놀라시며 일찍 나왔다고 걱정들을 하신다. 교실을 정돈하고 분위기가 진정되자 선생님이 보고 싶었냐고 물었다. 아이들은 나라 잃은 이스라엘 민족 같았다고 일제히 대답하는 것이다. 다른 반에 흩어져 공부했던 사흘 동안 아이들이 스스로 서러움(?)을 받은 것 같다.

당시는 이스라엘과 이집트가 벌인 6일 전쟁이 있은 지 얼마 지나지 않은 때였다. 학급조회 시간에 애국심과 관련하여 시사교육을 한 적이 있는데 아마 이 일과 연관을 지어 생각한 것이다.

이것도 잠시뿐 5교시 수업을 하고 있는데 병원 앰뷸런스가 운동장으로 들어오는 것이 창 너머로 보였다. 잠시 후 교감 선생님이 의사와 간호사를 안내하여 교실로 들어왔다. 선생님이 병원으로 다시 가야 한다는 교감 선생님의 말씀에 교실은 또다시 울음바다가 되었다. 애써 아이들을 달래고 교실을 나서던 그때의 기억을 떠올리면 지금도 콧등이 시큰해 진다. 아이들과 지낸 많은 시간들이 나에게는 가장 소중한 보석이 되어 가슴에 남아 있다.

어릴 때는 꿈을 먹고 살고 나이가 들면 추억을 먹고 산다는 말이 있다. 지난 일들이 자꾸 뒤돌아 보아지는 것이 이제 나도 나이를 먹었는가 보다.

지금에 와서 되돌아보면 내가 걸어온 교육자의 길은 결코 만만한 일이 아니었다. 나도 인간인지라 이상과 현실의 괴리에 많이 갈등했다. 현실적 삶의 틈바구니에서 유혹이나 도덕적 갈등을 이겨내는 일이 결코 쉽지만은 않았다. 해맑은 아이들의 눈동자를 보며 저 아이들 앞에 부끄럽지 않은 선생님이 되겠다고 마음속으로 다짐하였었다. 교육학자들은 유년기 성장과정이 인격형성에 지대한 영향을 미친다고 했다. 내가 어렸을 때 그 당시는 6 · 25전쟁 직후라 모두가 형편이 어렵고 힘든 시기였다. 장애인과 걸인들이 동냥을 얻으러 매일 아침저녁으로 대문간에 줄을 선다. 어머니는 언제나 넉넉하게 밥을 지어 나누어 주셨다. 나는 밖에 나갔다 집으로 들어올 때면 대문 앞에 줄을 서 있는 걸인과 장애인이 무서워 정말 싫었다. 어머니께 '주면 또 오니까 주지 마세요' 라고 역정을 낼 때면 어머니는 '언덕은 내려다봐도 사람은 내려다보는 것이 아니란다' 하시며 자상하게 타이르시곤 하셨다.

아버지는 교육자였고 어머니는 우리 팔 남매를 매 한 번 들지 않고 사랑으로 키우셨다. 이웃 사람들과는 어려움을 함께 나누며 늘 베푸시는 분이었다. 철없던 어린 나이였지만 부모님으로부터 은연중 많은 영향을 받았고 교육자의 길을 가는데 큰 바탕이 되었다고 본다. 나는 아이들에게 호랑이 선생님으로 통할 정도로 엄격한 편이었다. 그러나 아이들을 늘 공평하게 대하고 형편이 어려운 아이들의 편에 서려고 했다. 아마 아이들이 이런 점이 좋아서 나를 따르는지 모른다. 나는 오랜 교직생활의 경험을 통해 터득한 나름의 철학이 있다. 교사를 농부에 비유하여 '벼는 농부의 발자국 소리를 듣고 자란다' 라는 말을 입버릇처럼 한다. 모름지기 교사는 애정과 열정을 가지고 있어야 한다는 말이다.

지금 나는 황금물결 일렁이는 가을 들판에 선 농부의 심정이다. 내년 여름이면 40평생 몸담았던 정든 교직을 떠나야 한다. 못 다한 아쉬움이 남지만 미련을 두지 않으리라 마음먹어 본다. 앞만 보고 달려온 세월 속에 내 발자국은 어떤 모습으로 찍혀 있을까. 나에게 누군가 '당신은 일생 동안 한 일 중 가장 보람 있는 일이 무엇이냐?' 고 묻는다면 나는 '저 제자들이 나의 전재산이다.' 라고 말하고 싶다.

반평생 외길을 걸어온 교직생활에서 남긴 것은 오직 소중한 제자들뿐이다. 이런 제자들 덕분에 남들이 못해 본 '젊은 주례' 를 경험한 것은 내 인생에서 행운인지도 모른다. 어찌 생각하면 이런 행운을 선사한 나를 믿어준 제자들에게 고마움을 느낀다. 사랑하는 나의 제자들은 어디에 있건 이 사회에 빛과 소금이 되는 그런 사람으로 살아갈 것이라 믿는다.

청학동 아줌마

지난해 겨울 아내 고향인 거창에 다녀왔다. 거창읍에서 60여 리 들어간 두메산골인데 형제 자매는 모두 서울에 살고 지금 그곳에는 처사촌 동생 내외가 고향을 지키며 살고 있다.

늘 그랬던 것처럼 고향에만 오면 아내는 생기가 돌고 동심으로 돌아간다. 여기는 우리가 뛰어놀던 곳이고, 저 바위는 용바위라는 등 얽힌 전설을 들려주며 신이나 종알댄다. 우리가 이곳을 찾는 일이 이젠 연례행사가 되어 한 해 한 번 정도는 찾는다. 처사촌 동생 내외는 요즘 보기 드물게 순수하고 정이 있는 사람들이다. 그곳에만 가면 사람 사는 동네에 온 것 같아 마음이 푸근하다. 우리가 왔다고 손수 우리 콩으로 만든 손두부며 귀한 약초들을 아낌없이 대접한다. 집으로 돌아올 때는 내가 좋아하는 청국장과 콩비지도 듬뿍 차에 실어 주기도 한다. 집에 도착하자마자 아내가 사촌동생에게 고맙다는 전화를 했다. 이야기 끝에 언니가 두고 간 등산화를 자기가 신으면 안 되겠느냐고 한다. 그제서야 아내의 등산화를 두고 온 것을 알게 되었다. 별로 비싼 것도 아닌데 마음에 들었던지 새것을 사서 보내 준다고 하였지만 한사코 달라고 해서 그러라고 했다.

당장 신을 등산화가 없어서 다음 날 백화점 등산품 전문매장에 들렀다. 늘 싼 것만 찾는 아내의 취향을 익히 아는 터라 이참에 괜찮은 것으로 사주고 싶었다. 여러 매장을 둘러보다 마음에 쏙 드는 신발이 눈에 띄었다. 가격이 비싼 것이 마음에 걸리지만 색상이나 디자인이 고급스럽고 마음에 들어 아내에게 권했다. 이리저리 꼼꼼히 살피는 것을 보니 아내도 마음에 드는가 싶어 됐구나 싶었다. 그런데 가격표를 보고는 눈이 휘둥그레지며 나를 끌고 백화점을 나와 버렸다. 아내는 아무리 좋은 물건이라도 가격이 비싸다 싶으면 사지 않는다. 오늘도 허탕을 치고 말았다. 한두 번 있었던 일이 아니지만 아내의 이런 고집스런 행동을 참 이해하기 어렵다.

며칠 후 직장 행사가 있어 평소보다 좀 늦은 시각에 귀가했다. 오늘따라 아내의 표정에서 무언가 자랑하고 싶어 한다는 느낌이 전해졌다. 무슨 좋은 일이 있나 싶어 궁금증이 생기는데 웬 등산화를 코앞에 내밀었다. 시장 다녀오는 길 노점에서 2만 원을 주고 산 등산화인데 색깔도 마음에 들고 발도 참 편하다며 자랑이 늘어졌다. 무슨 등산화가 그렇게 싼 것이 있나 싶어 보니 첫눈에 중국산 싸구려 신발이라는 것을 알 수 있었다. 참 기가 막혔다. 이런 아내의 행동이 귀엽기도 하지만 딱하다는 생각을 떨쳐버릴 수가 없었다. 나는 싼 물건만 선호하는 아내의 행동이 영 못마땅했다. 중국산 싸구려가 얼마나 가는지 두고 보자고 핀잔까지 했다. 말이 씨가 된다고 했던가. 그 우려했던 일이 현실로 나타났다. 신발을 산 지 꼭 한 주일째 되는 날 퇴근하여 집에 들어서는데 아내의 표정이 오늘따라 영 이상했다. 겸연쩍은 표정을 지으며 머뭇거리다 말을 했다. 며칠 전 산 그 등산화가 옆이 터져서 수선을 해놨다는 것이다. 아무리 싸구려지만 신발을 신은 지 겨우 사흘밖에 되지 않았는데 터지고 말았다니 정말 어이가 없었다. 신발을 살펴보니 터진 부분을 바늘로 꿰매고 본드로 수선을 해 놓았다. 나 같으면 버렸을 것인데 조그만 것 하나라도 소중히 여기는 아내가 대견스러웠다. 과연 아내의 바느질 솜씨는 프로급이었다. 어쩜 이렇게 감쪽같이 수선을 할 수 있을까 놀라움 그 자체다. 말은 안 하지만 속상해 하는 아내의 표정을 보면서 내심 고소하다는 생각이 드는 것은 무슨 심보일까. 자기 주장만 고집하다 낭패를 보았으니 무언가 깨달았을 것이란 기대를 해 보았지만 아내의 그 지독한 현대문화거부증(?)은 고쳐질 기미가 보이지 않는다.

요즘 뭇 여성들은 명품에 목숨 거는 세상인데 아내의 취향은 너무 비교가 되고 심하다는 생각이 들기도 한다. 이건 필시 문화거부증이라고 나름 정의를 내려 본다. 한편 생각하면 지독을 떠는 아내의 알뜰함에 긍정적인 면이 있는 것 같은 생각도 든다. 어쩌면 내 생각이 현실에 맞지 않을지도 모른다. 아내의 생각이나 정서를 무시하고 내 생각만을 강요하고 있지는 않을까 하는 생각이 여기에 미치자 아내에 대해 깊이 연구하기 시작했다. 아내의 이런 알뜰함의 원천을 유년기의 성장과정에서 찾고 싶다.

아내의 고향은 덕유산 아래 두메산골이다. 명문 가문에서 시집온 장모님은 인품이나 행실이 훌륭하여 이웃 마을까지도 칭찬이 자자하신 분이었다. 아내가 네살 때 갑작스런 사고로 장인이 돌아가셨다. 당시는 누구라 할 것도 없이 삶이 힘든 시기였다. 손바닥만 한 논 몇 마지기 농사를 지으며 장모님은 홀몸으로 올망졸망 어린 다섯 남매를 키우셨다. 아내는 가정형편이 어려워 유년기를 어렵게 보냈지만 장모님의 반듯한 인품과 알뜰함을 잘 배우며 성장한 것 같다.

내가 아내를 '청학동 아줌마'라 부르는 것은 단순히 시대감각에 무딘 점도 있겠지만 순수하고 티 없이 맑은 영혼을 가졌다 해서 붙여준 별명이다. 현대사회의 필수품인 휴대폰이 없어도 별로 불편해 하지 않는 사람, 인터넷과 디지털이 발달한 '유비쿼터스' 시대에 보기 드문 아날로그 사고를 가진 사람이다. 그렇지만 나는 순수하고 영혼이 맑은 아내를 좋아한다. 대화를 하다보면 가식이 없는 순수한 아내의 언행에서 신선한 청량감을 선사받는 것은 나만이 누리는 분복이 아닐까 하는 생각이 들기도 한다.

청학동 아줌마는 남편이나 아이들한테는 후덕한 사람이지만 정작 자기 자신을 위해서는 한 푼도 쓰지 않는 사람이다. 이러다 보니 외출 한 번 하려면 마땅히 입고 나갈 옷이 없어 유행 지난 옷만 꺼내놓고 망설이는 모습을 볼 때면 마음이 아프다. 아내도 여자인데 예쁜 옷, 좋은 옷 왜 입고 싶지 않겠는가. 안쓰럽고 미안한 마음이 들어 어떤 방법을 써서라도 근사한 옷을 사주리라 벼르고 있었다. 아내는 이런 나의 이런 마음을 아는지 모르는지 아랑곳하지 않으니 서운하다 못해 화가 치밀 때도 있다.

지금 생각해도 남이 알까봐 몹시 쑥스러운 경험이 있다. 옷을 갈아입으려다 옷걸이에 걸려 있는 아내 속옷이 눈에 띄었다. 언제 산 건지 유행이 지나고 낡았다. 애잔한 마음에 코끝이 찡해 옴을 느꼈다. 몇 달 지난 뒤에 안 사실이지만 천 자체가 낡은 것처럼 보여서 그렇다는 아내의 설명을 들은 후 오해가 풀렸다. 그대로 보고만 있을 수가 없어 나의 생각을 행동으로 옮기기로 했다. 막상 행동으로 옮기기로 작정은 했지만 여성 속옷을 산다는 것은 여간 쑥스러운 일이 아니다. 더구나 백화점을 기웃거린다는 것은 용기가 나지 않았다. 하는 수 없이 틈만 나면 누가 알까봐 마음을 졸이며 인터넷쇼핑몰을 뒤지기 시작했다. 별의별 것이 다 있었다. 앉아서 상품을 구매한다는 것은 몇십 년 전만 해도 상상도 못했던 일이었다. 몇날 며칠을 고심한 끝에 색상도 곱고 디자인도 마음에 드는 일류 디자이너 제품을 골랐다. 얼마 후 주문한 물건이 도착했다. 설레는 마음으로 포장을 뜯어보니 이미지 상품과 너무나 다른 아주 조악한 상품이었다. 마음먹고 비싼 것으로 주문을 했는데 실망감이 커 곧바로 반품을 했다. 괜한 짓을 한 것 같아 자책하고 있는데 정작 내 마음을 몰라주는 아내의 핀잔이 더 서운했다. 이러한 사건들로 기 꺾일 내가 아니다. 어떻게 해서라도 아내의 문화거부증을 고치고야 말겠다는 내 의지만 불타올랐다. 인터넷쇼핑몰에 실망한 나는 정면 돌파를 하기로 하고 시간 나면 백화점을 돌아다녔다. 지성이면 감천이라 어느 날 아내에게 정말 잘 어울릴 것 같은 옷이 눈에 들어왔다. 누구에게 팔릴까 봐 서둘러 아내를 꼬드겨 백화점까지 동행하는데 성공했다. 지금까지 실패의 원인을 잘 아는 터라 백화점 점원과 약속을 하고 가격을 조작(?)했다. 아내도 마음에 드는 눈치였다. 성공하는가 싶었는데 눈치가 구단인 아내가 눈치를 채고 말았다. 그것도 또 실패했다. 이런 일이 한두 번이 아니니 큰 문제이구나 싶었다. 우리 형편이 이럴 정도는 아닌데 해도해도 너무 심하다는 생각이 들었다. 이럴 땐 알면서도 한 번쯤 속아줘도 될텐데 서운했다. 집으로 오는 내내 우리 부부는 부부싸움한 사람들처럼 말이 없었다. 아내도 미안한지 삐져 있는 내 마음을 달래려 안하던 수다를 떨었다. 어떻게 하면 아내의 답답한 이 구닥다리 문화거부증(?)을 고칠까 고심했다.

80년대 산아제한産兒制限 운동이 한창일 때 친구들로부터 미개인이라는 소리를 들을 정도로 우리 집은 아이가 많았다. 지금은 아이 많이 나으라고 온갖 출산정책들이 쏟아져 나오고 심지어는 장려금까지 준다고 야단들이니 세상 참 모를 일이다. 지금 우리 아이들은 모두 대학을 나와 교사와 공무원으로 직장을 잡고 결혼해 잘 살고 있으며 늦둥이 하나만 군에 입대하여 복무중이다.

빠듯한 공무원 보수로 살림을 꾸리며 아이들을 남부럽지 않게 가르치고 결혼까지 시킨 아내의 공을 누구보다도 나는 잘 안다. 훈장이라도 달아주고 싶은 심정이다. 요즈음 나는 생각이 조금씩 바뀌고 있다는 것을 알게 되었다. 그것은 아내의 정서를 조금씩 이해하기 시작한 것이다. 어떤 경우도 흔들리지 않는 아내의 알뜰철학에 경외감까지 든다. 사실 난 고급 브랜드를 선호하고 내 마음에 드는 물건은 꼭 사고야 마는 충동구매 성향을 가졌다. 이런 나를 이해하고 나만을 위해주는 아내가 너무나 고맙다.

사실 우리 부부는 성장해온 과정에서부터 성격까지 많이 다르다보니 갈등도 큰 것 같다. 극과 극은 통한다는 말이 있듯이 우리 부부는 살아가면서 서로의 장점과 공통점을 조금씩 발견해 가고 있는 것 같다. 하지만 청학동 아줌마의 '문화거부증' 만은 기필코 고치고 말겠노라 속으로 다짐해 본다.

오월의 눈물 외 3

정환철

한강물에 빠져 버렸나. 오늘이 무슨 날인데 길에 사람들이 아무도 없네. 나도 우리 딸네 집에라도 다녀와야겠구나. 장롱 속에 걸어둔 한복을 갈아입고 거울을 보니 지나간 세월들이 시간을 붙들고 하염없는 넋두리를 늘어놓는다. 버릇없고 성깔 까다로운 막내 딸년이 내내 목구멍에 가시처럼 걸려서 마음 놓고 웃어 본 날이 몇 번이었던가. 까막눈인 내가 자식들 앞길만큼은 밝게 살아가라고 산전수전 거치면서 삼 남매 모두 대학 문턱을 졸업시켜 과분한 배필들을 만나 간 것도 지들 잘난 탓인 줄 알만하니 이제는 한시름 놓아도 좋으련만 무슨 영문인지 해가 바뀌어도 애미 문전에 얼씬거리지도 않는담.

젊은 양반님, 이 차 울산 가는 차 맞아요? 네, 맞습니다. 울산 달동인가 명동인가 하던데 울산까지만 가면 찾을 수 있습니다. 아주머님 그럼 전화 연락부터 하고 가시지요. 내가 이래뵈도 팔십하고도 더 먹었습니다. 전화는 아예

할 줄도 모른답니다. 예! 그래도 외손자놈들 즐거워할 선물들은 잊지 않고 준비하느라 백화점 쇼핑은 필수적이다. 미우나 고우나 내 새끼들인데, 할머니 버스 타시는 곳까지는 택시로 가시면 금방입니다. 택시를 세 번씩이나 바꿔가면서 울산까지 도착하니 오후 다섯 시가 넘었다고 한다. 어디라고 하더라? 제일 크고 좋은 아파트라고 하던데. 택시 기사 양반 울산서 제일 소문난 아파트에 우리 딸이 살고 있으니 좀 데려다 주세요. 글쎄, 어딘지… 공업탑 근처. 예. 공. 공업탑 근처 거기 맞아요. 그럼 모셔 드리지요. 아파트 모양이 여기도 저기도 모두가 비슷비슷하니 너무나 헷갈린다.

깔끔하게 차려 입으신 분이 지역을 혼돈한 듯 싶어서 할머님 누굴 찾으세요? 아, 네. 이쪽 통로 25층에 우리 딸이 살고 있는데 오랜만이라서 알쏭달쏭합니다. 25층요? 25층에 사시던 분 오늘 이사를 하셨는데요? 키가 크시고 붉은 안경테에 서울 말씨 쓰시는 분요. 이쪽에 버려 놓은 가구들이 있는데 기억이 나십니까? 이런 미친년이 이사를 하면서 애미한테 한마디 말도 없이 떠나다니 어이구 가슴이야. 분통해라. 어떻게 길러 냈는데, 혹시 따님 이름이 조순한 씨이세요? 그렇습니다. 수소문 해보니 25층 조순한 씨 연락처가 나왔는데 그 번호는 바뀌었답니다. 애미 싫다고 떠나는 자식한테 반가운 소식 듣겠습니까. 내가 조용히 잊어야지요. 내가 뭘 서운하게 했길래 지애비 기제사에도 코빼기 한번 비치지 않으니 사위놈도 똑같애. 혹시 잘못 보신 것 아닌지요. 생각해 보세요. 따님이 틀림 없나요?

한번 쓰러진 후로는 전 같진 않지만 그 정도는 알지요. 내가 저들한테 돈을 달랬나 밥을 달랬나 못된 것들 내 죽어도 오지 말아라. 네놈들은 하늘에서 떨어졌나 땅에서 솟아났나. 루비통 핸드백에서 손수건을 꺼내어 연신 눈물을 찍어내었다.

저 눈물이 진품일까 명품일까 지나가던 사람들이 구경거리가 있나 하고 모여드는 앞을 벤츠가 멈춰서면서 젊은 신사 내외가 다가왔다. 엄마 장모님 내

일이면 찾아가려고 오빠들한테도 연락을 했는데 하루를 못 참고 이렇게 나오셨어. 뭐 좀 드셨어요? 손을 어루만지며 얼굴을 부벼댄다. 모두들 놀라셨지요. 저의 엄마가 치매 때문에 잠시도 안심을 할 수가 없었습니다. 병원에 계시다가 가정의 달이라고 집으로 모셔와서 오빠네 가족들이 매달려 있었는데도 언제 이렇게 나오셔서 걱정을 더하는지 정말 백발이 원망스럽군요. 이렇게들 관심을 주셔서 감사합니다. 거참, 늙지를 말아야 하는데… 구부정한 허리를 쫓아가는 지팡이의 소리가 천천히 오월을 걸어간다.

실직 공포

두 어깨 중 하나는 행복의 즐거움을 얹혀 놓는 곳이고 다른 쪽은 불행의 그림자를 쉬게 하는 곳이다. 두 가지 대상의 무게는 저울의 눈금처럼 정확하여 치우침의 중심은 자신의 용기와 결단으로 유지하게 된다. 인생의 터널을 지나면 바깥쪽에는 어떤 형태의 운명이 대기하고 있을지 막연한 길을 달려간다. 오늘도 쉬지 않고 역경의 가속 페달을 밟고 있다. 실업자 백만 명 시대, 노령사회 진입이라는 달갑지 않은 정보를 귀에 못이 박히도록 듣는 터라 만성을 넘어 중독이 되어 버렸다. 대기업은 더 이상 공개채용을 중단한 지가 이십 년도 훌쩍 지나 필요한 일손은 허울 좋은 비정규직을 양산하여 계층의 양극화를 초래한 지 오래다.

모 기업의 일차 하청업체인 H업체에서 일자리를 얻게 된 것은 실로 바늘구멍을 통과한 낙타의 행운이었다. 육년 전 백수 친구들과 낮술이 얼큰하여 일상의 리듬이 엉망이 되어 버린 나를 은사님이 새출발시켜 준 덕택에 감지

덕지 묵묵히 적응해 왔다. 정규직 두 사람이 뛰어도 힘드는 공정을 하청업체라는 비굴한 이름으로 손발이 닳도록 발악하는 현장을 팔장끼고 바라보는 시선은 과거 반상의 모순과 다를 바 없다.

열악한 환경에서 치르는 노동의 강도는 고사하고 사내의 각종 복지시설을 이용하는 차별성은 민감한 청년의 패기를 무참히 짓밟는 처사이다.

식사 때나 휴식 때도 부러지게 적과 흑을 구별하여 행동하는 설움은 마치 임란 당시 장례원 노비문서를 불살랐던 천민들의 분노를 연상케 한다.

경영자 측에서는 노사문제로 속썩일 일이 없고 작심하면 언제든지 감원 조치가 쉬우면서도 누구도 감히 회사 업무에 장애물이 되지 않으니 경비 절감과 함께 더없이 입맛에 맞는 제도이리라.

피 끓는 청춘들은 하루에도 열두 번씩 기막힌 현실을 박살내고 싶지만 처자식을 떠올리며 차마 단념한 세월이 반십년을 넘었다.

저축액이 목표에 달하면 조그만 가계라도 차리겠다는 욕심이 꿈틀거린지도 해를 거듭 났다.

최근에는 부쩍 식당가를 지날 때마다 유심히 눈길이 머무는 곳이 있다. 바로 저기다. 점포임대라는 안내 문구가 환하게 다가왔다. 권리금 육천만 원에 전세 이천오백, 월 이백만 원. 계산을 굴려보니 대충 접근이 가능하다. 인테리어까지 합해서 일 억 정도 투자하면 되겠지.

일차 구상을 끝내고 주위에 이 사실을 넌지시 띄웠을 때 생각이 있는 사람이냐고 총공격이었다. 어려운 불경기에 일억이 장난이냐는 만류가 압도적이었다. 한번 뛰어들어야지. 치욕의 소굴을 탈출하고 싶은 충동이 폭발했다. 아내와 의논하여 동의를 얻는 데는 일주일의 시간이 전부였다. 전재산 일억의 기대에 아내의 모습은 다소 불안한 기색이 역력했다.

식당을 개업한 지 보름간은 사람들의 호기심 덕분에 매상이 오르는 편이었다. 이때다 하고서 미련없이 사직서를 던져버리고 기름밥 시대를 마감하고 말았다. 장삿돈이라는게 호락호락 주머니에 들어오기가 쉽지만은 않았다. 두달 세달이 지나면서 각도는 점차 빗나가기 시작했다. 아내의 얼굴에 웃음이 사라지고 험상궂은 먹구름이 밀려왔다. 뭐 그리 급해서 직장을 팽개쳐. 기반을 잡은 후에라도 늦지 않을 텐데. 한 식구 늘어나면 그때는 목구멍에 거미줄 치게 생겼구먼. 처갓집 문전에도 얼씬거리지 못하고 시댁 어른들 대할 면목조차 없으니 어쩌겠소. 앙칼진 목소리가 담 밖으로 흘러나가니 끊었던 술과 담배를 방바닥에 어질러 놓고 문고리를 잠그기를 반복하기 일쑤였다. 그래, 노끈 한발이면 끝나는 일인데.

이른 아침 슬그머니 뒷산으로 올라가서 소나무에 끈을 걸치고 고개를 숙였다. 저금 통장은 어쩌지, 내겐 무용지물, 육차선 도로 위로 빨간 불이 켜지고 정체된 삼분간, 다시 한번 생각하라. 죽을 용기가 있으면 끝까지 살아야지.

방한화 앞에서

나의 용기가 승화하여 가족에게 희망이 되었으면 좋겠습니다. 나의 작은 희생이 불씨가 되어 가정의 화목으로 성취되었으면 더욱 좋겠습니다. 한겨울 소한 가운데에서 빙점을 지나는 지금 지하에도 영하 팔도의 냉기가 전달되고 있을까.

코흘리개였을 적 부모님의 엄동설한은 한둘씩 동사자를 묻고 나서야 우수경칩이 서서히 물러가는 모습을 보아 왔었다. 초가집 온돌방을 데우기 위해 장작불을 피우시던 아버지의 흰 머리카락이 왜 그렇게도 허전해 보였을까. 이글거리는 불빛에 비춰진 주름진 얼굴이 달마의 모습으로 느껴짐은 세상을 통달한 여유로운 영상이었다. 도끼질에 쟁기질, 도리깨질을 하시던 전형적 농부의 몸은 단단한 도구 자체였다. 안전 장구도 물론 귀한 시절이었지만 거추장스러운 장구 착용을 원천적으로 사양하신 손발은 못이 박혀 솥뚜껑을 무색케 했다. 왕자표 검정 고무신 바닥에 얼음이 질퍽거려도 괜찮다고 하시던 아버지. 차가운 바람이 가슴을 파고들 때도 자식 위해 돌아서서 헛기침을 하시던 아버지의 깊은 마음을 어찌 다 헤아릴 수 있으리오. 직장을 잡아 첫 월급을 받아서 제일 먼저 털신을 사서 드렸더니 활짝 웃으시는 모습은 아직도 잊을 수가 없다. 털신을 신으시고 이웃 어른들께 자랑도 하시고 고이고이 아끼시던 정성을 왜 진작 깨닫지 못했을까 후회만 밀려온다.

영면하신 지도 벌써 강산이 세 번 넘어 변했건만 계절은 어김없이 내 곁에 찾아왔다. 지금은 따뜻한 방한화와 방한복이 저토록 넘쳐나는데 얼고 떨며 지내시던 시절은 영영 돌아오지 않을 것 같다.

일전에 대형 매장 앞을 지나다가 무심코 방한화 진열대 앞에서 발이 멈춰졌다. 색상을 살피고 크기를 봐도 영락없이 아버지의 발에 꼭 맞을 멋진 방한화가 눈을 번쩍 뜨이게 했다. 고무의 재질도 훨씬 부드럽고 털의 촉감도 비단처럼 포근했다. '아버지, 천국에도 요즈음 문명의 이기가 넘쳐나고 있을까요? 실용적인 명품들로 생활의 편리함을 맘껏 누리시는지요. 낡고 물이 스며드는 방한화는 벗어 놓으세요.' 방한화 앞에서 정신이 들뜬 채 요모조모를 살펴보고 주문처럼 아버지와 조감을 나누는데 지나가던 사람들은 힐끔힐끔 곁눈질을 던진다. 덕분에 장바구니를 바꿔갈 뻔한 장돌뱅이의 싱긋 웃고 지나가는 뒷모습도 방한화 속에 꾹꾹 눌러 담았다.

그 후 닷새 뒤에 그 매장 앞을 다시 찾아갔다. 혹시 누가 사 가지나 않았을까, 그대로 자리를 지키고 있을까, 은근히 그대로 있어 주기를 바라면서 걸음을 재촉하는 나를 영문도 모르는 집사람은 어디를 가느냐고 핀잔을 던진다. 생전에 못다 한 효도를 새삼 뒤척이자니 자신을 질책하는 소리가 앞서 회초리를 찾는다. 털신 한 켤레만은 그때의 환경으로 돌아가서 꼭 사드리고 싶다. 생전에 못다 한 일이 어찌 방한화뿐이랴. 항상 옆길로만 빠지는 청개구리 같은 놈이라고 측은해 하시던 고뇌를 방한화 한 켤레로 덮을 수 있으리오마는 부산모해父山母海의 넓으신 심정으로 거두어 주시리라 믿는다.

내일이면 또다시 봄은 방한화 속으로 찾아올 것이다.

폭소爆笑

방언方言의 잠재력은 정감의 가교이기도 하다. "커더라"라는 울산 토속어가 매체를 타기 시작하면 전국 언론은 삽시간에 쑥대밭으로 변해 버린다. 호젓한 반촌에서 일감을 찾아 헤매던 인돌이는 대처에서 출세한 현삼이를 쫓아 집을 나섰다.

일일 생활권역이라고는 하지만 허기진 배는 한나절이 여삼추라 현삼이의 손을 덥석 잡고 밥타령이 먼저였다. 눈치를 잡아챈 현삼이가 길 건너 포장마차 속으로 들어서면서 "아지메, 여기 호떡 퍼뜩 좀 해 주이소. 허기 만나 초상치게 생겼심더." 두 사람의 거동을 훑어본 주인이 생각컨대 호떡은 금방 준비가 되지만 퍼떡은 만들어 본 적이 없는 터. "손님, 퍼떡이라는 음식은 만들 수가 없는 걸요" "아따 농담 마시고 호떡이나 빨리 만들어 주시구려." "퍼뜩"이라는 낱말은 국어사전 어느 구석에도 없는 말. 그러나 두루 통하는 공용 은어隱語임에는 부인할 수 없다. 자잘궂기로 소문난 현삼이가 이른 아침

산책을 나섰다가 신통한 장면이라도 없을까 하고 두리번거리는데 마침 맞은편에서 중년 부인이 애완견을 앞세우고 콧노래를 부르면서 이슬 젖은 신발을 털고 있었다. 뒷다리를 무겁게 들고 실례하는 숫(♂)강아지 임을 직감하고 정중히 다가가서 "안녕하십니까? 아이고, 형님 근황이 왕성하시네요…" 하고 넙죽 절을 하자 부인이 배꼽을 잡고 까르르 웃기 시작한다. 웃음소리가 차츰 가라앉자 다시 정색을 하고는 "형수님, 밤새 안녕하셨습니까?"라고 하자 금세 험악한 인상을 지으면서 앙칼진 억양으로 새벽 공기를 쩡쩡 갈라놓았다. 이 광경을 지켜본 친구와 산책객들은 땅바닥에 대굴대굴 구르면서 웃어 젖혔다. 그때 아마도 동쪽에서 무지개가 원 없이 웃었으리라.

지난날 보릿고개 시절에 턱까지 차오르도록 주먹밥을 말아 먹고 초당방에 앉았노라면 진한 잎담배 연기와 노랑짐이 들 정도로 고성능 방귀fart를 연발하자 친구 왈 "가죽피리를 불었지요. 다음 곡조는 창문을 여시오."라고 일갈하였다.

우리 시대 대재벌 대우그룹 김 회장 부인의 모교가 경주여고였으니 모처럼 동창회 모임에 내로라하는 귀부인들이 둘러앉아 덕담과 특유의 수다를 거침없이 풀어 놓았다. 일막이 끝나면서 갈증도 식히고 분위기도 바꿀 겸 커피 주문표가 테이블 위로 날아들자 각기 유자차, 대추차, 꿀차, 녹차, 우유 등등 기호에 맞는 이름들을 불러대자 분주하게 손가락을 꼽던 대회장님 부인이 "그럼 복잡하게 하지 말고 커피로 통일하자"는 제의에 동의하는 우렁찬 박수가 만장일치로 통과되어 웨이터에게 전달되었다.

"말칸 커피다."

말칸커피, 도대체 어느 나라 커피일까. 종업원들을 불러놓고 아무리 지혜를 동원해도 속 시원히 아는 이가 없었다. 역대 커피 목록에도 없는 특이한 이름. 귀신이 통곡할 일이다. 감히 누구의 하명인데 절호의 기회를 놓치면 대박이 쪽박이 될지도 몰라. 허나 어쩌랴. 사태가 절박하게 되자 지배인이

나서서 “사모님, 우리 업소에는 말칸커피가 없습니다. 죄송합니다.”라고 하자 장내는 떠나갈 듯이 폭소가 쏟아졌다. 우리의 관습 속에는 뼛속 깊이 간직된 고유의 표현 방식이 있다.

고향을 묻지 말고 구수한 어투로 가슴을 열자.

친구에 대한 오해

연꽃 같은 발꿈치로 가이 없는 바다를 밟고
옥 같은 손으로 끝없는 하늘을 만지면서
떨어지는 해를 곱게 단장하는 저녁놀은
누구의 시詩입니까?

―한용운의 시 〈알 수 없어요〉에서

한 해를 마감하는 길목에 우두커니 서서 황홀한 모습으로 지는 저녁놀을 바라보니, 만해萬海의 시가 더욱 새롭게 가슴속으로 밀려 들어와 내 가슴속을

김 인 철

(주)삼성전자 전략기획본부 부장 · (주)현대멀티캡 대표이사 역임
현재 (주)보광하이텍 대표이사

휘저어 놓는다. 지나온 세월이 살아갈 세월보다 더 많다고 생각되는 오십의 중반에 이르러보니 내가 직관적 용기로 가득 차 있으면서 인생의 지혜가 부족했던 지난날들에 대한 후회스러운 일이 하나, 둘 떠올라 30년 전 아스라한 기억 속으로 돌아간다.

고교시절 서울 우이동 계곡 동네에서 살 때 고교 동기생인 매우 친한 친구가 한 동네에 살고 있었다. 그 친구와의 우정은 이제껏 살아오면서 몇 번의 우여곡절을 겪으며 지금까지 이어지고 있다. 대학시절 시간이 나면 서울 도심의 허파 역할을 했던 우이동 계곡물 따라 옹기종기 들어서 있는 도토리묵, 빈대떡, 파전, 막걸리를 파는 포장마차로 가서 하루를 멀다 하고 만나 막걸리 들이켜며 청춘과 철학, 사랑과 미래를 이야기하느라 시간 가는 줄 모르고 흥얼대다가 통금을 알리는 사이렌 소리를 듣고서야 자리에서 일어나 어깨동무하고 비틀거리며 흥겹게 노래 부르면서 집으로 향하곤 하던 젊은 시절의 아주 각별한 친구다.

대학에서 ROTC를 마치고 휴전선으로 연결되어 팽팽한 긴장으로 24시간을 보내야 하는 향로봉 앞 최전방 비무장지대 소대장으로 근무할 때 이 친구는 그 먼 곳까지 면회를 와서 서로 우정을 나누는 소중한 시간을 가졌고, 이때 이틀에 한 번씩 왕래하는 부식 수송 트럭이 유일한 교통수단이므로, 면회 온 날과 맞지 않으면 하루를 걸려서야 연대본부 면회소가 있는 백담사 입구까지 내려갈 수 있었다. 이 친구는 면회 올 때마다 항상 운이 없어 하룻밤을 혼자 백담사 입구 여관에서 혼자 지새우곤 했다. 부식 트럭을 타고 면회소로 가는 동안 친구를 만난다는 설레임과 최전방까지 면회 온 친구의 고마움에 뜨거운 우정을 느끼곤 했다.

결혼 전까지는 이러한 만남과 우정이 계속되었으나 결혼 이후부터는 사는 동네가 다르고 가족과 직장이 있는 관계로 서로의 만남이 뜸해지기 시작하더니 간혹 잊고 지내도 이상하지 않을 정도가 되었고, 이러한 변화는 아주 자연스럽게 진행되어 30대에는 거의 만남 없이 지내게 되었다.

친구는 모 건설회사에 입사한 뒤 탁월한 능력을 부각하여 젊은 나이에 빨리 중역이 되었으며, 사업실적이 좋아 고액의 연봉과 인센티브를 받았을 뿐만 아니라 돈을 축적하는 이재에도 밝아 주식과 부동산 투자로 제법 큰돈을 모아 고교 동기생 중에 가장 돈이 많은 사람으로 소문나 있었다.

근 10년을 서로 특별한 만남 없이 지내오던 중 40대 초반쯤 되었을 때 그로부터 연락이 왔다. 그가 돈을 좀 벌었으므로 사업을 시작하려 하는데 나와 의논을 하고 싶다면서 만나자는 내용이었다. 대기업에 입사하여 줄곧 경영기획, 신규사업기획, 마케팅부분 등의 비즈니스 업무를 하여온 나로서는 분명 친구에게 도움을 줄 수 있을 것이라는 생각과 10여 년 만의 만남이니 너무 반가웠고 흥분되었다. 다소 들뜬 마음으로 약속장소인 호텔 레스토랑으로 갔다. 그 친구는 제일 좋은 자리를 예약하였고 최고급 요리와 최고급 양주를 주문해 놓고 나를 맞이하였는데, 이러한 분위기로 인하여 순간 왠지 모르게 그 옛날의 친구라는 친근감이 들지 않으면서 묘한 기분이 생겼다. 기대했던 내용의 대화는 별로 나누지도 않은 채 어딘가 열심히 전화를 하고 난 후 값비싼 음식을 바쁜 듯이 아주 짧은 시간에 대충 서둘러 끝내면서 2차 순서를 가자고 한다. 전화 내용으로 보아 2차로 술집을 예약한 것 같았고 누구를 동석시키려는 것 같았다. 기사가 대기하고 있는 친구의 고급 외제 승용차를 타고 2차 순서인 술집으로 가게 되었는데, 역시 강남의 최고급 술집에다 오랜 단골인 양 마담이 극진히 대우하였고, 이어 다른 손님이 동석하였는데 동석한 손님은 우리나라에서 소문난 재력가로 한눈에 바로 알아볼 수 있는 그런 사람이었다.

내 친구는 나를 아주 절친한 친구라 그분에게 소개했으며 나에게는 그분이 아주 친한 형님이라 소개했다. 조금 있으니 당시 한참 잘나가고 있던 인기 여가수 2명이 들어왔고 내 친구와는 매우 친한 사이임을 바로 알 수 있었다. 역시 최고급 양주를 마시며 밴드에 맞춰 친구와 그분은 함께 노래 부르고 팁을 듬뿍 뿌리면서 흥을 올리고 있었지만, 대기업에 입사하여 거의 매일을 밤늦게까지 일에만 매달리면서 소위 FM식 삶을 살아온 나로서는 이러한 환경에 익숙하지 않았기 때문에 당황스럽고 여간 불편하지 않을 수 없었다.

오랜만에 만나자는 전화가 왔을 땐 조용한 일반음식점에서 소주를 마시며 학창시절과 군대복무 기간 이야기와 함께 사업을 의논하고 싶다고 했으므로, 앞으로의 사업계획 등을 논하면서 혹시 내가 도움이 될 수 있는 일이 있다면 도와주면서 그동안 만나지 못하였던 10여 년간의 공백을 채워보고 싶었던 순수하고 진한 우정의 만남을 생각하였다.

그러나 밤이 깊어지고 시간이 조금씩 지나자 슬금슬금 마신 양주에 서서히 취기가 오르면서 그 친구의 자신을 과시하는 듯 보이는 이러한 행태에 은근히 자존심이 상하면서 화가 나기 시작하였다. 같이 노래하자는 요구에 친구와 함께 노래하다가 취기와 화나 있음이 뒤섞여 나도 모르게 그의 머리를 움켜잡게 되었고 무스로 세워놓은 잘 손질된 머리칼을 잡는 순간 친구는 큰 소리로 화를 내면서 아무리 친구라 해도 취했다고 왜 머리칼을 잡느냐 다른 손님도 있는데 내 체면이 무엇이 되겠느냐고 소리치면서 자기 자리로 들어가 버렸고 순간 분위기는 설렁해졌다. 나는 친구끼리 술기운에 머리를 좀 잡을 수도 있는 것인데 그렇게까지 화낼 것은 없지 않느냐고 말하고는 문을 박차고 나와 곧장 집으로 향하였다. 자존심이 매우 상했던지라 다시는 그 친구를 만나지 않겠다는 마음을 먹고 무엇인가를 잃어버린 듯 한 섭섭한 심정으로 나는 돌아갔다.

그 이후 서로 다른 분야에서 종사했으므로 우연히 만날 기회도 없었고, 나도 자식들을 영국에서 공부시키느라 시간만 나면 영국으로 달려갈 생각만 했으므로 지난 15년간 서로를 까맣게 잊고 지냈다. 그 이후 내 자식들이 대학공부를 마치고 귀국하여 서울에서 활동하게 되었고, 나도 경제적인 여유뿐만 아니라 마음의 여유도 가질 수 있게 되어 편안한 날들을 보내고 있었다.

그런데 최근 어느 날 내 휴대전화로 그 친구로부터 연락이 왔다. 그동안 서로 만나거나 전화는 없었지만 항상 친구의 근황을 주변을 통해 확인해오고 있던 터라 그렇게 기쁘고 반가울 수가 없었다. 그 친구는 15년 전 미국으로 부인과 함께 자식들을 유학을 보냈는데, 그 이후 그 친구는 주식 투자로 많은 재산을 잃었다는 소식을 들었다. 그 주식투자에 실패한 것이 원인이 되어 부인과 크게 다툰 후 이혼하였고, 지금은 혼자 지내면서 우울증까지 겹쳐 힘든 나날을 보내고 있는 것으로 듣고 있던 터이기에, 늘 그 친구 생각으로 걱정을 하면서도 얄팍한 자존심 때문에 먼저 전화하지 않았던 것이 미안하면서 크게 후회되는 순간이었다.

전화로 그 친구는 내가 알고 있던 내용과 거의 일치하는 자신의 근황을 말하였고, 나에 대한 근황도 역시 정확히 알고 말하는 것을 들으면서 속으로 "이 친구야 우리가 서로를 끔찍이 생각하면서도 왜 15년이라는 세월을 쓸데없는 자존심 때문에 모른 척하며 남처럼 지냈단 말이냐…"라고 후회하는 마음이 가슴을 내리쳤다.

나는 바로 그 주말에 상경하여 그 친구 집에서 밤을 지새우며 지난 이야기를 하면서 서로가 어리석었음을 후회하였고, 앞으로의 영원한 우정을 다시 불태우자고 굳건히 약속하게 되었다.

지난 이야기를 하는 중에 내가 알게 된 것은 15년 전 술집에서 그 해프닝이 있었던 그날 사실은 친구가 재정적으로 크게 성공하자 가장 친한 친구인 나를 불러 최고의 수준으로 함께 먹고 마시고 싶었으며, 나의 도움을 받기 보다는 친구가 재정적으로 여유가 많으니 혹시 내가 사업할 생각이 있으면 창업자금을 지원할 생각으로 만나자고 했다는 것이었다. 나의 자존심을 건드리지 않고 편안하게 제안하려는 그 친구의 사려 깊은 의도를 파악하지 못했으므로, 나는 그 당시 스스로 찾아온 엄청난 기회를 조그만 감정 표출로 놓친 것이었다. 한국의 최고 대기업의 자존심 많은 모범생 부장이었던 나는 세상을 폭넓게 살아보는 경륜을 지니지 못한 상황이었고, 그 편협한 자존심 때문에 오랜 시간 끊어지지 않는 좋은 우정을 나눌 수 있는 기회를 놓쳤을 뿐만 아니라 마음의 상처까지 받으면서 오랜 세월을 멍들게 했다고 생각하니 내가 참으로 한심했다는 생각이 들었다.

아직은 내가 세상의 여러 가지 일들을 위에서 훤히 내려다보면서 관조할 만한 경륜을 쌓지는 못했지만, 순간적인 직관과 감정에 충실했던 젊은 시절의 판단은 순간순간에 인생의 방향을 전혀 다른 쪽으로 돌려놓는 일이 허다하다는 것을 새삼 느끼게 한다. 하루에도 매 순간마다 판단하고 행동해야 하는 수백 번의 결정이 연속되고 있고, 이러한 수백 번, 수천 번의 판단이 축적되어 우리 인생의 방향을 이끌어가고 있다고 생각된다.

하찮은 작은 일에서의 판단과 결심이 때로는 엄청난 행운과 풍요를 가져다주기도 하지만, 반대로 순간의 단순한 판단이 비참한 불행을 몰고 오는 방아쇠가 되기도 한다. 이러한 사실을 알고부터 나는 모든 일에 더욱 조심스럽게 접근하고, 순간적으로 닥치는 작은 일도 관행적으로 판단하는 것이 아니라 호흡을 가다듬고 잠시 생각하여 판단하려는 경향이 습관화되어 가고 있다. 젊은 시절에 인생의 경륜이 이렇듯 소중하다는 지혜를 깨달았다면 나는 더 많은 것을 터득하고 얻어 2010년을 보내고 새해를 맞이하는 이 시기 지금보다 삶의 질이 훨씬 더 높은 인생을 구가하고 있지 않았을까라는 후회를 해 본다.

그런 깨달음으로 요즈음은 하루라도 이 친구와 통화를 못하면 서로가 궁금하고 몹시 보고 싶어지곤 할 정도로 진한 우정을 나누고 있는데, 이러한 생활환경의 변화가 앞으로의 나의 삶 전반에 새로운 활력소로 나타나고 있어 매일 매일이 얼마나 행복한지 모른다.

> 타고 남은 재가 다시 기름이 됩니다.
> 그칠 줄 모르고 타는 나의 가슴은
> 누구의 밤을 지키는 약한 등불입니까?

—한용운의 시 〈알 수 없어요〉에서

인간 · 환경 그리고 미술

이 명 숙

인간은 태어나면서부터 자연 친화적인 존재이며 자연의 품속을 떠나서는 나약한 존재이다.

이 때문에 지금의 자연환경과 도시구조가 인간에게 주는 가치와 의미는 그 어느 때보다 중요하다. 근대 이후 인간이 살아가는 자연환경은 산업화, 도시화에 따른 공해와 오염 때문에 그 존재의 의미를 찾아보기 힘들 정도로 황폐화되고 있다. 그 결과 우리는 공해라는 말조차 인식하지 못할 정도로 무뎌진 감각과 상황에서 이 시대를 살아가고 있다.

환경미술Environmental Art이란 이러한 인간을 둘러싼 자연환경을 이용하거나 쾌적한 삶을 위해 인위적 변형을 시도하는 미술 경향이라 볼 수 있다. 따라서 표현된 작품 자체를 완성된 결과물로 보기보다는 작품과 주변 환경의 상관관계를 고려하는 미술이라 할 수 있다. 환경미술이 지니고 있는 가치를 시민들에게 쾌적한 환경을 제공한다는 심미적 측면과 지역문화의 풍속,

역사적 특성을 보전하는 상징적 측면과 자연환경을 표현의 매개체로 이용하는 조형적 측면에 두는 이유도 그 때문이다.

인간은 혼자서 살 수 없는 사회적 동물이다. 그 때문에 혼자 살아가는 인간은 실제로 존재하지 못한다. 그래서 인간이 여러 사람들과 어울려 산다면 결국 인간에게 가장 좋은 사회 환경, 문화, 질서에 관심을 가질 수밖에 없다. 또한 사회의 필연적인 특성인 환경에 적응하기 위해 인간은 환경과 간접적 관계를 발전시켜 왔으며 환경과의 안정적 관계 안에서 그 사회와 문화의 체계를 형성시켜 왔다. 그것은 인간이 자연이 준 한계를 극복하며 새로운 문화를 창조하고 그 혜택을 누리며 살아가는 유일한 동물로 만물의 영장이기 때문이다.

최근 자연과 환경의 소중함을 깨달은 각 기관과 단체가 앞 다투어 환경보존에 관심을 기울이고 있다. 우리 미술계 내에서도 많은 예술인들이 현실에 안주하지 않고 섬세한 붓과 순수한 마음을 통해 자연의 참모습을 되살리고자 하는 환경운동에 동참하고 있다.

1970년대를 기점으로 서구에서는 환경미술이 대도시와 시골에서 급격히 성장되었다. 1960년대 이후 미국과 유럽에서는 추상미술이 쇠퇴하면서 현대미술은 대중적 기반을 바탕으로 인간과 예술의 삶을 일치시키는 "소통의 회복"에 주력해왔다. 이것은 중앙중심의 미술문화가 해체되고 지방문화에 관심이 증대되면서 지역 공동체의 정체성을 표현하려는 의욕이 고취되면서 시작되었는데 장르 간의 경계가 없는 건축과 조각, 회화, 공예가 자연스럽게 통합되어 환경미술 분야가 활성화되고 진흥되었다.

1983년 창설된 프랑스 문화부 예술국 산하의 공공미술 지원을 위한 장려기금Fonds d' aide a la commande publique제도나 1960년대에 창설된 미국의 국립예술기금National Endowment for the Art제도는 이러한 공공미술 문제의 장기 방향과 실천의 문제를 국가가 계획적으로 지원하고 이끌어 나가는 제도라는 점에서 우리에게 시사하는 바 크다.

인류가 생존한다는 것은 생물적인 세대 전수만을 의미하는 것이 아니라 다음 세대로 모든 전통과 문명의 혜택을 넘겨주는 것을 의미한다. 따라서 각 세대는 자기 자신뿐 아니라 다음 세대에 무엇을 어떻게 기여할 것인 가를 고민해야 하며 새로운 전통을 개발해야 하는 책무를 지게 되었다. 과거에는 젊은 세대가 기성세대의 문화와 규범을 따르도록 하는 것이 주된 규범이었지만, 지금은 미래에 알맞은 문화와 의식, 전통의 규범을 이해하고 수용하는 적극적 자세를 가져야 하는 시대다. 전통이란 꾸준하게 이어지는 연속성을 가지고 있는 것이기 때문에 부단한 창조활동을 통해서만 발전되고 이어져 가는 것이다. 그것은 문화 창달의 주인공인 오늘의 인간을 위해 존재하는 것이다. 각 사회, 국가, 민족은 고유한 예술적 특성과 정신적 근간을 이루는 문화적 전통을 가지고 있다.

그 때문에 무엇보다 우리는 소중한 과거의 전통을 보존해야 하며, 계승된 전통을 직시하고, 미래에 이어질 수 있도록 발전 전승시켜야 하는 이유도 바로 그 때문이다.

자연 환경을 보존한다는 것은 전통의 미래와 과거를 현재로 잇는 것이며, 무한히 새로운 것을 추구하는 창조의 기틀을 마련한다는 의미이기도 하다.

인간의 미래는 새로운 문화, 새로운 산업이 창출되는 시대이다. 이러한 창출은 한 지역이나 문화권에 머물지 않고 통신, 정보 매체의 발달로 순식간에 지구촌 곳곳에 퍼져나가게 된다. 변화는 우리에게 새로운 경험을 요구하고 새로운 경험에 대한 개방적 태도, 가치, 의식이 없으면 생존할 수 없도록 만들고 있다.

그러므로 자연 환경의 중요성을 환경미술인들의 섬세한 붓과 마음을 통해 확인하고 나아가 인간성 회복에 목표를 둔 환경운동에 모두 참여해야 하는 것이 오늘날 우리가 가져야 할 사명이기도 하다.

유모가 체험한 영국사회

먼저, 지금까지 남의 글을 읽을 경우 감동적이고 유익한 글을 읽을 때면 나도 언제인가 이런 훌륭한 글을 써서 다른 사람의 가슴을 휘저어 놓아야겠다는 마음을 먹기도 해봤다. 때로는 글 읽는 이로 하여금 시간이 낭비되었다고 생각하도록 왜 이렇게 얻을 것도 재미도 없게 적어놓았을까 라고 글을 쓴 분을 비난하기도 했다. 이런저런 진부한 지난 이야기를 주변 사람에게 쏟아내는 것은 타인의 소중한 시간을 빼앗는 것이므로 처벌받아야 할 쓰레기 배출 행위나 다름없다고, 아울러 일종의 벌금을 내야 하는 경범죄라 생각해 왔다. 하늘로부터 재능을 타고난 것 같은 사람은 일반적인 진부한 이야기도 그의

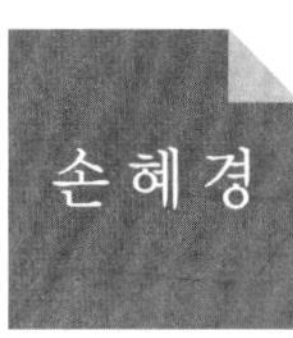

명예회원. 김인철 회원 부인

가슴과 손끝을 거치면 남에게 즐거움을 주는 유익한 이야기로 변하지만, 그런 재주를 지니지 못한 나를 포함하여 보통 사람들은 아무리 애써보아도 처벌받아야 할 행위가 되니, 죄의식이 나를 사로잡는다.

그러나 나는 기록으로 남기기 위해 꼭 쓰지 않으면 아니 될 경험이 너무 많다. 우리 한국사회에 꼭 바뀌어야 할 비합리적인 사고나 행동방식이 너무나 많다고 판단되어, 무엇이 어찌되든 나의 단호한 결심을 해본다. 벌금을 내더라도 이런 감정이 사라지기 전인 지금 이 순간에 처벌까지 감수하면서, 13년간의 영국생활을 이야기하는 의도적인 배출행위를 시작하고 싶다. 오늘의 이러한 시작이 결국에는 화려한 예술작품을 백옥으로 빚어내는 조각가 같은 기술터득의 시작과 바탕이 될 것임을 기대하면서 타임머신을 타려고 한다.

외국생활에서 겪은 이야기 종류는 정말 다양하다. 외국생활 경험자들은 각자가 겪었던 다방면의 경험담을 고상하고 유익하게, 그리고 교육적으로 발표했다. 책으로 발행된 훌륭한 부모님의 자녀 교육 성공담, 유학 성공담, 현지인과의 결혼생활 성공담, 문화유적 이야기, 경치 이야기, 유랑생활 이야기 등 수없이 종류도 다양하다. 나는 모든 것이 미완성인 평범한 보통 사람이라 그저 그런 이야기뿐이라는 생각이 들기도 하지만, 아무튼 영국 사회의 내 주위에 있었던 사람들 이야기는 정말 다양하기에 그 기억을 그냥 묻어두고 조금씩 잊어버리기엔 너무 아깝기도 하다.

성질 사나운 옆집 여자나 남의 일은 너무 잘 알고 있는 앞집 할머니 이야기, 집 고양이가 병이 나자 수술비 마련하기 위해 은행에서 융자받아 거금 500만 원 정도를 수술비로 마련한 건너편 집 이야기, 영국의 애완견인 요크셔테리어 같은 개들의 얼굴 성형수술비를 모금하기 위해 공공장소에 게시된 광고판 사진 등등, 나에겐 정말 남에게 꼭 들려주고 싶은 이야기들이 많이 있다. 이제 나의 생각은 누에고치처럼 명주실을 뽑아내 비단을 짜기 위해 스스로 능력의 한계를 잊어버린 채 아마득해진 14년 전의 응결된 기억 속으로 돌아가고 있다.

1996년 여름, 부족함 없는 13년 결혼생활을 뒤로하고 앞으로 시작될 많은 문제들이 기다리고 있다는 사실을 예견하지 못한 채 나는 용감하게도 영국 웨일스의 수도 카디프 공항에 어린 아들과 딸을 데리고 도착했었다. 그 당시 영국에는 동양인이 지금처럼 많지가 않았다. 그리고 네덜란드 암스테르담에서 작은 비행기를 갈아타고 웨일스로 오는 동양인은 그날도 우리가 유일한 존재였다. 알밤 같은 두 동양 아이와 나는 모든 사람이 빠져나간 한적한 공항 비자 검사대에서 관심의 대상이 되어 비자 인터뷰를 기다리고 있었다.

대영제국의 한 도시인 카디프 국제공항에서의 14년 전 내 모습은 지금 생각해도 너무했다. 외국 나들이라 나름대로 나는 엄청나게 신경을 써서 최고의 멋을 내고 갔다. 15시간 먼 비행기 여행에는 너무나도 불편한 정장차림에다 한국 여자들이면 모두 따라하는 파마머리, 높은 구두, 정말 서울 명동백화점에 잠깐 나들이 나온 차림이었다. 우리 셋은 그 당시 한국의 젊은 엄마와 아이들이 부릴 수 있는 멋을 한껏 부린 모습이었다. 영국 원주민 켈트족인 웨일스 사람들이 보기엔 엄청나게 흥미진진한 상황이었다. 그저 동양인은 음식점하는 중국인들과 소수의 일본인이 전부였다.

공항출입국 관리가 의심스러운 눈초리로 질문에 질문을 거듭하더니 동양의 어느 부잣집 마나님의 쇼핑여행이 아니라 비자가 필요한 장기체류 예정자라는 것을 안 그때부터 문제가 시작됐다. 나는 출국 전 장기체류 비자가 필요해서 서울의 영국대사관에 요청을 했을 때 대사관에서 권한 것은 그냥 다녀오라고 했다. 무식한 사람이 용감하다고 했던가. 그래서 용감하게 정말 그냥 왔더니 이제 드디어 문제가 생긴 것이었다. 그 당시엔 유학생의 교류나 업무로 관련된 방문자가 드문 때라 한국과의 새로운 외교협정 혜택으로 대사관 말처럼 준비 없이 그냥 간 우리를 불쌍히 여겼는지는 모르지만, 공항이

민국 사람들이 고심한 끝에 공항에서 비자를 주었는데 그 종류는 유모비자였다. 나는 영국 정부에 의해 우리 아들과 딸이 영국에서 공부를 할 수 있도록 우리 남편에게 고용이 된 것이다. 그렇게 유모로 채용된 것이 대학 졸업 후 난생처음으로 13년 만에 취직을, 그것도 만리 타국에서 한 셈이다. 영국 체류기간 동안 나의 첫 직업은 내 자식을 기르는 유모로 출발했다.

이렇게 나의 13년 영국생활은 시작되었다. 문제를 혼자 해결해야 하는 형태는 영국의 싱글맘 생활과 다름이 없었다. 이러한 싱글맘 형태의 생활이 예상 밖으로 친구를 많이 사귈 수 있는 계기가 되었고, 그들의 독립적 사고방식과 새로운 사회에 대한 도전의식은 낯선 이국땅에서 새로운 삶을 스스로 개척하여 나아가야 할 나에게 많은 영향을 주었다.

영국에서의 생활은 개념과 발상 그리고 문제에 대한 접근방법이 달라도 많이 달랐다. 과거 10년 동안 중 · 고등 · 대학교에서 공부한 실력으로 내가 자신 있게 구사하는 영어와 단어는 아무도 못 알아들었다. 내가 한심한 것이 아니라 도대체 그들이 너무 예의가 없는 것 같아 도리어 화가 났다. 그런데 더 심각한 문제는 영어 공부를 하고 싶어도 할 수가 없었다. 외국에서 온 유모의 의무는 아이를 돌봐야 하는 것이므로 영어교육의 시간이 허락되지 않았다. 유모는 법적으로 교육의 대상에서 제외되며, 그래서 영어 교육기관에서 거부를 당했으므로 영어 벙어리와 까막눈이 되는 처지가 1년 반 동안 이어졌다.

해외장기 체류자 말 중에 첫해의 영어공부가 평생을 간다는 말이 있는데 그만큼 절박하니 열심히 하라는 얘기다. 할 수 없이 아이들이 학교에서 돌아오면 학교생활이 안정될 때까지 개인교습을 받으며 셋이서 같이 공부했다. 말이 개인교습이지 은퇴한 영국 할머니인 패디라는 분과의 영어공부는 서로의 문화와 생활을 교류하는 참 신기한 경험이었다. 그 당시 패디 여사는 대학에서 영어와 역사학을 새로 공부하고 있었다. 1년 반 후 그게 내가 다시 대학에서 전공분야를 공부하게 된 계기가 된 것이다. 비가 많이 오는 9월의 첫 학기는 금방 겨울로 접어드는데 4시 30분이면 벌써 어두워지고 아침 9시가 되어야 밝아진다.

패디 여사 집에서 공부를 할 때 어둑해져서 글씨도 가물거리고 거실이 추운데 전깃불도 켜지 않고 난방도 틀어 주지 않았다. 서운하다 못해 엄청나게 화가 나고 건강까지 걱정되었다. 왜 이들은 추워하는 손님에게 예의도 없이 지독하게 전기를 아끼는지 정말 이해가 안됐다. 나중에 알게 된 사실은 그들은 별로 춥지 않았으며, 약간 체온이 떨어지면 가디건을 입어 보온해 주므로 구태여 난방을 하지 않아도 될 만큼 추위를 느끼지 않은 것이었다.

무엇보다 특이한 것은 우리의 옷 입는 방식이 그들과 달랐다. 그들은 추우면 옷을 한 벌 더 껴입는 반면에 우리는 계절에 따라 정해진 옷을 갈아입는 방식이다. 심지어 패션 스타일 중에 '레이어드 룩'은 영국식 껴입는 방식의 복식 방법이며, 지금 한국에서도 일부 멋쟁이들이 따르는 방식 중 하나다. 한국은 계절에 맞는 옷을 바꾸어 입어야 하는 방식으로 가을에 겨울옷 입으면 좀 가난해 보인다. 반대로 겨울에 여름옷 가을옷 등등 이것저것 껴입는 사람은 없을 뿐더러 그런 사람은 거지나 노숙자 취급할 정도로 이상할 것이다.

영국은 생활비 지출에서 교육비와 세금, 공과비가 많이 차지하지만 한국과는 전혀 다른 생활 형태인 그 사회에 적응하여 살아야 하므로 새로 사야 하는 옷값의 지출도 만만찮았다. 다행히 어린아이들의 옷은 연방정부의 육아장려 정책으로 인해 유아나 아동복에 대해 세금을 부과하지 않으므로 한국보다 값이 저렴하면서도 실용적인 어린이들의 옷이 많아서 좋은 면도 있었다.

내가 복식 전문가는 아니지만 영국의 의류방면을 관심 있게 살펴보면 해마다 영국은 세계의 4대 패션쇼 중 하나인 '런던패션 위크'를 두고 있다. 언제나 입을 수 있는 의상을 '런던패션 위크'에서 발표하기 때문에 세계 각국의 의류산업계는 영국의 런던을 항상 주시한다. 프랑스 파리 의상은 예술적인 작품의상이 주류인 반면에 그 시대의 문화 경제와 결부된, 대중을 위한 그해의 의류산업으로 확대시키는 곳은 런던이다. 그와 달리 섬유, 부자재, 장식재, 구두, 장신구의 큰 주류는 잘 알려진 대로 이태리가 세계의 중심이다.

그러나 언제나 예외는 있다. 그것은 앞서 언급한 대로 시대의 흐름을 타지 않는 영국 특유의 전통 복식이다. 수공업자나 상인들이 상호 부조와 보호 및 직업상의 권익 증진을 위해 결성한 조합인 '길드'는 11~16세기에 유럽에서 번성하여 당시 경제·사회 구조의 중요한 일부를 이루었다. 영국은 이 '길드' 제도에 의해 아직도 중세의 전통의 방식을 그대로 지키고 있는 제품이 많다. 합리적인 사고의 영국 사람들이 지키고 있는 '길드' 전통은 바로 그 제도의 합리성 때문이다. 과거의 것이 그대로 현재에 적합하고 다른 것으로 바꾸어야 할 필요성을 찾지 못한 이유며, 대체할 새로운 것 혹은 그것을 대체할 그 이상의 질적인 수준이 되는 것이 있다면 영국 사람들은 바꿀 것이다.

도자기, 양모, 커피, 심지어 생선, 은제품, 창문의 스테인드글라스 등등 다양한 품목이 길드를 통하여 만들고 유통되고 있다. 생활에 필요한 물품들에서는 귀족들은 양질의 것을 사용하고 소유하는 것을 미덕으로 생각한다. 제작자들은 길드를 통한 유통체재를 관장하여 엄선된 품질을 제작하며, 마지막 사용자 즉 귀족들을 만족시키는 것이 길드 종사자들의 목적이었다. 영국 양모의 질적인 우수성이 아직도 세계적으로 유명한 이유가 스코틀랜드의 전통귀족 가문이 지키고 사용하는 '타탄tartan' 때문이 아닌가 생각한다. 흔히 말하는 체크 같은 문양과 색의 비율은 반드시 전통적 방법으로 제작되어야 하며 '타탄'이 쓰이는 용도에 따라 양모 직조는 조금 달라질 수 있다. 이 모든 것이 '길드' 를 통해 대대손손 제작자가 만들어 온 것이다. 이 '타탄' 은 가문의 족보나 다름없다. 절대로 양모 실 한 줄이 더 보태져 다른 체크가 나올 수가 없는 것은 그것이 족보를 바꾸는 일이기 때문이다.

지금 우리는 영국 귀족이 아니지만 돈을 주고 그 제작자들이 만드는 제품을 살 수 있다. 잘 알려진 몇몇 회사 중 흔히 말하는 '버버리' 사의 제품을 예로 들 수가 있다. 우리가 구입하는 것은 '타탄' 이 아니라 '체크' 의 제품을 구입하는 것인데, '체크' 가 들어간 제품들을 그들이 '타탄' 이라 말하지 않는 것은 가문을 상징하는 대표 문양이 아니라 일반인을 위한 것이기 때문에 '체크' 라 부른다.

세계의 많은 사람들이 흠모하는 귀족 생활- 그래서 체크 제품들을 많이 사용하는 것인지? 그러나 정작 영국의 보통 사람들은 우리가 알고 있는 세계적인 특정회사의 '체크' 문양 제품 사용을 별로 선호하지 않는다. 그 이유는 단순하다. 그들은 귀족이 아니기에 그들만의 '타탄' 이 없기 때문이다. 그러나 신흥 부자들은 세계적인 회사에서 만드는 '체크' 를 사용하지만 반드시 부자만 '체크' 문양의 제품을 쓰는 것은 아니다. 중국의 싼 제품의 출시로 구입이 가능하다. 영국의 특정 장소에서는 '체크' 의 문양이 들어간 모자나 티셔츠를 입은 젊은 사람들을 '워너비wanna be' 라 부르며 그 그룹은 마치 신흥 부자인 양 과시하는 버릇없는 사람들의 상징이기 때문에 이들의 입장을 거절하는 곳이 많다. 다행히 나는 '워너비' 상황을 알기 전에는 돈이 없어 그 '체크' 제품을 못 샀고 지금은 신흥부자인 척할 이유가 없기 때문에 내게는 그 '체크' 가 없다. 그러나 기하학적 문양의 '체크' 는 정말 내 취향이므로 어디 명동 뒷골목에 중국제품 스카프가 없는지 나가봐야겠다.

한국에 돌아와서 두 학기째 대학 강의를 나가고 있는 지금 겪는 것은 그 동안 영국에서 해 오던 이것저것 껴입는 영국식은 이곳 한국의 매섭게 추운 날씨와는 맞지 않을 뿐만 아니라, 14년간 적응해온 영국식 옷 입는 형태도 한국사회의 상황과는 전혀 맞지 않다. 지금 한국의 겨울 추위엔 두꺼운 겨울 코트 한 벌이면 계절에 딱 맞는 복식이다.

이러한 생활방식은 국민들의 기본적인 사고방식이나 행동특성과 밀접하게 연결되어 있다. 영국에서 현지인들과 함께 일을 할 때도 영국 사람들은 '레이어드 룩' 처럼 상황에 맞추어 유연한 대처를 하고 서로 절충과 타협을 기술적으로 잘한다. 그들은 기본적인 원칙을 지키지만 상황 변화에 따른 유연성이 있는 전략을 선호하여 추구하는 반면에, 우리는 우리 복식문화처럼 일을 추진할 때도 자기주장을 끝까지 고수하는 것이 마치 겨울철에 코트 한 벌의 방법을 고수하는 것같이 했으므로, 그때마다 나는 늘 고약한 사람으로 비쳐졌다.

학창시절 배운 한국의 정서는 저고리 소매나 버선의 모양처럼 유연하고, 기와를 얹어놓은 한옥지붕의 선도 부드럽게 휘어져 아래로 향하고 있다. 반만년의 한민족 역사에서 우리는 이천 번이 넘는 내란과 외침에 시달려 왔으나 유연하지만 끊어지지 않고 오늘날까지 버티어온 우리 한민족의 특이한 정서가 이제 사라질 것 같아 아쉽다.

한국의 여당과 야당은 죽기 살기로 싸워서 결판을 내려 하여 영국신문과 방송에 폭력장면이 여러 번 보도되었다. 우리 사회의 좌파와 우파는 타협과 절충을 통한 공존의 지혜를 발휘하는 것이 아니라 상호 말살의 기회를 엿보고 있다. 어느 기독교 신자들은 악마의 본거지라 믿는 서울의 어느 불교사찰 마당에 집단으로 들어가서 마당을 돌며 기도를 하여 악마를 물리치려 하였다. 오랫동안 아군이 아니면 적군만으로 구분해 왔던 군사문화의 잔재가 아직도 남아 있어 단세포적인 흑백 이분법이 사회 여러 곳에서 드러나고 있다. 흑과 백 사이 스펙트럼에 무수한 영역이 엄연히 존재함을 인정하지 않는 일방적 사고방식은 환경변화에 유연하게 대처하면서 잘 적응하여 살아나온 은근과 끈기로 대변되는 우리 민족정신과는 연결되지 아니하므로, 다양한 융합문화를 지향하는 21세기 문턱에서 우리 정신문화는 방향을 잃고 있다. 영국이 19세기 100년 동안 세계를 지배했던 그 원동력의 근원인 절충과 융합정신을 도입해야 우리도 21세기 세계문화의 중심에 설 수 있을 것이다.

세상은 모두 존재가치를 스스로 지니고 있다. 길가의 돌 한 조각이나 풀 한 포기, 나뭇잎을 스치는 한 줄기 바람조차도 그 존재이유가 있으니 서로의 가치를 인정하고 존중하는 정신은 우리 사회를 더욱 풍요롭고 살기 좋은 곳으로 변화시키리라 본다. 한국을 떠나 13년 살아온 나는 이제 조국에서 새롭게 보이는 많은 이질적인 것을 체험하고 있으나, 언제인가는 이러한 느낌이 사라지고 이 사회에 동화되어 다시 흑백 이분법인 이곳의 환경에 나도 모르는 사이 적응하게 될지 모른다.

21세기 문학의 융복합적 가능성

—문수필담동인의 정체성 추구를 목적으로

환경의 변화에 적응하는 자만이 생존할 수 있다는 것이 냉혹한 진리지만, 지식-정보화시대인 21세기에 진입하여 인류의 지식과 정보의 양이 폭발하고, 이에 따른 사회의 여러 양상들이 너무나도 숨 가쁘게 변화하고 있으므로, 그 변화에 적응하여 생존하고 번영하는 것은 여간 어려운 일이 아니다. 그러나 이러한 사회 각 영역에서의 변화양상이 예측할 수 없는 방향으로 진행되고 있는 것이 아니라 그 변화양상을 관찰하고 분석하면 여러 가지 요인에 의해 질서정연한 방향으로 진행되고 있음을 인문학뿐만 아니라 자연과학이나 사회과학의 연구에서도 잘 드러나고 있다.

전 교수

인문학의 종언이 회자되고 있는 지금의 경향은 20세기 말 징후인 포스트모더니즘Postmodernism에서 나타나는 여러 가능성 중 하나로 언급되기 시작하여 21세기의 새로운 경향으로 자리잡고 있는 융복합融複合, Convergence을 들 수 있다. 이는 뉴밀레니엄 변화의 양상이 본격적으로 드러날 시기인 2005년 경부터 기존의 학문영역인 철학, 문학, 사회학, 자연과학, 의학, 공학 등의 학문간의 경계를 허물고 다른 영역과 상호 융복합하여 연구하고 개발하므로 무한하고 새로운 영역으로의 가능성을 창출하는 획기적 방향이 제시되고 있다.

문학에서의 융복합은 문학의 실질적 효용가치를 높이는 유망한 전략으로 볼 수 있다. 이에 필자는 21세기 변화현상인 융복합을 중심으로 그것이 문학형태에 적용될 실질적인 예를 몇 가지 제시하여 새로운 변화에 대한 가능성을 모색하므로 새로 구성된 문수필담동인의 정체성 방향을 제시, 동인의 특성화를 지향하고자 한다.

먼저 융복합의 개념을 살펴보자. '융복합' 이란 용어는 수학의 확산Divergence과 수렴Convergence의 개념에서 활용되던 용어이다. 수렴적 접근은 여러 개의 독립적이고 다양한 요건을 지닌 명제들을 기존의 틀 안으로 집중시키고 혼합하여 새로운 해답을 구성하는 방법을 찾아 생각하는 것으로, 결과물이 하나로 수렴되어 동일한 목적을 이룩하는 방법이며, 수형도Tree Diagram에서는 하나의 밑둥치가 있는 최상층부에 여러 개의 나뭇가지가 아래로 향해 있는 형상이 된다. 이와는 반대로 확산적 접근은 하나의 명제에 대한 하나의 정답이 아니라 여러 개의 가능성이 있는 모든 해답을 인정하는 것이고, 수형도로 표시하면 나무 모양이 밑둥치에서 시작하여 위를 향해 가지가 여러 갈래로 뻗어나가는 형태이다. 따라서 수렴적 접근은 기존의 한 영역을 깊이 파고들어 연구하여 새로운 발견을 추구하므로 최첨단의 앞선 사람들만이 성공하고, 나머지는 패배자로 남게 된다. 이와는 달리 확산적 접근은 독립적으로 흩어져 있는 다양한 요인들을 어떻게 융합하고 배열하는가에 따라 수많은 상이한 결과를 만들어내는 방법이 된다. 따라서 모든 사람들이 제각각의 특이한 방법으로 다양한 요인들을 혼합하고 배치하여 각 사람의 개별적 특성이 다른 각각의 결과물을 도출할 수 있게 한다. 이런 결과로 다수의 사람들이 분화된 여러 종류 각각의 분야에서 최우수자가 되도록 하므로 다양성이 창출되는 긍정적 역할을 하게 한다. 이런 확산적 접근방법을 지금 '융복합'이라는 용어로 사용되어지면서 21세기의 사회 전 영역에서 새로운 문화를 창달할 수 있는 화두로 떠오르고 있다.

융복합은 이미 오래 전부터 영역간의 분화와 융합이 반복되면서 인류문명이 발전되어왔다. 20세기 이전 사회의 특징인 소품종 대량생산에서 21세기의 특징인 다품종 소량생산으로 전환되므로 다양화 시대로 진입하여 끊임없이 개발, 진화되고 있다.

예를 들어 문학영역에서 연극과 미술, 음악 등의 독립된 분야들을 융합하여 종합예술분야를 개척한 영화산업이 등장하였고, 유전공학과 IT가 결합하여 인간과 동식물의 게놈프로젝트를 완성해 나가고 있으며, 문학과 경영학이 융합되어 마케팅에서 무생물인 상품이나 구조물에 인성을 불어넣어 스토리를 만들어주므로 인간의 마음을 감동시켜서 구매-소유심리를 유도하는 스토리텔링Storytelling 기법이 획기적인 효과를 발휘하고 있다.

최근에는 인터넷 인구가 늘어가므로 휴대폰기능에서 인터넷기능을 융합한 스마트 폰 등을 개발하여 정보검색, 독서, 영화관람, 어학사전 이용, 은행입출금, 공연예약, 쇼핑업무 등 고정된 위치의 컴퓨터에서 사용하던 인터넷을 시간과 공간을 초월한 웹사이트 접근이 가능한 1인 2인터넷의 시대를 열었다. 그리고 IT를 기반으로 하는 소설에서는 양방향 스토리텔링이 가능해지고, 이에 따라 작가는 중요한 시기마다 소설에 등장하는 캐릭터Character의 의사 결정권을 독자에게 주므로 독자가 바라는 방향으로 이야기가 진행되도록 유도하는 새로운 양방향 소설을 만들어내고 있다.

문학이 지닌 한계성을 탈피하여 발전하기 위해서는 다양한 영역들을 융복합하여 새로운 영역을 개발하고 창출해 나가는 것이 문학 자체를 창작하는 것만큼이나 중요하다. 이것이 21세기 문학의 새로운 방향으로 정착될 가능성이 많다고 본다. 또 문학은 어떠한 모양의 그릇 안에서도 잘 담겨지는 액체와 같은 특성이 있으므로 먼저 문학 자체의 틀을 허물고, 다른 것을 받아들이거나 다른 곳에 담겨져 융복합되도록 해야 한다. 시와 수필, 소설의 틀 속에서만 표현하는 것이 아니라 그 속에 뉴스보도, 회의록, 공문이나 유언장까지 제한 없이 조화되므로 경직된 영역을 허물어야 하고, 그 다음 음악, 미술, 과학과 같은 타 학문과의 2차 융복합이 이루어지므로 영역간의 경계가 허물어져서 다양한 가능성을 창출할 수 있다고 본다.

동인이란 변별적 자질Distinctive feature을 함께 공유하는 사람들의 모임이라야 한다. 그러한 변별적 자질은 개개인이 지닌 여러 개의 자질 중에 공통적으로 특화할 수 있는 구성요소가 있어, 이로 인하여 전체가 하나의 정체성을 드러내는 것이 동인의 요건이다. 다행스럽게 문수필담동인은 다양한 분야에서 살아가는 중장년 이상의 전문가들로 구성되어있다. 시인, 정치인, 수필가, 전업주부, 신문기자, 방송언론인, 교장선생님, 사회사업가, 공학박사, 의학박사, 식물학박사, 정치학박사, 문학박사, 교육원장, 산업체 대표, 작곡전공 교수, 회화전공 교수 등 지식인들이 각각 다른 세계에서 전문적인 업무에 종사하고 있다.

이러한 다양성이 엄청난 가능성을 열어놓고 있다. 시와 동영상, 미술, 음악이 어우러지면 책으로만 발간하던 작품집을 동영상 시집인 멀티포임Multipoem 형태를 취해 CD로 제작할 수 있다. 또 시나 수필을 읽게 되면 대부분의 주제나 내용이 일상에서 일어나는 개인의 평범한 신변잡기로 구성되어 있어, 다 읽고 나면 소중한 시간을 소비한 것 같은 느낌을 지울 수 없을 때가 많다. 이러한 문제점을 해소하기 위해서는 문인들 중심으로 한정된 작품

주제를 탈피하려 노력하고 있다. 동식물의 생태현장, 교육현장, 산업현장, 병원현장 등의 특이한 주제들로 작품이 만들어지므로 그 속에서 신선하고 가치 있는 정보 덩어리를 섭취하게 되어 독자들의 관심과 흥미를 강하게 도출할 수 있다. 아울러 '아버지', '꽃', '시간', '사랑' 등으로 제시된 하나의 특정한 주제에 대하여 다양한 각도에서 작품을 쓴 동인 작품집은 상당한 수준의 철학적 담론을 담을 수 있게 되므로 시중 서점에서 잘 팔리게 되는 베스트셀러 걸작이 될 수도 있다.

이와 같은 맥락에서 시와 음악을 융합하여 동인 가곡집도 만들 수 있고, 시와 미술이 융합된 동인 시화집 등 다양한 주제별, 영역별로 융복합화한 결과가 창출된다. 이제 그 가능성을 찾아 각자의 지식과 경험의 세계를 상호 융복합하므로 문학의 작은 틀을 열어 다른 세계로의 확산을 통한 무한한 가능성을 탐구하고 개척하는 것이 바람직하다고 판단된다.

삼라만상의 모든 것이 인간의 의지에 의하여 예술로 승화되므로 인류에게 엄청난 영향력을 미칠 수 있고, 또 예술로 승화된 그 에너지는 인간의 삶을 더욱 풍요롭게 만들므로 다사다난한 이 세상을 의욕적으로 살아갈 가치 있는 희망의 텃밭으로 가꿀 수 있다. 우리의 시각과 마음이 편협하여 허허로이 넓고 광활한 우주 속의 수많은 존재의미들을 모두 헤아릴 수 없으므로 우리가 지각할 수 있는 좁고 단조로운 생각만이 머릿속에서 맴돌게 된다. 내가 사유할 수 없는 수많은 이질적 명제들을 우리 속으로 아낌없이 받아들여 융합할 때 비로소 우리는 아름다운 우주의 신비를 보고 느끼며 깨달을 수 있는 혜안을 갖게 되고, 결국은 서로의 다른 존재 의미를 감사하면서 보다 더 풍요로운 나날을 보낼 수 있다. 이제 문학에서의 융복합은 온 우주를 향해 열려있는 인류의 영원한 에너지원이 될 것이다.

토끼, 생태와 문화 외 1

토끼는 우리말이다. 한자어로 토兎이다. 묘卯는 12간지 순서로 볼 때 넷째 지지이다. 띠로는 토끼이다. 2011년은 신묘년辛卯年이며, 토끼해이다.

토끼는 생태적으로 주로 밤에 활동하는 젖먹이 동물이다. 귀가 크고 길며, 앞다리가 짧고, 뒷다리가 길다. 이러한 골격으로 비탈길을 잘 오르지만 내리막길은 어둔하다.

토끼는 움직임이 무척 빠르며, 작은 소리에도 민감하여 잘 놀라는 생태적 특징이 있다. '토끼와 거북이'의 경주와 '자기 방귀에 놀라 달아난다'는 말은 토끼의 재빠름과 작은 소리에도 민감한 생태적 특징의 요점을 잘 설명하

울산학춤보존회 고문

고 있다. 토끼 귀가 큰 것은 체온조절을 빠르게 하기 위한 진화다. 앞다리가 짧고, 뒷다리가 긴 것 언덕이나 경사진 곳에서 살아가기 위한 생태환경에 적합하게 진화한 것이다.

토끼는 먹이 사슬에서 여우, 올빼미, 부엉이, 독수리, 여우, 늑대, 호랑이 등 포식자의 먹이가 된다. 포식자가 많다보니 주로 밤에 활동한다. 토끼는 교미시간이 짧다. 새끼는 한 달에 한 번 꼴로 낳고, 한배에 8마리 가량 많이 낳는다. 앞에 말한 3가지는 모두 생태계 피식자인 토끼가 종을 보존하며, 생존하기 위한 전략이다. 포식자인 호랑이와 피식자 토끼의 관계는 민화에서도 발견된다. 호랑이한테 담뱃대 심부름을 하는 '호랑이와 토끼'의 구성은 근거 없는 것이 아니다. 또 뛰어난 사람이 없는 곳에서 보잘것없는 사람이 득세함을 비유적으로 이르는 말로 흔히 쓰이고 있는 '호랑이 없는 골에 토끼가 왕 노릇 한다'는 표현이나, 몹시 위험한 처지를 비유적으로 이르는 말인 '호랑이한테 쫓기우는 토끼', 토끼는 굴을 셋 만든다는 뜻으로 쓰이는 '토영삼굴兎營三窟', 토끼가 죽으면 여우가 슬퍼한다는 '토사호비兎死狐悲' 등의 그림과 속담도 사실관계를 살펴보면 모두 먹이사슬 피라미드에서 비롯한다.

포식자인 매와 피식자인 토끼의 관계도 호랑이와 토끼의 관계와 유사하다. 토끼를 잡으려고 응시하는 모습을 그린 최북崔北(1712~1760)의 〈기응탐토도飢鷹耽兎圖〉와 〈호취응토도豪鷲凝兎圖〉의 두 그림과 독수리가 토끼를 잡은 상태를 그림 심사정沈師正(1707~1769)의 〈호취박토도豪鷲搏兎圖〉를 연계시켜 감상하면 포식자인 매와 피식자인 토끼의 관계를 보다 확실하게 인식할 수 있다.

토끼를 소재로 한 이야기가 우리나라를 비롯한 인도 · 중국 · 일본 등 많은 국가에 의해 많이 회자되고 있는 것은 생물학적으로 역사성이 있으며, 지정학적으로는 세계적으로 널리 분포하고 있기 때문이다.

토끼의 문화는 우리나라에서 동요, 우화, 속담, 설화, 불경의 비유 등 인문학적 표현이 다양하면서도 많다. 그래서 한국인의 정서에 친근하다. 우리나라 초등교육은 동요 '산토끼'로 시작한다 해도 지나친 말이 아니다. 그 가운데 보편적인 것이 토끼는 달 속에서 떡방아를 찧고 있다고 상상한다. 토끼는 인문학적으로 지혜와 다산의 상징이라 말한다. 그 이유는 별주부를 설득하였으며, 번식력이 강한 것에서 찾을 수 있다.

불경에서 토끼는 세월의 빠르기에 비유한다. 《잡아함경雜阿含經》〈월천자경月天子經〉 "라후 아수라는 허공으로 피하여 재빠른 토끼처럼 어느새 달아났으니, 라후 아수라는 곧 달을 버리고 돌아갔다"는 표현에서 토끼의 빠른 행동을 세월에 비유했다.

야운野雲스님은 〈자경문自警文〉에서 "달은 뜨고 지며 늙기를 재촉한다〔玉兎昇沈催老像〕"라고 하여 토끼를 달로 관념화했다. 우리나라 승려의 가사에 부착하는 일월광 장식에 등장하는 토끼도 월광으로 달을 상징한다.

박헌봉의 《창악대강》〈수궁가〉에는 토끼를 모르는 별주부에게 여러 환장이를 불러들여 토끼 화상을 그려 주는 중중머리 대목이 있다. "천하명산 승지 간에 경개 보던 눈 그리고/ 난초지초 온갖 화초 꽃 따먹던 입 그리고/ 봉래 방장 운무중에 내 잘 맡던 코 그리고/ 두견 앵무 짖어 울제 소리 듣던 귀 그리고/ 만화방창 화림 중에 펄펄 뛰던 발 그리고/ 대한엄동 설한풍 방풍하는 털 그리고/ 신농씨 백초 약의 이슬 털던 꼬리 그려/ 두 귀는 쫑긋/ 두 눈은 도리도리/ 허리는 날씬/ 꽁지는 모뚝/ 앞다리는 짤록 뒷다리는 깡충/(생략) 아나 옛다 별주부야 너 가지고 나가거라/"

울산 풍악의 특별성과 가치성

농악은 우리나라 농경사회에서 필요에 의해 생성 · 발전되었다. 농악의 쓰임은 농사의 효율성의 증대와 농사로 인한 육체적, 정신적 피로감을 제거하며, 활력 재충전의 방법으로 활용되었다. 겸해서 다양한 세시민속놀이의 장단으로도 쓰인다. 농악은 지방마다 특수성과 고유성으로 전승되고 있으며, 지역에 따라 무형문화재로 지정되어 지역민의 자부심에 한몫을 크게 한다. 그렇지 못하면, 시 · 도 무형문화재로 지정하기도 한다.

울산에도 예외 없이 농악이 있다. 그러나 현재 울산에서 활동하며, 가르치고 있는 사물놀이의 가락은 '고성 오광대', '밀양 백중놀이', '삼천포 농악', '동래야류', '수영야류' 등에서 연수를 받은 가락이다. 필자의 관견管見인지 몰라도 현재 울산의 전문풍물연희단체에서 가르치고 있는 사물장단 가락은 분명히 구별 짓자면 울산 고유의 풍악 가락은 아니며, 앞에 제시한 타 지방의 무형문화재단체에서 학습된 것이다. 경상도의 농악 가락이 비록 뚜렷한 차별성을 찾을 수 없으며, 가락이 대동소이하다 해도 울산 토박이에 의한 전수 가락이 아니기 때문에 아니라는 표현을 했다. 울산 농악가락이라고 말하고자 하면, 울산 토박이 연희 경험자로부터 직접 전수받은 가락이라고 생각하기 때문이다.

울산에는 병영지역에서 채록한 서낭치기와 경상도의 일반적 지신밟기 그리고 울산만이 독특한 매귀악 등을 문헌자료에서 찾을 수 있다. 또한 과거 및 현재에도 매귀악, 지신밟기, 물 당기기, 배고사, 불매가, 재 넘자 놀이 등의 연행이 있었기 때문에 울산의 농악 가락 또한 찾을 명분이 있다. 다만 전승 과정에서 단절되었거나, 급격한 공업도시 발전 등 다양한 환경변화로 미처 챙기지 못했을 것이라고 본다. 울산농악의 복원 가능성은 있다. 울산문화원 체제 때 쇠부리놀이에 함께한 울산농악 연희자도 있었다. 울산의 가락에 대한 지역문화계 원로와의 대담에서도 과거 복산동을 중심으로 한 지신밟기 가락이 좋았다는 이야기를 들을 수 있었다. 농악의 가락이 대동소이하다고 하면서도 구태여 울산 가락을 강조하는 이유는 지역문화 자원은 특수성 · 고유성이 중심이기 때문이다.

이러한 맥락에서 '울산풍악'의 특별성과 가치성을 심화시키고자 제언한다. 그 근거를 《울산유사(1979)》에서 찾는다.

김석보金錫保는 《울산유사》 〈돗질산의 도깨비〉에서 "울산시 여천동에 돗질산이 있다. 일명 합도蛤島라고도 하고 저두산猪頭山이라고도 한다. 합도란 뜻은 조개 '합蛤' 자로서 조개가 많이 나는 섬이란 뜻이고, 저두산이라는 뜻은 돼지 '저猪' 자, 머리 '두頭' 자로서 마치 돼지 머리와 비슷하게 생겼다 하여 붙여진 이름이다.

지금은 울산항이 생겨 난 안쪽으로 광상들과 삼산들이 펼쳐져 있는데, 이 두 들판 가운데로 꿰뚫고 흐르는 태화강이 있고, 이 태화강 하류인 해수와 담수가 맞부딪치는 남쪽에 홀로 우뚝 솟은 봉우리 하나가 있으니, 이것이 바로 돗질산이다"라고 설득력 있게 돗질산을 소개하고 있다. 이어서 돗질산에 사는 도깨비들의 풍악놀음을 이야기하고 있다. 긴 내용을 나름대로 간추려 보면, '돗질산의 도깨비들이 풍악놀음을 하는데 꽹과리가 잘 맞지 아니해서 전라도 남원에 사는 주 씨가 꽹과리의 달인이라는 사실을 알고, 다음 날 주 씨를 불러다가 괭과리를 치게 하니 풍악 가락이 척척 맞아 한바탕 잘 놀았다' 는 이야기다.

김석보는 이야기에서 도깨비의 풍악보다는 도깨비가 주로 노는 산은 명산이라는 점에 착안하여 돗질산이 결국 명산일 것이라는데 초점을 맞추고 있다. 그러나 필자의 관점은 다르다. 돗짓산과 도깨비의 풍악놀음 이야기에서 울산풍악의 특수성과 가치성을 부각시킬 수 있다. 소개한 김석보의 돗질산의 도깨비 이야기는 울산풍악의 storytelling에서 대단히 중요한 문헌 전거자료이다. 농악에서는 당연히 상쇠의 인도가 중심이다. 상쇠의 탁월한 기량에서 몰아치는 쇠가락의 다양한 변화와 노련하게 넘기는 연결에 따라 함께한 사람의 흥은 지속되며 고조된다.

앞으로 '울산풍악' 은 까다롭기로 소문난 도깨비 난장에서 당당하게 인정받은 '주 씨 상쇠가락' 에서 비롯된 울산만의 풍악임을 자신 있게 부각시키자. 그러나 설령 독특성과 고유성이 있는 지역문화 자원이 있다고 해서 자부하고 방치하면 안 된다. 활용해야 하며, 쓰임을 확장해야 한다. 예를 들면, 처용무의 생성에 직접적인 장소를 제공한 경주보다 서울의 국립국악원이 처용무의 전승지다. 처용설화의 생성에 직접적인 동기부여를 한 학성에서 처용랑망해사 설화를 실제로 오인하여 왈가왈부하면서 많은 세월 속에서 시간을 헛되게 소비하고 있을 때, 서울 국립국악원은 설화의 가치성을 심화시켰고, 쓰임을 확장시켜 전승지의 중심이 되었다. 울산에서 처용무 전수조차 온전하지 못할 때 국립국악원은 국내의 큰 행사는 물론 국외의 많은 공연에서 우리나라의 독특하고 고유한 탈춤을 홍보하고 있었다는 사실을 곰곰이 생각해봐야 한다.

보고 싶습니다

—5매 수필

김 경 숙

우리는 깜박깜박 잊으며 사는 것이 많습니다. 비가 개면 수많은 우산들이 주인을 떠나 낯선 곳에 버려집니다. 뿐만 아니라 건망증 때문에 자칫 잘못하면 위험한 상황도 자주 일어납니다. 물건을 사고 지갑을 두고 나오거나 켜놓은 가스레인지 위에 냄비를 올려놓고 외출을 한다거나 소중하고 중요한 것을 깊숙이 잘 챙겨두고는 어디에 뒀는지 기억하지 못하거나 문을 잠그지 않아 도둑을 맞기도 합니다. 이렇게 자주 뭔가를 잊게 되면 우리는 자신을 믿지 못하거나 왠지 자신에게 속는 듯한 느낌도 받게 됩니다.

이런 건망증 때문일까요? 우리는 지난 시절의 소중한 것을 잊고 살 때가 많습니다. 특히 소중했던 벗을 말입니다.

넉넉지 않던 학창시절 서로 나누어가며 니것 내것 없이 지냈던 그 벗, 입시준비로 잠 못 이루며 고민하던 날 밤에도 '4당 5락' 네 시간 자면 대학에 붙는 것이요, 다섯 시간 자면 대학 떨어진다는 신종 고사성어를 읊어대며 꼬집어 잠 깨워가며 응원해 주던 그 벗, 자취하던 때 싫은 내색 한번 않고 아침밥 꼭 챙겨주던 그 벗, 지금은 어디서 어떻게 살고 있는지 소식 뚝 끊어져 버린지 오래된 그때 그 벗, 진정한 건망증에서 깨어나니 보고 싶습니다.

바쁜 일상에 잊고 살았던 소중한 벗 꼭 만나고 싶습니다. 꼭 찾아볼 생각입니다. 이젠 참 벗을 만나야 할 때입니다.

보고 싶습니다.

回想의 언덕에서 외 1

韓 石 根

나는 비릿한 해풍이 거칠게 부는 갯마을 돌담집에서 태어났다. 4남 4녀의 장남으로 태어났으나 내 위로 누나 세 분이 있다.

어린 시절부터 지극히 남아선호 집착이 강한 집안에서 태어난 나는 응석받이로 자랐다. 자라면서도 언제나 어머니의 치마폭을 벗어나지 않으려고 그림자처럼 따라 다니려고 떼를 썼다.

내가 7살이던 5월 어느 날 누나들 셋은 모두 학교에 가버리고 집엔 나 혼자 있었다. 마침 어머니는 옆집에서 볼일을 보고 돌아와서 행장을 챙겨 이웃 마을이던 녹수금의錄袖錦衣 마을로 미역 채취를 하려고 집을 나섰다. 나는 어머니의 뒤를 따라 함께 가겠다며 치맛자락을 잡고 떼를 썼다. 어머니는 한사코 따라붙는 나를 여러 차례 발걸음을 멈추며 달랬다.

"오늘 먼 곳으로 가니 집에 있으면 돌아올 때 니가 좋아하는 참소라를 잡아올테니 기다려라."

간곡히 달래는 어머니의 말을 듣지 않고 한사코 뒤를 따랐다. 함께 나선 일행들은 벌써 저만큼 앞서가면서 빨리 오라며 어머니에게 재촉을 했다. 순간 잠시 걸음을 멈춘 어머니는 지독히 달라붙는 나에게 최후인 듯 경고의 말을 했다.

"너 자꾸 이러면 나도 물질 가지 않고 집에 가서 매를 맞는다. 한낮이 지나면 누나들이 올 테니 함께 놀고 있거라."

성난 얼굴로 나를 바라보는 어머니의 얼굴은 하얗게 변해 있었다. 그런 모습도 아랑곳하지 않고 계속 칭얼거리며 여남은 걸음 뒤처져 따랐다. 한순간 어머니는 어깨에 메었던 행장을 길섶에 내려놓고 파도에 내밀린 모래언덕에서 달걀만 한 돌멩이 하날 주워 들었다.

"너 오늘 어미 속을 끝까지 썩히느냐?"

뒤돌아선 어머니는 머리 끝까지 화가 치민 듯 나를 향해 돌을 던졌다. 고집스럽게 어머니 뒤만 따르던 나는 피할 겨를도 없이 날아온 돌에 내 오른쪽 발의 복사뼈에 맞았다. "아얏! 아-" 나는 그 자리에 주저앉았다. 돌에 맞은 복사뼈의 통증은 형언키 어렵게 아팠다. 모랫길에 나뒹굴며 고통을 참지 못하는 나를 본 어머니는 한달음에 달려와 덥석 나를 치마폭에 껴안고는 "아이구 내 새끼, 어미가 잘못했다. 어디 내가 미워서 그랬겠니, 너무 속상해서 그랬지, 미안하다 미안해." 하며 내 얼굴을 가슴으로 감쌌다.

나는 울음을 그치고 어머니의 얼굴을 쳐다보았다. 굵은 눈물 방울이 내 얼굴에 떨어지는 것을 손바닥으로 훔치며 안타까운 듯 나를 내려다보았다. 어린 마음이지만 그 순간의 어머니는 한없이 따뜻하고 인자하게 느껴졌다.

그날 어머니는 절뚝거리며 걸음을 제대로 걷지 못하는 나를 업고 집으로 돌아왔다. 마루에 나를 내려놓은 어머니는 돌에 맞아 발등이 붓고 피멍진 부위에 된장을 바르고 헌옷을 찢어 동여매어 줬다. 행여 피멍든 곳이 잘못되어 곪기라도 할까봐 임시처방으로 그렇게 했다. 60여 년 전 당시로선 그런 방법 이외엔 별다른 의학적 처방이 따로 없었다.

어머니는 여러 차례 나를 달래며 머리와 뺨을 쓰다듬고는 다시 행장을 메고 뒤늦게 길을 나섰으나 1시간 가량 지난 뒤였다. 아무래도 일행과 함께하려면 뛰다 걷다를 반복해도 합류하기란 어려웠다. 녹수금의까지 가려면 2시간 반 가량 걸리는 시간인데 아무리 빨리 걸어도 그날 일행들과 합류해 미역채취는 불가능할 것 같았다. 그러나 어머니는 포기하지 않고 끝까지 목적지에 도착해 기다리던 일행들과 만나서 하루의 일과를 잘 마쳤다고 나중에 들었다.

식구들이 다 모인 늦은 저녁 아버지도 읍사무소에서 일을 끝내고 돌아오셨다. 헌옷으로 발등을 동여맨 나를 보시며 의아스럽게 어머니에게 물었다.

"저 아는 왜 저러고 있노?"

어머니는 차마 사실대로 이야기를 할 수가 없었던지 친구들과 갯가에서 낙시질을 하다 바위에 미끄러져서 그랬다고 둘러댔다. "저런, 크게 다치지는 않았지러?" 어머니는 민망스러운 마음이셨던지 아버지를 정면으로 바라보지 못하고 반쯤 고갤 숙이고 중얼거리듯 이야기했다. 사실 어머니가 아버지에게 꾸며 이야기한 것은 나를 위한 것이었다고 훗날 철이 들어서 알았다. 사실대로 얘기했다면 필시 나를 꾸중할 게 자명한데 어찌 어머니가 당신 체면만을 위해 진실을 말할 수 있었겠는가. 그런 어머니의 자식 아낌과 사랑의 마음은 눈앞의 편익을 먼저 생각하는 우리들보다 하늘처럼 높고 바다보다 깊다.

고희에 이른 지금의 나는 내 발등을 가만히 내려다본다. 그때 어머니가 던져 맞은 오른발 복사뼈를. 용하게도 팽팽하게 부풀고 타박상 입었던 가죽이 표나지 않게 왼발처럼 정상이다. 아마도 그때 나를 업고 집으로 돌아와서 집 뒤란에서 느릅나무 잎을 찧어 된장에 섞어바른 민간요법 탓에 피망울진 곳이 화농하지 않고 가라앉아 정상이 된 것 같다.

60여 년 전 하얗게 얼굴색이 변했던 어머니의 얼굴. 오늘 밤 이 글을 쓰니 가슴 미어지도록 당신이 그립습니다. 어머니! 회상의 언덕에서 불러보지만 메아리만 가슴속에 맴을 돈다.

山寺의 겨울 風景

겨울 산사의 풍경은 한 폭의 사생화이다.

거목으로 자란 활엽수 가지마다 겨울 하늘이 매달려 있고 잎이 진 줄기 사이로는 대장군 기세를 가늠하듯 당당히 선 조선소나무의 위용과 아름다운 자태는 자못 경탄을 자아내게 한다. 수평과 아래로 뻗은 낙락한 가지와 먼데서 바라보아도 선명히 드러나는 붉은 수피는 가까이 다가설수록 경외의 마음을 가지게 한다.

침엽수와 활엽수들은 서로 질서정연하게 가지를 펴고 서로가 햇살 한 줌이라도 나눠 가진다. 가지와 가지 사이로 하늘은 엷은 우윳빛으로 허공을 내보인다. 때로 지나는 바람에 송뢰松籟를 읊기도 하고 세밀한 활엽수 가지들은 마치 성숙한 남성의 체모를 연상시킨다.

산사 입구에 한 쌍의 다정한 부부목같이 잘생긴 소나무의 안내를 받으며 경내로 들어서면 적요함이 온 마당에 가득하다. 스스로 걷는 발자국 소리만

고요를 훼방놓는 듯 겨울 산사는 인적이 드물다. 아랫마당으로 접어드니 신라 고찰로 손색 없을 만큼 하나같이 가람들이 연륜의 무게를 느끼게 한다. 대적광전 곁에는 사적기에서도 밝히지 못한 복식건물이 밀폐된 비밀을 간직한 듯 굳게 문을 닫았다. 안내판에 새겨진 선덕여왕 12년(643)에 창건되었으니 아득한 천오백 년의 세월의 무게가 가벼운 흥분으로 자신도 모르게 가슴에 와 닿는다. 여러 차례 중수를 거듭하면서도 면면히 시간 속을 누벼왔건만 임진왜란 때는 승병을 양성하던 곳이어서 완전 전소되었으나 훗날 다시 중창하여 현재에 이른 기림사祇林寺. 기림사 대적광전 앞뜰엔 다섯 줄기로 자란 반송형 행운송이 자연적으로 잘 다듬어진 수형을 선보인다. 마당 동쪽으로 오래 전 수명을 다한 보리수 그루터기에서 곁가지로 돋은 여러 그루의 줄기가 어른 팔뚝 굵기만큼 자라 대를 잇고 있어 다행스럽다.

대웅전이 있는 윗마당에 외롭게 선 늙은 감나무 곁을 지나서 계단 아래편 유물전시관에 들어섰다. 가장 한가운데 자리잡은 건칠관음보살좌상은 그 크기는 작으나 온화하면서 잔잔한 미소를 머금고 아래쪽을 그윽이 굽어보며 사바세계의 오욕칠정에 물든 중생들을 쓰다듬고 있는 것 같다. 그 곁으로 부처님의 가르침을 받들다 가신 고승들의 진영眞影이 걸개에 걸어 잘 진열되었다.

용파당龍坡當 대선사 진영을 비롯해 한 손에 지팡이를 잡고 오른쪽 무릎 아래를 짚고 어깨에 기댄 채 앉은 모습이다. 연이어 전시된 송암당松菴堂 대선사, 경암당慶菴堂 대선사 진영을 차례로 관람했다. 영정에서 느껴지는 대선사들의 한결같이 근엄하면서도 인자함이 느껴지는 인상은 속인들에게서는 쉽게 찾아볼 수 없는 풍도였다.

유물관 동쪽 코너에는 나무로 만든 비석 두 점이 있고, 큰 목비는 갑자갑성비甲子甲成碑라 크게 양각되었는데, 아래로 빼곡이 새겨진 잔글씨 비문은 어두운 불빛과 박학한 재주로는 해독할 수가 없었다. 눈여겨보니 경주 부윤의 공덕비였다. 서쪽 출입문을 열면 돌로 만든 치미가 겨우 형체만 짐작할 뿐

깨어지고 낡은 잔해는 분간하기가 어려웠다. 그러나 엄청나게 큰 것이므로 마치 황룡사 폐찰에서 나온 거대한 치미를 연상시켰다.

전시관 가운데 벽면을 장식한 염라대왕상은 매우 인상적이다. 저승에서 이승으로 잠시 내려와서 중생들의 죄를 다스리는 왕도王圖는 매우 인상적이다. 제5도에서 제10도까지 온갖 이승의 일상들이 세밀하게 풍자되어 있다. 그림들이 얼핏 보아서는 비슷한 것 같아도 유심히 살펴보면 대왕의 모습이나 따르는 수행자들이 제각기 다른 모습을 연출하고 있다.

유물전을 돌아보고 밖으로 나오니 게으르기만 하던 하루해가 기울어 황혼을 재촉하는 저녁답이다. 출구 옆으로 잘 건축된 종루를 올려다보니 대종을 비롯한 목어, 대북, 경판이 가지런하게 매달렸다. 하나같이 없어서는 아니될 고찰의 필수적인 존재들이다.

발길을 재촉하는 석양에 떠밀려 문밖으로 나오다 해우소에 들르니 하찮게 여겨진 '똥' 이란 원성 스님의 시가 눈길을 붙잡고 몇 번을 읽게 한다.

똥을 누다가 무심코
밑을 내려다본다
내 깨끗이 씻은 몸에서
....
그토록 잘난 체했던
위선으로 도배된 얼굴에서
....
똥은 내 존재를 다시금 생각게 합니다

내 뱃속도 시원해지는 것 같다. 가벼운 발길로 산문을 나선다.

산사의 겨울 풍경. 아름답게 눈에 밟히던 겨울 풍경들이 차츰 어둠 속으로 먹물처럼 번져간다. 만상이 일몰 속에 묻혀버린다.

文殊
筆談

기행문 · 수기

문수필담
창 • 간 • 호

서유럽 여행기

최 영 수

⚜ 독일 프랑크푸르트 》 이탈리아 베네치아

인생의 참뜻을 새기려면 여행을 해보란 말이 있다.

여행 속에 담겨진 여러 가지 얘기는 인생을 한참 살아온 사람들에게도 훌륭하고 좋은 경험이 된다. 인생이 아름답다고 말한다면 그 말 속에는 반드시 여행의 의미가 포함될 것이다. 인생을 되돌아보면서 과연 얼마나 좋은 여행을 경험했는지 스스로에게 물어보면 삶의 답이 나온다. 나는 원래 여행을 싫어하는 편이 아니지만 지금까지 그런 기회를 만드는 능력이 없었다.

여행은 좋든 나쁘든 간에 인생의 훌륭한 지침이라고 여겨진다. 이런 나에게 지난여름 유럽을 볼 수 있는 좋은 기회가 생겨 만사를 제치고 떠났다. 비록 종종걸음으로 살핀 유럽이지만 현장에서 내가 한 줄기 역사의 흔적과 흐름을 확인할 수 있었던 것이 얼마나 다행한 일인지 모른다.

서양의 역사와 문화가 응집된 유럽, 어디를 가나 천년의 역사흔적을 쉽게 찾아볼 수 있는 곳이 바로 유럽의 세계다. 사실 역사의 접근은 지혜를 키우는 일이다.

역사를 연구해온 영국의 E. H. 카Carr는 그의 역저 《역사란 무엇인가》에서 역사란 "현재와 과거의 끊임없는 대화"라고 말하고 있다. 역사풀이를 가장 쉽게 친절하게 요약한 말이라 생각된다. 나는 서양의 역사 현장에 접근하기에 앞서 E. H. 카의 역사 인식을 바탕에 깔고 출발하는 것이 좋다고 여겼다.

인천을 출발한 비행기는 우랄산맥의 끝자락을 끼고 모스크바와 폴란드를 지나 독일의 최대 산업금융도시 프랑크푸르트 공항에서 날개를 접었다. 서울을 떠난 지 11시간 만이다. 하늘에서 언뜻 내려다본 프랑크푸르트는 아주 넓은 분지에 잘 정리된 도시로 군데군데 산림 숲이 아름답게 조성된 전원도시 같은 분위기라는 생각이 들었다.

독일, 프랑크푸르트, 하이델베르크, 오스트리아, 인스부르크, 이탈리아, 베네치아, 피렌체, 로마, 바티칸시국, 소렌토, 카프리 섬, 나폴리, 피사, 밀라노, 스위스, 인터라켄(융프라우), 프랑스, 파리, 영국, 런던 이런 일정으로 12일간의 역주가 시작된 것이다.

《죽은 예술가도 쑤군대는 살아있는 세계문화》란 책을 쓴 중국인의 말처럼 유럽은 세계문화의 보고다.

대문호의 고장

—라인 강변 따라 젊은 베르테르의 슬픔이

프랑크푸르트는 라인 강 지류인 마인 강변에 있다. 정식 명칭은 프랑크푸르트 암마인이라 한다. 18세기까지 신성로마제국 황제의 선거와 대관식이 거행되었던 곳이다.

2차 대전 때 도시가 초토화되다시피 했으나 전후 복구로 현대도시로 바뀌었다. 특히 이곳은 세계적인 대문호, 요한 볼프강 괴테, 쇼펜하우어의 고장답게 유수의 박물관과 미술관이 있는 문화의 향기가 가득한 도시이다. 관광명소는 대부분 구 시가지를 중심으로 모여 있다. 괴테 하우스를 지나 남쪽 마인강변을 따라 가다보면 뢰머광장이 나온다. 14~15세기 고풍스러운 건축물을 볼 수 있으며, 그리 넓지 않은 시가지에는 전차, 자전거, 승용차, 보행자가 각기 신호에 따라 길의 흐름을 잘 타고 있는 것이 퍽 인상적이었다.

대학도시 '하이델베르크'
—600년 넘는 전통 독일 학문 · 문학의 중심지

다음 날 우리는 프랑크푸르트를 떠나 남쪽으로 약 75km 떨어진 대학도시 하이델베르크로 이동했다. 600년 이상의 전통을 자랑하는 독일에서 가장 오래 된 하이델베르크 대학, 많은 철학자와 예술가의 사랑을 받으며 독일의 학문과 문학의 중심지 역할을 해왔다.

영화 《황태자의 첫사랑》의 무대가 된 대학 카페, 아직도 여행객의 발길이 끊이지 않는다. 하이델베르크는 수차례 역사의 부침으로 그 옛날의 성들이 많이 허물어졌다. 지금 남아 있는 건물 중 중세 때의 고딕 양식은 대부분 파괴되었으며, 18세기 바로크 양식 건축물만 남아 있다. 슬픈 역사는 묻어놓은 채 네카어 강변을 끼고 중세의 고풍이 가득한 도시로 재현시켜 놓은 독일인들의 노력이 정말 돋보였다. 고도古都에는 괴테나 마크 트웨인, 슈만, 브렌타노, 장 파울 같은 훌륭한 시인과 예술가들의 아름다운 추억들이 그대로 녹아 있다. 폐허가 된 언덕 위의 고성과 네카어 강변을 따라 촘촘히 들어선 별장 같은 집들의 풍경을 마주하면서 이곳 분위기에 빠져본다.

인Inn 강의 다리 '인스부르크'
—두 번의 동계올림픽 티롤산 · 인 강의 기적

독일 하이델베르크에서 버스로 6시간을 이동해 도착한 곳은 오스트리아의 인스부르크다. 인스부르크는 인Inn강에 놓인 다리란 뜻이다. 알프스 산정을 끼고 달리는 차창 풍경은 사진에서 본 아름다움 그대로다. 산정에 그림 같은 집과 초원들, 버스 내 스피커에서 흘러나온 빈소년합창단의 '로렐라이 언덕'과 '황태자의 첫사랑', '들장미'를 들으면서 잠시 시름을 잊고 감상에 젖었다.

티롤산과 인 강으로 둘러싸인 인스부르크는 두 차례 동계올림픽이 열려 익히 이름은 알고 있다. 알프스의 빙하가 녹은 우유 빛깔의 인 강의 강물은 힘차게 흘러가고 있었다. 800년 이상의 역사를 지닌 알프스의 중심도시, 고딕풍의 건물들이 마치 동화 속의 마을 같았다. 이 작은 도시에 관광객이 꽉 찼었다. 황금지붕을 비롯한 옛 제국의 발자취가 도시 곳곳에 남아 멋스러움을 풍겼다. 사람들과 모든 건축물 간의 조화가 정말 잘 어우러진다. 산허리를 감도는 푸르고 맑은 빛깔, 유난히도 선명한 알프스를 보면서 음색이 특이한 요들송의 환청을 느낀다. 중세기부터 알프스를 중심으로 스위스, 오스트리아, 티롤지방에 이르기까지 양치기들이 불렀다는 요들송. 알프스를 넘으면서 이런저런 생각에 잠긴 채 길을 떠난다.

알프스의 '브레너Brenner 고개'
—높이 192m 유럽교 웅장한 풍광에 절로 감탄

아름다운 인스부르크를 떠나 이번 여행의 하이라이트인 이탈리아로 출발했다. 베네치아까지는 4시간이나 걸린다. 그러기 위해서는 알프스 고개 중에서 고도(1,375m)가 가장 낮다는 브레너Brenner 고개를 넘어야 한다. 이탈리아 북부의 볼차노와 오스트리아 인스부르크를 잇는 도로다. 이곳을 경계로 알프스와 동 알프스로 나눠진다. 이미 로마시대부터 군사도로로 이용되었으며 14세기 이후 유럽의 중요한 상업 루트로도 알려지고 있다. 그 옛날 괴테와 모차르트도 이 고개를 넘어 이탈리아로 다녔다는 이름난 고개다. 이곳에는 높이 192미터의 유럽 최고의 유럽교가 산허리에 걸쳐 있다. 커브와 터널이 계속 이어진다. 이곳을 지나면 곧장 이탈리아 국경으로 내리막길이다. 정상의 웅장한 산세, 바위산, 절벽들이 눈앞에 펼쳐져 감탄이 절로 나온다. 또 산 위에는 고성이 많다. 국경이란 흔적은 아무데도 보이지 않는다.

평지에는 올리브와 사이프러스 나무, 키 작은 사과나무, 포도밭이 계속 이어져 포도주의 나라라는 말이 허명이 아니구나 싶다.

북 이탈리아의 유명한 베로나를 지나면서 밀라노와 베네치아로 가는 길이 갈리게 된다. 괴테의 《이탈리아 기행》에 등장하는 베로나, 그 유명한 셰익스피어의 명작 《로미오와 줄리엣》의 집과 그녀의 묘까지 있다. 이런 알쏭달쏭한 스토리가 있는데다 더 유명한 것은 매년 여름이면 이곳의 원형극장에서 열리는 야외 오페라이다. 대단한 인기로 표를 구할 수 없을 정도라 한다.

베로나를 지나, 이탈리아 반도 북쪽을 들어서면서 아드리아 해의 베네치아로 꺾어들자, 차창의 풍경은 달랐다. 벌판에 띄엄띄엄 서 있는 이탈리아 포플러 고속도로의 모습, 구릉지, 농경지의 형태가 우리나라와 상당히 비슷한 풍경이다.

버스에서 가이드가 유럽을 떠날 때까지 계속 반복해서 하는 말이 있다. 소매치기와 도둑을 조심하라, 어깨에 멘 가방을 앞쪽으로 돌리라는 것이다. 조상의 덕으로 관광 대국인 나라에서 들어보는 실소를 금치 못하는 얘기다.

물의 도시 '베네치아'
—117개 섬, 150개 운하 거대한 해상왕궁

이제 우리에게 너무도 잘 알려진 베네치아에 도착했다. 117개의 섬, 150개의 크고 작은 운하, 400개의 다리, 아드리아 해의 여왕, 세계에서 가장 아름다운 물의 도시, 서울 여의도의 3배 크기라고 한다.

해상 교통수단이 몇 종류 있지만 곤돌라를 타고 도시 가운데를 굽이치며 흐르는 대운하를 따라 중세풍의 건축물과 명소를 구경했다. 산마르코 광장과 대성당, 대종루, 유명한 무라노 유리공장도 봤다. 궁전재판소에서 판결을 받은 죄수들이 다시 햇빛과 자유를 보지 못할 것을 깨닫고, 한숨 소리를 내고 이 다리를 건너 감옥으로 갔다는 탄식의 다리. 우리가 너무 잘 알고 있는 베니스 영화제가 열린 지역, 1932년부터 개최된 세계3대 국제영화제 중 하나다. 지금은 이탈리아의 진주로 불리지만 그 옛날에는 훈족에 밀려 이곳 섬으로 와서 점차 섬을 키웠다는 게 아닌가. 정말 놀라운 일이다.

우리를 안내해준 성악을 전공한 한국 유학생이 곤돌라 위에서 '오 나의 태양'을 열창해 베네치아 관광의 분위기를 더욱 띄웠다.

⚜ 중부 이탈리아 » 남지중해

르네상스의 도시 '피렌체'
—신神을 버리고 택한 인본주의 예술로 꽃 피워

즐겁고 신기한 베네치아 관광을 끝낸 우리 일행은, 베네치아에서 다시 남쪽으로 가다 세계사에서 결코 지울 수 없는 피렌체를 만난다. 르네상스의 꽃을 피웠던 도시. 두오모Duomo를 중심으로 여전히 예전의 아름다움을 자랑하는 피렌체, 도시 전체가 갖가지 조형물에 미술관과 성당으로 건립된 걸작품이다. 르네상스는 짧게 말해 인본주의 정신에서 출발했다. 신 중심의 모든 것이 인간 중심으로 바뀐 것이다.

아르노 강을 끼고 펼쳐진 피렌체에는 르네상스시대 천재들이 남긴 회화, 조각, 건축물이 고스란히 존재하고 있다. 도시 중심의 두오모 광장 우피치 미술관 등의 많은 건축물은 미라노의 고딕양식과는 달리 둥근 지붕들로 세워져 정말 포근하고 친근감을 준다. 두오모와 우피치 미술관을 놓고 베키오 다리를 통해 아르노강을 건너 미켈란젤로 광장에서 석양에 비친 피렌체를 바라보는 것도 좋다.

피렌체의 정치, 사회의 중심 시뇨리아 광장, 복제된 다비드 상이 버티고 있는 미켈란젤로 광장, 단테의 생가, 성모마리아의 대성당 등 일일이 다 입에 올릴 수 없을 정도다. 이렇게 르네상스의 피렌체가 있기까지는 당시 은행가인 메디치가의 절대적인 지원이 있었기에 가능했다는 것이다. 미켈란젤로, 라파엘로, 레오나르도 다빈치, 갈릴레오 같은 수많은 거장들의 예술 활동을 적극 지원했기에 오늘의 피렌체가 존재하고, 전 도시가 르네상스의 중심에 있다. 우리나라에서는 피렌체Firenze로 불리지만 서양 여행자들에게는 피렌체의 영어식 이름인 플로렌스Florence로 불린다.

태양太陽의 도시 '로마'
—발품 팔수록 얻어가는 '살아 있는 미술관'

짧은 시간에 피렌체를 다 본다는 것은 불가능하다. 피렌체를 떠나 우리는 계속 남쪽으로 이동하여 이탈리아의 고도이자 수도 로마에 도착했다. 역사 공부에 조금만 관심을 갖고 있으면 알 수 있는 로마, 기원전 8세기 이탈리아 반도 중부를 흐르는 티베르 강 언덕에 로마라는 작은 도시 국가로 출발했다. 로물루스와 레무스라는 쌍둥이 형제가 늑대의 젖을 먹고 자라 로마를 세웠다는 것이다. 이런 로마는 날로 번창하여 이탈리아 반도와 시칠리아 섬까지 세력을 뻗쳤다. 지금은 1000년의 고대유물과 유적들이 도시 전체를 꽉 메우고 있는 로마. 마치 폐허가 된 도시처럼 보인다. 그런데도 세계의 모든 사람들이 한번 가보고 싶어 하는 도시고 나라이다. 더욱이 전통과 유물만을 고집하지 않고 현대 첨단패션과 유행을 선도하고 과거의 것과 조화를 이루며 오늘의 로마를 세계 사람들 앞에 내놓고 있다.

남국의 강렬한 태양의 도시. 역시 8월의 로마는 달랐다. 지중해성 기후로 대체로 여름에는 고온 건조하여 여행자들을 고통스럽게 했다.

로마에서는 콜로세움 주변 → 콘스탄티노 개선문 → 포로 로마노 → 칼피돌리오 광장(미술관) → 비토리오 에마뉴엘레 2세 기념관 → 베네치아 광장 → 트레비 분수 → 스페인 광장 → 바티칸 박물관 → 산피에트로 대성당 → 나보나 광장 → 판테온 → 산타마리아 인 코스메딘 성당(진실의 입) 등등 훌륭하고 놀라운 명소들이 즐비하다. 너무 많아 일일이 설명할 수가 없다. 로마는 엄청난 유적들이 많아 마치 살아 있는 미술관이라고 할 만큼 성당도 많다.

로마를 잘 보려면 많이 돌아다녀야 하기 때문에 우선 체력이 좋아야 한다. 산피에트로 대성당은 세계에서 가장 유명한 교회이며, 로마가톨릭교회의 정신적 수도이다. 예수의 제자 베드로가 초대 교황이었다. 이 성당은 16세기에서 17세기에 걸쳐 미켈란젤로의 설계에 의해 재건되었다.

우선 이 건물의 아름다움이 시선을 끈다. 미켈란젤로의 대리석 조각인 「피에타」상이 입구 오른쪽에 있다. 산피에트로 사원에는 그리스도가 묶여 매달려 있던 십자가의 일부와 가슴에 꽂혔던 창끝이 보관되어 있다고 한다. 중요한 행사가 아니면 공개하지 않는 것으로 되어 있다. 산피에트로 광장에서 걸어 10분 정도 가면 바티칸 박물관이 있고, 유명한 시스티나 예배당이 있다. 대부분의 미술품이 그리스도교와 연관되어 있다. 이곳의 최대 명품은 미켈란젤로가 천장 전체에 그린 「천지창조」와 예배당 뒷 벽면을 채우고 있는 유명한 벽화 「최후의 심판」이다. 이 작품은 시대를 넘어 세계미술사에서도 최대의 걸작으로 꼽히고 있다.

또한, 전 세계 가톨릭의 총본산인 바티칸 시국의 성베드로의 무덤 위에 세워진 산 피에트묘 사원이 350년경에 완성되면서 로마가 기독교 순례지가 되었다. 이 외에도 바티칸 박물관에는 세계 최고를 자랑하는 많은 걸작들이 소장되어 있어 사람들의 발길이 끊일 줄 모른다. 종교화의 걸작을 직접 볼 수 있어 감명을 받았다. 이른바 서양미술의 보고다. 미켈란젤로의 「최후의 심판」과 더불어 「천지창조」, 「수태고지」 등 종교화의 걸작들 앞에 선 사람들은 작품 감상에 앞서 숙연한 모습이었다. 로마에는 과거만 있는 것이 아니라 현재도 있다. 영화 《로마의 휴일》에서 오드리 헵번이 아이스크림을 먹던 '스페인계단' 을 찾은 사람들은 흘러간 영화지만 모두들 기념사진을 찍고 영화 속을 그려본다. 이어 우리에게 너무나 잘 알려진 '진실의 입' 이 있는 산타마리아 인 코스메딘 성당을 찾아 손을 밀어 넣어 보기도 했으며 동전을 던져 사랑을 이룬다는 트레비 분수를 찾아 추억 만들기로 재미있어 하는 젊은이들을 봤다.

로마는 하루아침에 이루어진 것이 아니지만 또 로마는 하루에 다 볼 수 없다. 서양의 고대사에 별 관심이나 지식이 없다고 해도 로마는 재미있는 곳이 많다. 영화 《종착역》의 무대인 테르미니역 광장 주변에 노니는 사람들의 모습도 구경거리로 충분하다.

'모든 길은 로마로 통한다.' 등 여러 격언이 남아 있지만 정말 인류문화의 위대한 역사적 유산의 도시가 로마다. 더욱이 전통과 역사를 자부심으로 여기는 프랑스 사람이나 영국 사람도 이런 옛것에 매료되어 방문하는 곳이 바로 로마다. 로마를 떠나면서 부럽고 아쉬운 점이 너무 많았다. 빽빽한 고층아파트만을 봐온 우리의 눈에 어떻게 이들이 오랜 유적과 유물로 채워진 나라를 이처럼 지금까지 보존하고 있는지에 대해 정말 신기한 생각이 들었다.

대체로 불가사의한 일이라 여겨진다.

《로마인의 이야기》로 유명한 시오노 나나미는 1권《로마는 하루아침에 이루어지지 않았다》에서 독자에게 '고대 로마인은 도대체 어떤 사람들이었을까. 지성에서는 그리스인보다 못하고, 체력에서는 켈트인이나 게르만인보다 못하고, 기술력에서는 에트루리안인보다 못하고, 경제력에서는 카르타고인보다 뒤떨어지는 것이 로마인이라고, 로마인들 스스로가 인정하고 있었습니다. 그런데 왜 그들만이 그토록 번영할 수 있었을까요. 커다란 문명권을 형성하고 오랫동안 그것을 유지할 수 있었을까요.' 하고는 그는 말미에 '역사란 수많은 사람들의 노고가 축적된 결과물입니다.' 라고 말한 뒤 의문에 대한 정확한 해답을 유보하고 있다.

우리는 폼페이로 가기 위해 이탈리아 남부 나폴리로 방향을 잡았다. AD 79년에 베수비오의 화산 대분화로 인해 매몰되었던 폼페이. 1748년에 발굴이 시작된 폼페이가 오랫동안 흙 속에 묻혔다가 그 모습을 드러낸 것이다. 고대도시지만 상상 이상의 많은 것이 남아 있으며 그 규모의 방대함에 모두 놀랐다. 아직 1/3은 발굴되지 않고 남아 있으며 현재도 발굴 중이다. 소박물관, 공공광장, 바실리카, 베티의 집, 스티비아네 욕장, 원형극장 등 엄청난 역사 흔적에 입이 벌어졌다. 폼페이의 폐허를 걷고 있자면 1900년 전의 고대 도시가 얼마나 발달된 문명생활을 했는지 상상이 간다.

남지중해의 보석 '소렌토, 카프리, 나폴리'
—바라만 봐도 빠져드는 에메랄드 빛 절경

다시 우리 일행은 로마를 떠나 남지중해 쪽의 외진 섬 카프리로 향했다. 에메랄드 빛 바다와 코발트블루의 파란 하늘, 고대 로마시대 황제와 귀족의 휴양지로 알려진 카프리. 이곳으로 가기 위해 우리는 먼저 기차로 소렌토로 갔다. 「돌아오라 소렌토로」라는 가곡의 배경이 될 만큼 이탈리아의 대표적인 휴양지다. 바다와 산이 잘 어우러져 풍광이 빼어났다. 오렌지 밭과 레몬 밭이 자연 그대로여서 아름다웠다. 이곳에서 카프리 섬까지는 페리로 45분이 걸렸다. 소렌토나 카프리 섬에는 해변을 꽉 메운 남녀 해수욕객이 엄청나게 몰려들어 그 광경이 볼 만했다.

지중해의 미소를 받으면서 카프리에서 머리를 잠시 식히고 다시 페리를 타고 나폴리 쪽으로 나왔다. 약 1시간 20분이 소요되었다. 나폴리는 세계 3대 미항으로 우리는 알고 있다. 해안의 풍경이 빼어난데다 푸른 지중해의 부드러운 바닷바람, 우리에게도 잘 알려진 「산타루치아」의 배경이 되는 산타루치아 항이 노을에 젖어들고 있다.

✤ 북부 이탈리아 ›› 프랑스 파리

사탑의 도시 '피사'
—이탈리아 4대 무역도시 갈릴레이 고향으로 유명

나폴리를 바라보면서 북쪽으로 달려 로마에서 4시간 만에 12~13세기에 크게 번영했던 유명한 피사로 왔다. 옛날 이탈리아 4대 무역도시의 하나였으나 1406년 피렌체에 합병되면서 메디치가에서 피사를 과학과 학문의 도시로 중점 육성했다고 한다.

피사는 2차 대전 때 많은 유적이 파괴됐으나 아직도 피사가 자랑하는 피사의 사탑 등이 있어 이탈리아의 가장 인기 있는 명소 중에 하나로 되어 있다. "그래도 지구는 돌고 있다."라고 말해 유명해진 갈릴레오 갈릴레이가 태어난 곳으로도 이름나 있다. 피사탑은 지금도 수직상태에서 5미터 정도 기울었다는데 10년 전에 복구공사로 기운 것이 멈춘 상태다. 이곳도 역시 소매치기 조심을 관광객들에게 주의시키고 있다.

이탈리아 반도를 들어서면서 또다시 소매치기를 조심하라는 한결같은 얘기에 씁쓸한 생각을 지울 수 없었다.

밀라노의 자존심

—세계 패션, 오페라 메카… 로마와 전혀 다른 분위기

이탈리아 북부 베로나를 시작으로 남부 소렌토를 둘러 마지막 북쪽의 밀라노까지 이탈리아 반도를 한 바퀴 돈 셈이다.

밀라노를 거의 다 왔을 쯤 여기가 「롬바르디아」 평야라고 한다.

기원전 218년 제2차 「포에니」 전쟁 때다. 「카르타고」의 명장 한니발이 「이베리아」반도로 들어가 피레네 산맥과 험준하기로 이름난 알프스 산을 넘는 대장정을 벌였다. 그것도 코끼리와 기병을 앞세우고 길을 열어가면서 15일간의 악전고투 강행군 끝에 알프스를 넘어 마침내 롬바르디아 평야에 내려섰다는 게 아니냐. 바로 그 롬바르디아 평야를 우리는 버스를 타고 지나고 있다. 알프스를 천연의 요새로 여기고 방심했던 로마는 한니발 앞에 여지없이 무너져 갔다는 얘기다. 2천 200여 년 전 포에니 전쟁 시의 상황이다. 그 역사의 현장을 지나면서, 호기심에 잠시 주변을 살피고 생각에 잠겼다.

늦은 오후에야 우리를 태운 버스가 4시간 만에 밀라노의 두오모에서 좀 떨어진 곳에 내려놨다. 역 주변 신시가지에는 고층빌딩도 눈에 띄고 이탈리아답지 않은 풍경도 엿볼 수 있었다.

밀라노는 세계 패션의 중심지로 잘 알려져 있다. 세계 오페라의 메카로 불릴 정도의 최고 수준인 스칼라 극장, 레오나르도 다빈치의 과학기술박물관, 또 라파엘로의 「성모마리아의 결혼」이 있는 브레라 미술관, 레오나르도 다빈치의 불후의 명작 「최후의 만찬」이 있는 「산타마리아 델레 그라치에」교회 모두가 이탈리아의 자랑이자 밀라노의 자존심이다. 영국의 소설가 댄 브라운

이 쓴 《다빈치코드》란 소설로 세상에 다시 한 번 주목을 받은 너무나 유명한 도시다.

북부 밀라노의 경우, 남쪽의 로마 사람과 갈등이 유난히 심하다고 한다.

밀라노 출신에게 당신은 어느 나라 사람이냐고 물으면, 나는 이탈리아 밀라노 사람이라고 대답한다. 남쪽의 로마와 차별화를 염두에 두고 답한 것이다.

밀라노는 남쪽의 로마와는 전혀 분위기가 다르다. 북쪽 밀라노 사람들의 예술성은 또 하나의 이탈리아를 보는 것 같았다.

호반의 도시 '인터라켄'
—해발 3,500m 빙벽 뚫어 터널… 자연과 융화된 스위스

바쁜 일정에다 늦게 도착한 바람에 명소 몇 군데를 선걸음에 구경하고는 숙소로 갔다. 다음 날 이른 새벽에 길을 재촉해야 했기 때문이다. 우리를 태운버스는 북쪽으로 4시간을 달려 스위스 인터라켄에 도착했다. 스위스는 알프스를 배경으로 산과 푸른들, 그림 같은 집, 아름다운 호수로 가득한 전원국가다.

인터라켄은 '알프스 융프라우 요흐' 로 오르는 출발지 또는 기착지다. 인터라켄동역을 출발한 등산열차는 세 번을 갈아타고 해발 3천4백54미터 '융프라우 요흐' 로 오른다.

융프라우는 해발 4천1백58미터이나 요흐는 '아래' 라는 뜻으로 정상 바로 아래란 의미를 가지고 있다. 정상 쪽의 스핑크스 전망대와 얼음 궁전, 정말 알프스의 경이로움에 입이 벌어진다. 알프스를 머리에 이고 사는 주변국 사람들의 지혜와 기술은 놀라웠다.

3천5백 미터의 절벽과 빙벽 안으로 터널을 뚫고, 정상까지 기차를 올리는 엄청난 일을 실현시켜 놓았다. 이 전기 열차는 1912년에 설치되었다니 더욱 놀라울 일이다. 자연에 순응하고, 극복하면서 살아가는 사람들의 의지에 경의를 표할 뿐이다.

융프라우에서는 어디에 눈길을 보내도 우람하게 압도하는 거대한 산봉우리와 푸른 목초지, 하얀 설경 등을 볼 수 있어 그야말로 자연 풍광의 극치라 하겠다. 그림 같은 알프스의 빼어난 경치와 산 아래 집들은 모두가 별장 같은 모습이라 감탄이 절로 나온다.

몽마르트르 언덕에서 파리를 본다
—예술 향 짙게 배인 파리 가는 곳마다 명소, 명작

여행의 막바지에 이르면서 갈 길도 더욱 빨라진다. 아침 일찍 제네바 물 하우스로 이동하여 기차로 프랑스 파리로 향했다.

3시간 30분 이상 걸린 시속 200km의 파리행 기차. 끝없는 지평선에 잘 정돈된 농경지가 목가적인 풍경을 자아냈다. 프랑스 국토의 2/3가 평야 또는 구릉지라고 하니까.

자유, 평등, 박애의 정신을 제창한 혁명으로 민주주의의 초석을 마련한 프랑스. 그들은 우리 역사 앞에서는 함대와 성경을 앞세우고 들어오려다 격퇴당한 침략자로 등장했다. 그러나 세기 반 가까이 된 지금은 프랑스가 지니고 있는 높은 예술 감각과 두터운 문화전통, 데카르트 식 합리주의와 민주주의 전통, 이런 것들에 대한 동경을 갖게 한다. 그 가운데서도 우리가 찾은 파리는 이런 모든 것들이 응집된 곳이다.

일행은 보석 같은 관광명소를 찾아 발 빠르게 움직였다.

세계 최대 규모의 미술관, 우리나라를 포함한 세계 여러 나라의 귀중한 유물이 가득한 너무나 유명한 루브르 박물관을 비롯한 베르사유 궁전과 정원, 샹젤리제 거리, 에펠탑, 노트르담 대성당, 몽마르트르 언덕, 오르세 박물관, 로뎅 미술관 등 이 밖에 유명한 명소가 줄을 잇는다. 특히 몽마르트르 언덕에서 내려다보는 시가지 풍경은 한 폭의 그림같이 아름답다.

프랑스 혁명으로 단두대 이슬로 사라진 루이 16세와 왕비 마리 앙투아네트가 살았던 베르사유 궁전, 역사 속 뒷얘기만큼이나 볼거리도 많았다. 당시 왕비 마리 앙투아네트는 사치와 부를 누리면서, 민중들이 "빵이 없어 배가 고프다"라고 하자 "빵이 없으면 케이크를 먹으면 될 것 아닌가"라고 말할 정도로 국민들의 가난한 사정을 모르는 철없는 왕비였다.

한국일보 파리 특파원을 지낸 김성우 씨는 그의 저서 《돌아가는 배》에서 "루브르를 보지 않고 파리를 보았다고 할 수 없다 그러나 루브르만 보아서는 역시 파리를 보았다고 할 수 없다."고 말했다. 그는 또 "센 강만 보고 파리를 보았다고 할 수 없다 또 하나의 센 강을 보아야 파리를 본 것이다.", "파리는 길 위에만 있는 것이 아니라 지붕 밑에도 있다."라고 쓰고 있다. 그의 말대로라면 파리에는 과거나 현재나 수많은 유명화가, 작가, 예술가가 엄청나다는 얘기다. 그런 파리가 세월이 흘러도 쉽게 변하지 않는다.

1920년대 신여성으로 크게 눈길을 끌었던 비운의 화가 나혜석. 그는 1927년과 28년 남편과 함께 세계여행 도중에 파리에서 1년 가까이 생활했다고 나혜석 평전에서 밝히고 있다. 당시 미술공부를 하면서 보낸 혜석의 파리행적의 구체적인 내용은 알려지지 않았으나 현지 교민에 따르면 당시의 파리나 지금의 파리는 별로 변하지 않았다는 것이다. 그래서 훌륭한 전통과 우수한 문화 예술은 쉽게 달라지지 않고 오래도록 보존 관리되고 있는 것이라 여겨진다.

센 강의 유람선

—32개 다리 놓인 센 강의 야경 '파리의 생명줄' 실감

해질 무렵 센 강에서 유람선을 타고 파리의 야경을 만끽했다.

현란한 에펠탑의 조명도 놀라운 뿐 아니라 역사와 전통문화가 있는 센 강

주변의 모든 구조물과 건축물에도 각기 다른 조명이 밤을 밝혔다. 센 강은 내가 상상했던 것보다 넓었다. 센강에 두 개의 섬 시테 섬과 생루이 섬이 있다. 성모마리아를 뜻한다는 노트르담 대성당이 시테 섬 안에 있는 것도 처음 알았다.

유리 피라미드가 반기는 루브르는 30여만 점의 방대한 컬렉션을 자랑하는 세계 최대의 미술관이다. 워낙 크고 방대하여 하루 이틀에 다 볼 수 없다. 루브르의 모나리자와 비너스 상 등 이름 있는 작품에는 많은 사람이 몰려 감상하기가 힘들었다. '미라보 다리 아래 센강이 흐르고 나의 슬픔도 흐른다…' 로 시작되는 시로 유명한 미라보 다리는 금속제 아치형으로 소박한 느낌을 준다. 센 강에는 모두 32개의 다리가 있다. 파리의 생명줄이자 젖줄인 센 강은 다른 도시의 강보다 훨씬 깊은 인상을 나에게 남겼다.

앙드레 말로가 '프랑스는 걸인도 사색하는 나라' 라고 말했듯이 파리의 문화를 눈에 넣기 위해서는 파리와 프랑스를 더 배워야겠다.

⚜ 영국 런던에서 여정을 접으며

민주주의의 본고장 '영국'

—도버 해협 건너 마지막 여행지 영국 도착

이번 여행의 마지막 기착지 영국으로 간다.

프랑스가 자랑하는 TGV 초고속 열차가 파리에서 런던 간의 해저터널 Channel Tunnel을 통과하는 유로스타Euro Star를 탔다. 프랑스 파리 북역과 영국 런던의 세인트 팽크러스 역 사이를 시속 300km로 달려 2시간 15분 만에 주파했다. 도버해협을 바다 밑으로 달려도 바다는 전혀 볼 수 없었다. 물론 그 유명한 도버해협의 영국 쪽 하얀 절벽도 보지 못했다.

영국은 유럽에 속하면서도 스스로 유럽인이라고 하기를 꺼리는 나라다. '해가 지지 않는 나라' 로 불려졌던 영국이 스스로 유럽의 한 부분이라고 생각한다는 것이 자존심이 상하는 일이었을 것이다. 비록 지금은 대영제국 United Kingdom of Great Britain의 영광은 쇠퇴했으나 세계 최초로 근대민주주의를 실현한 나라다.

또, 산업혁명을 일으켜 세계 최초로 자본주의를 도입한 선진국으로 기억한다.

아서 왕의 전설로 유명한 켈트족의 지배에 이어, 앵글로색슨족이 자리 잡은 나라다. 영국 의회는 남자를 여자로, 여자를 남자로 바꾸는 일 이외는 모든 것을 다 할 수 있다는 의회 만능주의의 나라다. 런던 도착이 8월 초순인데도 유럽의 다른 나라와는 달리 반팔 T셔츠로는 쌀쌀하여 위에 걸치는 옷이 있어야 했다.

—대영박물관 수많은 유물 '또 하나의 세계'

마지막 날 런던에서는 바빴다.

국회의사당과 웨스트민스터 사원, 버킹엄 궁, 런던탑 주변, 템스 강변, 대영박물관 등을 급하게 둘러봤다.

특히 대영박물관에서는 람세스 2세의 화강암 석상, 이집트 전시관 내 미라관, 기원전 196년경의 법령을 담은 로제타석, 박물관 입구에 서 있는 날개 달린 인두우상 등 런던에도 엄청난 유물과 명소, 문화 예술품의 실체들을 일일이 열거할 수 없을 정도로 많다.

하루가 너무 바빠, 런던의 명물인 빨간 2층 버스가 자주 눈에 띄었으나 타볼 기회가 없었다. 경찰이 뛰면, 시민이 놀란다는 유명한 영국의 경찰관 미스터 바비(Bobby, 애칭)의 모습을 보고 정말 민중의 공복이구나 싶은 생각이 들었다.

—산업혁명에서 비틀즈까지 여전히 건재한 영국

영국에서 비틀즈The Beatles 얘기를 짧게나마 짚지 않고 건너뛸 수 없다. 비틀즈는 발라드, 레게, 싸이키델릭록, 블루스에서 헤비메탈까지 여러 장르를 아우르는데 이는 현대음악 스타일의 장을 열었다고 당시 자료들이 밝히고 있다. 이를 두고, 1960년대의 사회 및 문화적 혁명이라고 한다. 비틀즈는 빌보드 차트 1위 곡이 20곡으로 현재 가장 많이 1위를 차지한 보컬그룹으로 기록되며, 50여 곡이 넘는 톱 40싱글을 발표했다. 우여곡절을 겪은 비틀즈는 1970년 해산될 때까지 영국과 미국 등 세계 각지에서 폭발적인 인기와 앨범 발매를 해왔다.

후반부에 사정이야 어떠했던 싱글로, 〈렛잇비Let It Be〉가 발매 1위를 차지했으며 그 노랫말처럼 '순리에 맡기거라' 는 내용은 많은 사람들의 마음에 담겼다.

지중해와 대서양 알프스를 가까이 두고 함께 문화 역사를 만들어온 서유럽 6개국.

이들은, 동양과는 대칭적인 형태로 발전해왔다. 토양이 근본적으로 다르기 때문에 나타난 귀결이다. 어떤 의미에서 우리에게 보여준 역사문화의 프리즘도 다양해 신비함과 충격을 동시에 주고 있다. 결국 '역사 발전은 그런 가운데 있는 것이다' 라고 하겠다.

⚜ 서유럽 여행을 마무리하면서

이 글을 끝내면서 인종과 문화적인 측면에서 몇 가지 붙여본다.

같은 유럽이라도 독일인은 그 육중한 체구에 말수가 비교적 적으며, 어딘지 우울한 표정에 생각이 깊고, 매사 원칙을 고수하는 것 같다.

이탈리아인은 태양의 나라여서 그런지 비교적 다혈질이고, 급하며, 자존심이 세다. 그 자존심 때문에 남의 말을 잘 듣지 않는 경향이 있는 것 같다.

35도를 웃도는 그야말로 산소가 부족할 만큼 로마는 더웠다. 그 바람에 나 같은 이방인들은 비싼 생수를 겨드랑이에 끼고 다녀야 했으나, 정작 그들은 선풍기나 에어컨을 구경할 수 없었다. 이탈리아는 전기를 프랑스에서 사들인다고 해서 그런지 모르겠다. 특히, 할머니가 지키는 대부분의 화장실에는 돈을 요구했다. 더운데다 이런 일들이 짜증났다. 또 로마는 낙서의 천국이다. 유적지 부근 어디로 가든 벽이나 빈 공간에 각종 색깔의 스프레이로 낙서를 해놓았다. 왜 이런 낙서가 도시 곳곳에 도배질되어 있는지는 모르겠다. 로마에 가면 로마법을 따라야 한다는 말이 있지만 이해가 되지 않는다. 그래도 로마는 세계 관광 인파로 초만원이다.

피렌체에서 있었던 일이다. 한눈을 팔면서 구경을 하다 일행을 놓쳐 헤매던 중, 세 명의 이탈리아 경찰관을 발견하고 영어로 길을 잃었으니 좀 가르쳐달라고 부탁했다. 그러자 이들은 이탈리아 경찰이라 영어를 모른다며 고개를 돌렸다. 언짢은 목소리로 불쾌함을 표시하자 한 명이 빙그레 미소를 지으며 길을 가르쳐 주었다. 도대체 이들 경찰들을 어떻게 이해해야 할지 잘 모르겠다. 동양에서 온 우리의 생각과는 기본적으로 다른 것을 느꼈다.

프랑스인은 프랑스어에 대한 자존심이 대단하다. 자기가 외국인보다 프랑스어를 잘하는 것을 자랑으로 여기는 사람들이다.

—원칙주의 독일인, 다혈질 이탈리아인, 콧대 높은 프랑스인, 보수적인 영국인, 인종과 문화에 관한 다양한 프리즘이 우리를 되돌아볼 시간의 여유를 준다

딸을 시집보낼 때 재산은 없어도 내 딸은 정확한 프랑스 말을 구사할 줄 안

다고 말할 만큼 모국어를 진정으로 사랑하는 민족이다. 뿐만 아니라, 2차 대전 당시 프랑스가 독일에 점령당해 드골 장군의 주도로 영국에 망명정부를 세웠다. 이에 처칠이 콧대 높은 드골이 마땅치 못해 농담으로 "드골 장군 이제 프랑스는 없소, 프랑스가 어디 있소?"라고 하자 드골은 "내가 바로 프랑스요"라고 했다는 것이다. 바로 프랑스의 자존심을 대변했다고나 할까.

영국인은 흔히 개인주의적이고 보수적인 고집이 있다고 하는데 이 가운데 소위 말하는 신사라는 단어에 숨겨진 페어Fair정신을 봤을 때 수긍이 가는 점이 있다고 느꼈다.

사실 유럽연합에 가입해 놓고는 전후 사정이야 있겠지만, 영국만 입국 절차를 까다롭게 하고, 유로화 대신 파운드 사용을 고집한다.

버스를 운전해 9일간 우리와 함께 다닌 이탈리아 출신 버스기사에게 물어봤다. 관광객 중에 일본, 중국, 한국 사람을 분간하는 방법을… 그의 말에 따르면 일본 사람은 가이드의 깃발을 따라 주위를 살피면서 조용히 따라가고, 중국 사람은 가이드 깃발에 관계없이 끝없이 큰소리로 떠들고 다녀 정신이 없을 정도며, 한국 사람들은 가이드 깃발보다 앞서가는 사람이 있는가 하면 저 멀리 뒤처져 있다가 헐레벌떡 정신없이 뛰어온다는 것이다.

시사하는 바가 많다. 나는 유럽 여행 동안 얼마나 많은 역사와 대화를 나누었는지는 잘 모르겠다. 시간과 일정이 더 허락되었더라면 더 좋은 여행이 되지 않았을까 싶다.

알타이 여정

알타이 하면 우리 민족사와 연관 짓기도 하고 초원 유목민들이 현대문명과 상관 없이 고대 이래로 한가로이 생활하는 우리와는 별개의 세계로 인식하고 있는 곳이기도 하다. 이곳은 인류가 오래 전부터 삶의 터전으로 삼아 오던 곳으로 곳곳에 선사시대부터 역사시대에 이르기까지 문화의 흔적을 더듬을 수 있는 곳이다.

알타이는 거대한 인류사 박물관이오 미술관이라 할 만큼 수만수천 년 전 유적이 고스란히 남아 있다. 이곳이 '아시아의 성지', '아시아의 진주'라 불리우는 데는 상당한 의미가 있다. 매우 이른 시기부터 인류가 살기 시작한

다큐멘터리 프로그램 제작자, 암각화박물관 자문위원, 울산문화연구소 소장
문화도시울산포럼 이사장

이곳은 지구의 서에서 지구의 동에서 수많은 종족들이 거쳐 가면서, 문화의 자취를 남겼고 알타이 산맥을 정점으로 수많은 길을 따라 수많은 종족들이 산을 넘어 아시아의 곳곳으로 왕래했다.

그들은 머무는 곳마다 그들이 사용한 도구를 남겼고 기념비적인 입석에 사슴을 새긴 사슴돌, 거대한 돌무더기인 케랙수르, 제주도 돌하르방과 흡사한 석인상 등 초원에 역사를 새기고 사라졌다.

알타이가 우리를 불러들인 것은 이들보다도 암각화가 있기 때문이었다. 암각화 하면 우리는 대곡천을 연상하지만 범위와 규모에 있어서 알타이는 반구대와 비교가 안될 무한의 세계를 펼치고 있는 곳이다. 알타이는 선사 미술로 가득찬, 마치 대자연 속에 펼친 인류의 화랑 같은 지역이다.

암각화를 새긴 주인공들은 알타이라는 거대한 산맥을 중심으로 문화를 만들고 전파한 주체로 그들의 무리 속에는 우리와 혈연적으로 연관된 종족도 있었을 것이다. 그래서 알타이 지역이 친근하고 호기심이 발동하는지도 모른다.

암각화의 탐구는 그들의 유전적 코드를 찾는 길이고 인류 문화의 흐름을 유추하는 것과 관계가 있다.

내가 알타이에 첫발을 디딘 것도 암각화 때문이다. 반구대 암각화의 시원을 추적하기 위한 다큐멘터리 제작으로 중앙아시아의 것부터 탐사해야겠다는 생각에서 먼저 알타이를 목표로 삼은 것이 계기가 되었다.

지금이야 마음만 먹으면 어디든 드나들 수 있지만 90년대 초 당시만 해도 러시아와 국교 수립이 된 지 얼마 되지 않아 현지 정보 입수에 상당한 어려움이 따랐다. 알타이에 대한 정보는 전혀 없었다. 그저 모스크바나 교역의 길을 트기 시작한 극동의 블라디보스토크, 동포가 거주하는 사할린 정도의 정보가 고작이었다. 정보가 없는 미지의 지역이라 호기심은 더욱 강렬했다.

지도를 펼쳐놓고 수십 번의 행로 구상을 해봤지만 그것은 내 나름의 길이었지 실행할 수 있는 여정이 아니었다. 당시로서는 반구대 암각화 연구도 제대로 되지 않은 상태라 학계의 연구 자료도 귀했고 제작 방향 구상도 혼란스러웠다.

이 지경에 대륙의 암각화 탐구는 허황된 공상과도 같다는 생각이 들어 망설이는 바람에 상당한 시간이 지체되었다. 그러면서도 시베리아에 가면 빗살무늬토기의 문양처럼 암각화도 반구대와 유사한 그림이 지천으로 펼쳐져 있을 것이라는 막연한 생각으로 취재계획을 짜고 준비를 했다.

다큐멘터리의 제작은 촬영 전에 반드시 헌팅이라는 명목으로 사전 답사가 있기 마련이다. 그러나 이 방대한 취재 프로그램인데도 사전 헌팅 없이 덤벼들자니 무모한 짓이라 생각되어 몇 번의 포기를 거듭하기도 했다. 알타이에 암각화가 있다는 사실을 내가 어디서 들었는지도 착각할 만큼 막연했다.

알타이 암각화 다큐멘터리 제작은 제작이 아니라 탐사라고 해야 옳았다. 그러면서도 무모한 용기를 가졌다. 지금 생각하면 어떻게 그러한 용기가 솟았는지 의아스럽다.

취재 일정도 제대로 세우지 못한 채 두어 달 일정으로 출발했다. 무모한 행동에는 험난이 따르기 마련이었다. 표현하기조차 싫은 너무 어려운 길이라 몇 번의 후회를 하면서도 알타이를 향해 하루하루 전진했다.

시베리아 고고학 연구소 소속으로 서울에 유학 중인 올가라는 여인을 만나 안내를 받았기에 알타이 방향을 터득했지 그러질 않았으면 발길을 되돌려야 했을 것이 분명했다. 그만큼 알타이 취재는 감당하지 못할 험난이 많았다.

알타이는 암각화 천국이었다. 시대별 종족별 형상별 갖가지 암각화가 자연 속의 거대한 화랑을 이루어 초원과 산악을 장식하고 있는 것을 볼 때는 오기를 잘했다는 만족감이 모든 고난과 피로를 풀게 했다.

알타이는 별천지였고 생각 그대로 표현하자면 꿈속을 헤매는 몽중의 나날이었다. 어떤 정신병자가 요양지에 머물면서 무아의 지경을 헤매는 이성 없는 동물감각이 지속되는 느낌이었다. 알타이 특유의 풍광이 환각을 주기에 충분했다.

끝없이 펼쳐진 초원에 거대한 적석총과 케렉수르, 그 너머에 솟아 있는 만년설의 알타이 산들, 초원을 무대로 몰려다니는 양떼들, 오렌지 색으로 물들어 있는 서녘 하늘, 형형색색의 오렌지 빛을 받은 들꽃 언덕, 설원이 녹아 흐르는 계곡의 물소리, 머리 위를 윤무하는 독수리 떼들의 울부짖음, 사철 한 벌인 알타이 족들의 양가죽 차림새, 꾀죄죄하면서도 미소를 잃지 않은 알타이족 양치기들의 모습, 한 치만 뛰면 잡힐 듯한 밤하늘의 별들, 집채보다 더 큰 황금빛의 둥근 달-, 그 속에는 분명 계수나무가 있었다.

그 후 10년도 넘어 두 번째 알타이에 갔을 때는 전혀 다른 느낌이었다. 알타이 모습은 그대로인데 그때 감회는 아니었다.

계획된 일정에 계획된 행동을 하며 축적된 예비지식으로 알타이를 대한 까닭에 첫 발걸음 때의 감회와는 사뭇 달랐는지 모르겠다. 알타이의 신비가 그만큼 사라졌다는 이야기다.

첫 걸음 때는 미지의 세계를 탐사한 탓이었고 10년 넘어오는 사이 알타이는 우리들에게 무던히 알려진 탓에 신비의 베일이 사라져 버린 탓이 아닐까 -.

내게 그 몽중의 환상적 안목이 사라진 데 대해 세상 변화에 대한 두려움을 느껴보게 되었다.

바위에 새긴 그림들이 신의 조화로 느껴지던 것도 이제는 알타이를 무대로 명멸해 간 인류사의 한 면으로 보이지 않으니 알타이 풍광도 여느 초원처럼 메말라 버린 것이다.

두 번째 알타이 여정은 학술적 탐사였다. 수많은 알타이 암각화 가운데 칼박타쉬 암각화 하나만 목표로 삼았다. 첫 번째 걸음처럼 취재에 쫓기거나 조급한 마음도 없이 여유를 가졌기에 주변 풍광도 음미할 수 있었다.

90년대 첫걸음은 극동아시아인으로는 첫 방문이라는 노보시빌스크 고고학 연구소 연구원의 이야기였다.

한국인이 알타이 암각화에 관심을 갖고 방문한 것 자체를 놀라워했고 의아해 했다. 그런데 10년 넘어 지금은 세계 각지의 사람들이 연구 목적으로 관광 일정으로 수없이 오고 갔다는 이야기를 전하면서 당시의 알타이 방문을 높이 평가했다.

그때만 해도 러시아 내국인들도 발걸음이 없던 때였다. 시베리아 최대 도시인 노보시빌스크에서 800km, 이틀을 쉬지 않고 자동차로 달려야 하는 험난한 길이기에 수긍이 같다.

두 번째 걸음 때는 차가 다닐 수 있는 길도 완만했다. 그러나 첫 번째 걸음땐 길을 만들어 가며 가듯이 험난한 길의 연속이었다.

한반도 남단에서 직선 거리로 3,600km의 머나먼 거리. 이 길을 비행기로, 열차로, 자동차로 번갈아 가면서 적어도 일주일이 걸려야 닿을 수 있는 곳이었다.

서울에서 극동시베리아 하바로프스크, 거기에서 시베리아 횡단열차로 바이칼 호수 부근의 이르쿠츠크, 다시 항공편으로 노보시빌스크, 이곳에서 전용자동차로 꼬박 이틀, 그렇게 되면 스탭알타이와 산지 알타이 경계를 넘는 고개인 치케타만을 넘게 되는데 이 고개를 넘을 때는 처음도 그랬고 두 번째도 돌아갈 수 없는 고개같이 느껴져서 고갯마루의 '오보' 라는 성소에 무사의 기원을 수없이 빌기도 했다.

알타이 산맥은 러시아, 카자흐스탄, 몽골, 중국과 국경을 잇대면서 대륙 북서에서 남동으로 뻗어 있는 인류문화사의 중요한 비중을 차지하고 있는 곳이다. 최고봉 벨루하 봉과 성산으로 추앙받는 탑븐-보그드-울라를 중심으로 산과 기슭, 골짜기와 그 골짜기 사이로 이동했던 고대의 교통로로, 황홀하게 뻗어 있는 어머니 같은 산맥이다.

알타이 암각화가 골짜기 골짜기에 새겨져 살아 있는 미술관이라 할 정도로 다양한 선사, 역사의 흔적이 있다. 그 가운데 두 번째 걸음의 대상이었던 칼박타쉬 암각화는 인류의 걸작이라 평가받는 바위 그림이다.

1908년 알타이 화가 초로스 그로낀의 스케치를 통해 알려진 칼박타쉬 암각화는 이후 여러 차례 학술 조사와 연구로 세계암각화학회의 주목을 받고 있는 곳이다. 암각화의 표현 방식은 다르지만 전체적으로 동물과 사람, 신상 등의 구성은 반구대와 유사점을 가져 국내 학계에서도 비상한 관심을 모으고 있는 곳이기도 하다. 신석기 시대부터 투르크 시대에 이르기까지 알타이 주인공들의 정신세계를 엿볼 수 있는 암각화라서 두고두고 음미하고픈 바위 그림이다.

헤아릴 수 없을 많큼 많은 암각화 가운데 칼박타쉬 암각화가 마음을 끄는 것은 풀리지 않는, 풀 수 없는 메시지가 담겨 있기 때문이다.

괴수의 무서운 표정, 신상으로 보이는 인물상, 무기를 지닌 전사, 제물로 바쳐진 듯한 소, 양, 사슴 등 우리에게 풀 수 없는 수수께끼를 주고 있는 표현은 무한의 상상력을 제공하고 있다.

파고들면 들수록 미지의 역사가 펼쳐지고, 해석은 환상을 떠올리고 환상은 알타이 주인공을 더욱 신비롭게 만든다.

못다 한 알타이 이야기는 언제 다시 알타이 현지에 가서 세세하게 하고 싶다. 다음 알타이 여정이 언제 이루어질지 모르지만 그때는 또 알타이가 어떤 감회를 제공할까. 그때는 바이칼에서 뚜바를 거쳐 레나 강 상류를 넘어 직진하는 길을 택하고 싶다. 그 길을 택하면 치케타만 고개를 넘지 않아도 될 것이고 고르노 알타이스크 모기 떼에 시달리지 않아도 될 것이다.

그만큼 알타이 길에 대한 두려움도 덜어질 것이다.

교육활동의 모습

김 경 식

무룡중학교는 울산광역시 중구 약사동에 위치하고 있습니다. 필자는 무룡중학교 교장을 끝으로 38년간의 교직생활을 마치고 정년퇴임하였습니다. 이제까지의 교육 활동한 모습을 간략하게 교육 수기로 나타내어 보려고 합니다.

필자는 경상북도 경주시 월성군 안강읍 출신으로 계명대학교 국어국문학과와 영남대학교 교육대학원을 졸업하였습니다. 학교생활은 지난 1974년 학성여자중학교 교사로 처음 교직을 시작하였으며, 이후 학성고등학교, 울산여자상업고등학교, 청량중학교, 태화중학교, 신정여자중학교 교사로 근무하였으며, 이화중학교, 울산제일중학교, 성안중학교 교감 등을 거쳐 2007년도에 무룡중학교 교장으로 부임하여 학교를 성공적으로 이끌어 왔다는 평가를 교직원과 학부모들로부터 받아 왔습니다.

교장 재임기간 동안에 상호 화합 · 협조 · 협의 · 대화하는 분위기 조성 등으로 교직원들의 화합을 이끌어 내 교사들과 학부모들로 부터 신망을 받아 왔으며, 교직원 화합분위기 조성, 인성교육, 학력향상, 교기(씨름) 육성, 교육 시설 확충, 재정 관리의 투명성, 청결한 교육환경 조성, 업무의 효율성 증대, 학교 이미지 선양 등을 통해 학생과 학부모, 교직원들의 호응을 얻어냈다는 평가를 주위 사람들로부터 들어 왔습니다. 특별히 교장으로 부임한 이래 매주 주 3회의 교육훈화(인쇄물 원고 배부) 방송을 통해 학생들의 인성교육을 지속적으로 담당해 왔으며, 교내 무룡관(씨름훈련장) 신축 등 30여 가지의 각종 시설 확충 사업으로 학생과 교직원들의 복지 및 편의를 향상시켜 왔습니다.

학교를 경영하면서 교직원의 정신자세로 감사하는 마음, 사랑하는 마음, 성실한 자세, 연구하는 자세 등의 세 가지를 강조했습니다. 이것이 교육자의 기본자세가 되어야 한다고 생각했습니다.

38년간의 교직 생활을 마치는 감회가 새롭게 느껴집니다. 필자는 교사, 교감, 교장으로서의 역할에 최선을 다해 왔다고 자부하고 있으며, 후회는 전혀 없으며 만족하게 생각하고 있습니다. 특별히 교장으로서의 특별한 재능은 부족하지만 열성과 애살은 다른 사람보다 높았다고 자부합니다. 저녁 늦은 시간까지 학교 경영 연구, 훈화자료 작성 등으로 매우 힘들었으나 참다운 학생 교육을 위해 헌신적으로 일하여 왔으며, 그것이 학교생활의 큰 보람이었습니다. 우리 학교 학생들의 학력이 날로 향상되어 울산광역시 강북교육청 관내 학교 중에서 상위권으로 도약한 것은 저 개인의 마음에 한없는 기쁨을 주었고, 또한 본교 시설확충을 위해 많은 사람들을 찾아다니며 설득과 부탁을 하여 이루어 낸 것은 노력의 결과이기에 아주 만족하게 생각되었습니다. 근무하면서 교장으로서의 임무에 최선을 다한 것이 큰 보람이며, 다시 태어

나도 교직의 길을 선택하고 싶습니다.

가장 기억에 남는 학생이 있습니다. 이름은 밝히기가 어렵지만 기억에 강하게 남는 학생입니다. 본교 재학생으로서 소년원에 가서 교육을 받았고, 학교에서는 골치 아픈 학생으로 많은 관심을 갖고 보호하여야 할 학생이었습니다. 담임선생님과 학생부장, 상담교사도 지도에 난색을 표하며 지도에 어려움이 아주 많은 학생이었습니다.

이 학생에 대해서 담임선생님과 많은 대화 끝에 자세한 이야기를 듣고, 교장으로서 해결을 하지 않으면 안 될 상황이었고, 학생에 대한 특별한 지도가 필요한 실정이었습니다. 그래서 교장으로서 직접 설득하고 감동을 받도록 하여 학생의 달라진 모습을 보고 싶었습니다. 하루의 일과가 끝나고 오후 5시 학부모를 본교에 내교하도록 하여 면담을 한 후 학부모님을 교장실 바닥에 꿇어앉도록 하였고, 담임도 책임을 다하지 못하였기에 꿇어앉도록 한 후 학생을 교장실로 불러들였습니다.

교장실 문을 열고 들어오면서 교장실에 꿇어앉아 있는 어머니와 담임선생님을 보는 순간에 학생은 대성통곡하면서 난동을 부리기 시작하여 교장실은 난장판이 되었습니다. 아무리 애써 보아도 설득이 되지 않아 교장 본인이 바닥에 꿇어앉아 학생 이름을 부르니 돌아보면서 난동을 중단하였습니다. 이후 이 학생을 교장 앞에 꿇어앉도록 하여 손을 잡고 간절하게 설득을 하니 학생의 자세가 달라졌습니다. "너는 마음만 먹으면 무엇이든지 할 수 있다."는 내용으로 이야기를 한 후 학생의 결심을 물었습니다. "다른 학교에 전학 가겠다는 것 취소하겠습니다. 앞으로 본교에 착실히 다니며 부모님에게 달라진 모습을 보이겠습니다."라고 다짐하는 모습을 보고 참으로 감동을 받았습니다. 학생이 직접 담임선생님과 어머니의 손을 잡아 일으키게 한 후에 잘못을 사과하도록 하였고, 교장도 손을 잡고 일으키게 한 후 그 학생을 끌어안고 격려하였더니 한없이 눈물을 흘리는 모습을 보았습니다. 이 후 학생은 잘못한 일에 대한 처벌을 받고 학교에 열심히 다니면서 공부하는 모습을 보고 참으로 만족하게 생각되었습니다. "교육은 이런 것이구나!" 하고 만족감과 보람을 아주 진하게 느꼈습니다.

학교생활의 첫 발령지는 사립 학성여자중학교였으며 교직은 참으로 하고 싶은 직업이었습니다. ROTC 장교로서 교관으로 근무했기에 학교에서 열심히 학생들을 가르치고 싶었으며 더욱 만족감이 들었습니다. 첫 수업은 교과 진도는 나가지 않고 "나는 할 수 있다." 는 주제로 한 시간 동안 열심히 강의하였는데 학생들의 반응이 아주 좋았습니다. 하루 수업을 마치니 자신감이 생겼으며 평생 동안 교육을 위해 살아야겠다고 다짐을 했습니다.

앞으로 우리나라 교육이 지향해야 할 점은 어떤 것일까? 현재는 학교에서 가정에서 인성교육에 충실하는 것입니다. 인성교육이 부족하여 많은 어려움이 있으며 탈선 학생도 늘어나고 있습니다. 자녀를 1~2명만 낳아 너무 사랑만 하기에 인성교육에 소홀한 면이 많습니다. 인성교육을 위해서 체계적으로 연구하고 교육시간을 늘려 나가야 합니다. 참다운 인성의 바탕 위에 학업을 연마하도록 지도해야 합니다.

교직 생활 중에 가장 어려웠던 시기도 있었습니다. 학생부장 재임 시에 가장 힘들었습니다. 학생들의 이탈 행위가 많아져서 이 학생들을 처벌하고 지도하는 일이 무척 힘들고 어려웠습니다. 고등학교에서 담임할 때 성적, 언행, 환경미화, 출결 등에서 항상 꼴등이었습니다. 고심하던 중 마음에 결심을 하고 종례 때 모두 담임이 잘못 지도하여서 이런 일이 일어났으니 내가 한 시간 동안 의자 들고 벌을 받겠다고 말하고 한 시간 동안 벌을 섰습니다. 참으로 긴 시간이었고 매우 힘들었습니다. 다음 날부터 학생들의 태도는 아주 좋아졌습니다. 이후부터는 모범반이 되었고 지도 결과에 아주 만족하였으며, 기억에 오랫동안 남아 있습니다.

무룡중학교 교장으로 재직하면서 '진담훈담' 이란 특색사업으로 인성교육에 힘써 왔습니다. '진담훈담' 이란 말은 '학교장의 참다운 이야기, 가르침을 주는 이야기' 라는 뜻입니다. 인성교육은 단시일에 되지도 않고 지속적으로 해야겠다고 생각했습니다. 학생의 인성이 점점 후퇴하는 느낌이 있어서 교감 시절에 나는 교장이 되면 인성교육에 중점을 두고 몇 번 볼 수 있도록 원고를 작성하고 배부하여 훈화를 해야겠다고 생각했습니다. 이런 마음을 교장이 된 후 교직원과 학생들에게 이 사실을 공포하고 실천하게 되었습니다. 내용은 예절, 효도, 질서, 마음가짐, 애국심, 자신감, 국경일, 명절, 기념일, 인내심, 공부, 특기, 독서, 취미생활, 목표, 희망 등에 관한 것이었습니다.

학생들의 인성교육을 위해 이러한 점이 중요하다고 느껴집니다. 인성교육은 가정에서 어릴 때부터 시작되어야 합니다. "세 살 버릇 여든까지 간다."는 속담은 아주 명쾌한 명언입니다. 또한 학교에서는 일정한 프로그램을 개발하여 지속적으로 추진하여야 하며, 인성에 관한 것은 무엇이든 생각하여 몸에 배도록 반복 교육을 시켜야 합니다. 그리고 잘못을 했을 때에는 가정이나 학교에서 즉시 주의를 환기시켜야 합니다. 중요한 것은 가정에서는 부모의 의지, 학교에서는 교사와 관리자의 의지가 제일 중요합니다.

학생들의 학력향상을 위해 특별히 강조를 많이 했습니다. 가정과 학교에서의 자율학습 시간을 이용하여 스스로 학습하도록 강조하였고, 방과후 교육활동을 강화하여 90%이상의 학생이 참여하도록 했습니다. 아울러 실력 다지기 문제집을 학기별로 교사들이 직접 출제하여 책으로 만들어 수업시간과 자율학습 시 사용하도록 하였습니다. 중간고사, 기말고사 후 석차가 10등 이상 상승하면 학생에게 상을 주었으며 우수반도 시상하였습니다. 불우한 저소득층 학생들을 위한 교육 복지시설을 확충하여 이들을 집중 지도하였습니다.

교사들의 교육복지 향상에도 많은 노력을 기울였습니다. 전 교사들에게 노트북 컴퓨터를 지급하여 수업과 행정업무에 활용하도록 하였고, 교무실 확장, 상담실 리모델링, 남녀 휴게실 리모델링, 교직원 개인 사물함 비치, 체력단련 기구 구입, 교구 확충, 탈의실 구비(여교사), 체육관 냉 · 난방기 및 방송영상시설 설치, 운동장 차량보호 안전망 설치, 교실환경 개선 등의 여러 가지 시설들을 구비했습니다. 또한 직원체육, 친목회, 부서별 회의의 활성화를 위한 예산을 배정하여 효과적으로 사용하도록 하였습니다.

교기(씨름)에 대하여 각별한 애정을 기울였습니다. 우리 무룡중학교에서는 울산지역의 초등학교와 연계시켜 매년 전국소년체육대회에 참가하여 씨름과 울산체육발전에 앞장서 왔습니다. 하루도 빠짐없이 학교 운동장에서 새벽을 열며 운동하는 학생선수들을 바라보며, 교장으로서 교기육성에 애착이 많이 갔습니다.

이 학교에 교장으로 왔을 때 운동 연습실과 학생선수 생활관이 낡은 조립식 건물이어서 우리 학생들이 연습하는데 어려움을 많이 겪는 것을 보았습니다. 우리 아이들이 전국대회에 참가하여 좋은 결과를 얻기 위해서는 대한민국에서 제일 좋은 환경을 만들어 주어서 우리 학교를 빛내고, 또한 울산광역시 명예를 드높여야겠다고 생각되어 교육감님과 교육의장님께 직접 부탁하여 무룡관(씨름연습장)과 선수생활관, 체력단련장을 건축하게 되었습니다. 이로 인하여 선수들의 연습이 더욱 활발해져 기량이 많이 향상되었으며, 상(금메달, 은메달, 동메달)도 많이 받았습니다. 씨름부의 시설로는 전국 최고의 수준입니다.

학생들이 학력향상에만 얽매여 개념도 모른 상태에서 습관적으로 문제풀이만 하고 있는 경향이 있습니다. 이의 해결을 위해 현재 실시하고 있는 수준별 수업을 개선하고 활성화하였으며, 수준별 수업에 맞는 교재개발과 교육방법 연구가 증대되도록 강조하였습니다. 또한 학습 부진 학생을 위한 수업 방법개선 및 연구가 증대되도록 하고, 하위 그룹에 속한 학생의 학습의욕 고취 방법 연구 및 격려가 필요하였는데, 이를 위해 교사들이 개별 상담을 하고 학력신장 카드를 만들어 세밀하게 관리하고 지도하였습니다.

요사이 학부모들이나 매스컴에 교원들이 잡무가 많아 정작 수업시간에 집중하기 어렵다는 말이 자주 나오고 있습니다. 사실 학교에 컴퓨터가 도입된 이래 업무의 편리성은 많이 높아졌지만 일의 분량은 엄청나게 늘어나 교사들이 수업 없는 시간에 교재 연구할 시간이 부족하고, 행정업무에 시간과 노력을 많이 소비하고 있는 것이 현실입니다. 이의 해결을 위해 각급 학교에 실무를 맡을 행정 업무 전담자가 배치되어 교사들의 업무 부담을 덜어주어야 합니다. 이 안은 이제까지 많이 논의되었으나 실행이 안 되었기 때문에 장기적 안목으로 볼 때 실행되어야 하고, 교육과학부의 정책적 배려가 꼭 필요한 사항입니다.

후배 교원들에게 전하고 싶은 이야기가 있습니다. 효과적인 교수 · 학습을 위해 자신의 교육방법을 꾸준히 연구하고 노력해야 하며, 수업방법 개선에 지속적인 연구와 노력이 필요함을 강조했습니다. 교육에 대한 열성도를 높여 나가야 하며, 보람과 긍지를 가지고 교육에 임해야 합니다. 담임의 노력만큼 학급이 잘 관리되며, 교장의 노력만큼 학교가 잘 경영됩니다. 그리고 인성교육에 지속적인 관심과 기회를 많이 가져야 합니다.

최근 서울, 경기 지역에서 발생한 교육계 비리를 보고 많은 것을 느끼게 합니다. 교육계 일부의 비리로 인하여 교육집단 전체를 비판하는 것은 옳지 못합니다. 그러나 비리 근절의 제도적 장치를 확실하게 보완하여야 하며, 비리자에 대한 징계를 강화하여야 합니다. 또한 청렴의지 확산을 위한 연수 기회를 확대해야 하며, 매스컴의 비리 관련 보도보다 우수 교육자에 대한 보도가 많이 확대 되어야 합니다.

교직생활 중에 특별히 기억에 남는 교직원이 있습니다. 고등학교 근무 시절 원칙성, 청렴성이 투철하셨던 교장 선생님이 계셨는데 이분을 꼭 닮고 싶었습니다. 또 한 분은 울산 모 중학교에 교장으로 봉직하다가 심근경색으로 2년 전에 갑자기 작고한 친구 교장 선생님이 평생 동안 기억에 남을 것 같습니다. 장례식 때 매우 슬펐으며 눈물을 많이 흘렸습니다.

지금 활동하고 있는 기관이나 단체는 울산제일교회 장로, ROTC 울산지부 이사, 울산문수필담 동인, 울산성서신학원 이사, 울산통합장로회 지도위원, 계간지 《로뎀나무》 편집장, 부활절연합예배 준비위원, 울산노회 학원선교회 부회장, 샬롬선교회 회장, 울산노회 제일교회 총대, 샬롬회 회원 등입니다.

그리고 지금까지 수상한 경력은 녹조근정훈장, 밝은사회클럽 대상, 사단장 표창, 교육부장관 표창, 과학기술부장관 상장, 교육감 표창, 교육장 표창, 경남교육회장 상장, 울산교육회장 상장, 울산교총회장 표창, 교장 표창(교사 때) 등입니다.

교육계의 활동 경력은 무룡중학교 교장, 계명대학교 동창회 회장, 영남대학교 동창회 울산지부 이사, 울산광역시 강남교육청 중학교평가단 위원장, 울산광역시 중학교교장단 회장, 울산광역시 강북교육청 교장단 회장, 울산광역시 중구 교장단 회장 등 입니다.

자녀 교육을 좀 강하게 스파르타식으로 하였습니다. "세 살 버릇 여든까지 간다." 는 속담을 연상하며 교육을 했습니다. 네 살 때부터는 밥 투정을 하면 밥을 먹이지 않고 마루에 쫓아내어 버리고 밥을 굶겼습니다. 이렇게 몇 차례 하니까 일체 밥 투정을 하는 일이 없었습니다. 또 학교의 숙제를 대신해 주거나 도와주는 일은 한 번도 없었습니다. 스스로 연구하여 해결하도록 지도했습니다.

큰딸이 중학교에 입학한 다음 날 자녀들과 의논하여 처음 나온 컬러 TV를 부수어 없애기로 하였습니다. 아이들이 아까우니 창고에 갖다 놓자고 건의하였으나 "나는 너희들이 더 아까우니 공부에 지장 있는 TV를 부수어 버리자."고 설득하여 마당에 자녀들과 함께 나가서 자녀들이 보는 앞에서 부수어 버렸습니다. 이후에 고등학생이 되어서 비디오 학습지를 보아야 한다기에 모니터 한 대와 비디오 한 대를 구입하여 서로 연결하여 학습하도록 하였습니다. 이렇게 하여 둘째 딸이 고등학교 졸업할 때까지 7년 동안 TV 없이 살았습니다. 이렇게 하니 공부도 많이 하게 되고, 취미활동도 할 시간이 많아졌습니다.

자녀들이 잘못하는 일이 있을 때는 모두 메모해 두었다가 토요일 저녁에 자녀 2명과 부모 2명이 모두 꿇어앉도록 한 후에 잘못한 일을 이야기하고 소감을 들어 봅니다. 이야기를 들은 후 "너희들이 잘못한 것은 아버지가 교육을 잘못 시켜서 그런 것이니 아버지가 벌을 받아야 한다."고 말한 후 의자를 들고 한 시간 벌을 받았습니다. 자녀들이 울면서 잘하겠다고 말해도 한 시간을 꼭 채웠습니다. 참으로 힘든 시간이었습니다. 이렇게 일 년에 두 차례 정도 합니다. 아버지의 이러한 행동 때문에 자녀들이 바르게 생활하지 않을 수가 없었습니다. 실천 중심의 스파르타식 교육이었습니다.

일년에 두 번 있는 방학 동안에는 2박 3일 동안 여행을 합니다. 이때는 책도 가지고 가지 않고 공부 이야기는 일체 하지 않습니다. 스트레스를 해소하도록 맛있는 음식을 먹고 재미있는 이야기나 놀이만 합니다. 여행 중에 대학 한 곳은 꼭 방문하여 몸소 느끼도록 하고 도서관을 반드시 견학합니다. 자녀의 마음가짐이 달라짐을 느꼈습니다.

일요일 날은 낮에 공부를 하지 않고 교회생활에 전념하도록 했습니다. 다른 학생들이 주일날 공부한 것을 따라잡기 위해서 평일에 남보다 잠을 한 시간 덜 자고 공부하도록 했습니다. 중 · 고등부 교회 활동에 적극적으로 참여하도록 하였으며, 신앙 성장에 많은 도움이 되었습니다. 두 자녀 모두 이화여자대학교를 졸업하였고, 대학원은 한국과학기술원과 연세대학교를 졸업하였습니다.

앞으로의 생활 계획은 필요한 기관에 특강을 할 계획입니다. 학교 재직 중에도 외부 기관이나 단체에 강의를 종종 하였습니다. 지금도 서울과 울산의 기관이나 단체에 특강을 종종 하고 있으며, 이를 위해 자료들을 많이 준비해 놓았습니다. 여러 기관에서 강의 요청이 오면 적극적으로 임하겠습니다.

울산제일교회의 장로로서 봉사활동에 더욱 관심과 적극성을 가지고 활동할 계획이며, 특별히 노인들을 위한 모임에 관심을 가지고 봉사하고 강의도 할 계획입니다. 그리고 불우이웃을 돕기 위한 '아름다운 가게'(불우한 이웃을 돕는 봉사활동 단체)가 활성화 되도록 적극적으로 봉사하고자 합니다. 현재 이사로 봉사하고 있습니다. 또한 울산노회 장로회를 위하여 적극적으로 봉사하고 싶으며, 울산제일교회에서 실시하고 있는 학교별 장학금 지급 사업을 더욱 확대해 나가고자 합니다.

마지막으로 교직의 길을 걸어오면서 '교육자로서의 나의 다짐' 내용을 소개하고 이 글을 마치겠습니다.

교육자教育者로서의 나의 다짐

1. 나는 학생들의 인격을 존중하며 사랑과 열정과 봉사정신으로 교육에 임한다.
2. 나는 학생들의 미래를 좌우할 수 있는 막중한 임무를 부여받은 선생님이다.
3. 나는 수업시간을 엄수하며 밀도가 높은 수업을 위해 시간마다 최선을 다한다.

4. 나는 학생 앞에서 교사로서의 존엄성과 항상 품위가 있는 자세를 유지한다.

5. 나는 국어 교과에 대한 긍지를 가지고 항상 최선의 수업을 위한 준비를 한다.

6. 나는 동료 교사들의 장점을 배우고, 함께 동참하는 일에 적극적으로 협조한다.

7. 나는 학생과 교직원들이 잘못했을 때는 화를 내지 않고 이해하도록 설득한다.

8. 나는 교직원이 상호협력하고 화합하도록 최선의 방법을 지속적으로 연구한다.

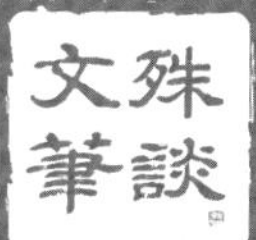

논단

문수필담 창·간·호

정우규 ——— 울산 동구와 남구의 상징화
동백꽃에 관한 소고 외 1

한대화 ——— 선진 민주 국가와 대의제

강문중 ——— 풍요로운 공간으로의 초대

울산 동구와 남구의 상징화 동백꽃에 관한 소고 외 1

1. 머리말

우리나라의 경우 지자체에서 상징화, 상징목, 상징조 등 상징물을 대대적으로 지정한 것은 1978년 내무부가 자연보호운동의 일환으로 각 시도에 자기 단체를 대표하는 도화, 도목 지정을 고시하면서부터이다. 이어 각 시군구에서 각 지자체에서 상징물을 지정하였다. 이렇게 상징물을 대대적으로 지정한 역사가 40여 년이나 되었고 그동안 한 동식물을 여러 지자체가 중복 지정하는 등 문제점의 지적이 있었음에도 개선이 전혀 되지 않은 상태로 오늘

이학박사(생물학). 전국과학전람회 대상(대통령상) · 모범공무원 포상 · 국무총리 표창 · 한국습지인상 수상. 한국습지환경보전연합 공동대표, 울산환경운동연합 공동의장, 한국습지학회 부울지회장, 울산생명의숲 공동대표

에 이르렀다.

현재 문제가 되고 있는 것은 몇 종의 동식물을 여러 지자체가 중복 지정하여 상징물로서 대표성을 상실하였으며(예 은행나무 72곳), 틀린 이름으로 지정(비둘기 53곳), 유해 동물과 외래종(비둘기 53곳, 장미 19곳)을 상징물로 지정하여 원래의 취지를 살리지 못하였고 문제점만 키웠다. 이러다보니 2010년 10월 4일에는 국회의원(강성천)이 환경부 감사에서 지자체의 상징종에 대한 질의와 문제점의 개선책을 주문하는 일까지 있었다. 한국의 지자체는 아직도 상징 동식물 지정을 취지도 못 살리고 이름도 틀리는 수준이다. 그리고 상징물을 지역의 산업이나 생물종의 보호, 지역 문화의 창달 등에 이용하는 지자체는 거의 없고 상부 기관의 지시에 의해 하나의 요식 행위로 지정한 것이 대부분이다. 현재 시도, 시군구 등 지자체나 학교 등에서 상징물로 지정한 동식물은 그 지정의 원래 취지를 알고 그에 합당한 개선과 재지정을 위한 현황 파악과 문제점의 검토 등 논의가 필요하다.

이 글은 울산광역시와 관내 군구에서 지정한 상징물의 문제점을 개선하기 위한 목적으로 현재 지정된 상징화, 상징목, 상징조에 대한 검토와 논의의 제1보로서 울산 동구와 남구의 상징화 동백꽃에 대해 생물학적 특성과 인문학적 특성을 조사하고 그 특성을 기초로 상징화로서 적합성을 논의한 것이다.

2. 동백꽃의 특성과 상징화로 지정

동백나무는 겨울에 피는 꽃이 거의 없는 우리나라 기후 조건하에서 귀하게 겨울부터 봄까지 꽃이 피는 동계 개화 식물이다. 진한 녹색의 잎들 사이에 피어나는 진홍의 꽃이 아름답고 종실유는 고급의 머릿기름으로 이용되어 예로부터 많은 사람들의 사랑을 받아왔다.

울산의 동구와 남구는 이런 동백冬柏꽃을 구를 상징하는 구화區花로 지정하였다. 구화 동백꽃에 대한 이해를 돕고 구화로서 적합성 여부를 고찰하기 위해 동백나무의 종류, 분포, 용도, 민속 등을 조사하고 이를 기초로 구화로 적합한지를 고찰하였다.

1) 내력

동백나무의 이름은 겨울에 꽃이 피고 늘푸른잎나무여서 겨울 동冬 나무 백柏을 쓴다고 한다. 그러나 이 설명은 어원을 연구해 보지 않아 생긴 잘 못된 설명이다. 동백이란 이름은 돈박과 돔박에서 유래했다. 동백의 고대어가 경상도에 돈박과 동박이, 제주도에 돔박과 동박이 사투리로 남아 있다. 돈박, 돔박이란 옛 우리말을 한자로 표기한 이름은 동박同博, 童泊과 동백冬柏, 棟柏, 棟白이 있다. 그리고 중국에서 동백을 부르던 이름이 한국으로 들어와 우리나라 문헌에 수록되어 있는 이름이 산다山茶, 해석류海石榴, 해류海榴 등이 있다.

한국의 동백나무에 관한 고대의 우리 기록은 찾지를 못하였다. 그러나 신라에서 중국에 동백나무를 보냈었다는 사실은 중국의 문헌을 통해 간접적으로 알 수 있다. 동백이 최초로 수록된 기록을 대만에서는 촉한蜀漢(221~263) 때 장익張翊이 지은 화경花經으로 보고 있다. 화경에는 꽃을 구품구명九品九命으로 품평했는데 산다山茶(동백)를 칠품삼명七品三命으로 배열하였다. 다음은 남북조시대 북위 정시正始 4년에서 영희永熙 3년 사이(507~534) 화훼서인 위왕화목지魏王花木志에 (계주의 산다와 중원의 다화는 "해석류"이다. 다화는 재배하기에 적합하여 이미 남쪽으로부터 중원지구에 까지 이르렀다(桂州的 山茶及中原地區的茶花 "海石榴". 茶花的栽培已由南方擴展到中原地區)로 보고 있다. 반면 중국은 남북조시대 남조진대南朝陳代(557~589)의 문인 강총江總의 산정춘일山庭春日이란 시의 "언덕이 푸르니 물가의 버들 잎이 핀 것이요. 연못이 붉으니 해류 꽃이 비친 것이다.(岸綠開河柳, 池紅照海榴)"〔"海榴"一詞, 最早見于南北朝文學家江總(519~594)的《山庭春日》詩 : "岸綠開河柳, 池紅照海榴。"〕로 보고 있다.

이 시대에는 대부분 동백을 해류海榴, 해석류海石榴로 적고 있다. 이 이름은 외국을 나타내는 해海와 닮은 식물 석류石榴와 합쳐 만든 이름이다. 이 시대까지 중국의 중심이었던 중원에서는 동백이 없었기 때문에 신라로부터 전해진 동백을 해석류라 하였다.

당나라 시인 이백(701~762)의 시집 이태백시집주李太白詩集注에도 "해홍화는 신라국에 나는데 꽃이 선명하다〔海紅花出新羅國甚鮮〕." 해석류海石榴는 신라에서 들어왔다〔海石榴新羅國來〕 청나라 강희제 때 간행된 옛 백과사전 유서찬요類書纂要에 "신라국 해홍은 곧 옅은 홍 산다화山茶花를 말한다〔新羅國海紅 卽淺紅山茶〕" 이 기록에서 해홍海紅, 산다화山茶花, 해석류海石榴는 모두 동백을 부르는 다른 이름이다.

일본은 동백을 춘椿이라 적고 쓰바키(つばき)라고 발음한다. 일본 한자명 춘椿은 춘자가 참중나무를 나타낸 글자이나 동백나무의 오래 사는 특성을 대춘大椿이라는 참중나무〔香椿〕에 비견하여 춘椿자를 채용한 것으로 사료된다. 쓰바키의 어원에 관해서는 몇 개의 설이 있는데 그중 하나의 설은 조선의 이름 동백冬柏 즉 쓴(つん: 冬)바쿠(ぱく: 柏)가 전화轉化되었다고 보는 설이다〔朝日新聞, 1988〕.

꽃말인 신중, 겸손은 반만 개화된 상태에서 수명을 다하고 저버리는 성질에서 붙여진 것 같으며, 사랑과 정열은 진한 녹색의 잎들 사이에서 타오르는 정열로 피어나는 꽃의 색과 모습에서 유래한 것으로 사료된다.

실제로 우리나라의 시가 등 기록에 동백冬柏이란 현재의 이름이 등장하는 것은 한글이 만들어지기 전인 고려 중기 때 이규보李奎報(1168~1241)의 동백꽃〔冬栢花〕이란 시이다.

조선 초기에는 강희안姜希顔(1419~1464)의 양화소록養花小錄(1449)에 "동백은 동국에 나고 4종이 있다. 잎은 낱잎이고 붉은 꽃이며 눈 속에서도 능히 꽃이 핀다. 민간에서는 동백이라 한다. 홑잎인 것은 남쪽 섬 가운데서 나는 것이 좋다. 혹 봄에 피는 꽃을 춘백이라 한다."는 기록이 있다. 그리고 이 책에는 국내에서 처음으로 동백의 국내 산지와 종류, 재배, 용도 등에 관한 설명이 있다. 성삼문은 설중동백이란 시에서 동백꽃을 "높고 깨끗함은 매화보다 좋고(高潔梅兄行), 아리따움은 혹 지나친 건가(嬋娟或過哉)! 라고 읊었다.

이런 기록과 시가들을 볼 때 동백꽃은 옛날부터 우리 조상들의 사랑을 받아온 꽃이었다. 현재도 전남의 도화, 부산의 시화와 시목 등 많은 기관의 상징화로 지정되어 있고 대중가요의 제목에 '동백 아가씨' 가 있을 정도로 사람들의 사랑을 받고 있는 꽃이다.

2) 분류 형태 및 종류

동백나무*Camellia japonica* L.는 차나무과 동백나무속에 속하는 200~250종 가운데 한 종이다. 한국에는 자생종인 동백나무와 일본산으로 도입된 애기동백나무*C. sasanca*가 있다.

동백나무의 기본종은 늘푸른중키나무로 키가 7m 전후까지 자라고 원추형이나 부채형이 많다. 줄기는 껍질이 회색을 띤 갈색으로 매끈하다. 잎은 어긋나기이고 타원형이며 가장자리에 잔톱니가 있으며 두껍다. 잎의 앞면은 광택이 있으며 뒷면은 노란색을 띤 녹색이다. 꽃은 가지 끝이나 잎 사이 겨드랑이에 1개씩 달린다. 꽃의 구조는 꽃받침이 5개, 꽃잎이 5~7개, 수술이 90~100개, 암술대가 3개이다. 꽃은 양성화로 11월에서 다음 해 4월까지 피고 반쯤 핀다. 꽃잎은 붉고 꽃밥은 노란색이다. 열매는 삭과로 9~10월에 익으며 종자는 검은색을 띤 갈색이다.

우리나라에는 이 기본종 동백나무와 여기에 비해 가지가 처지는 처진동백나무*C. japonica* for. *pendula*, 꽃잎이 거의 수평으로 퍼지는 뜰동백나무*C.*

japonica var. *hortensis* Mak : 보길도에서 처음 발견된 잎이 좁고 긴 긴잎동백나무*C. japonica* for. *longifolia* Uyeki, 꽃잎이 백색인 흰동백나무*C. japonica* for. *albipetala* H.D.Chang, 잎에 노랑 무늬가 있는 울릉도에서 처음 발견된 무늬동백나무*C. japonica* for. *variegata* Uyeki 등이 야생했다.

3) 생태 및 지리적 변이

동백나무는 우리나라의 상록활엽수림대의 주요 구성 수종이다. 이 종은 한 꽃송이 암술과 수술이 같이 있는 양성화이고 자연 상태에서는 씨로 번식한다. 꽃은 11월에서 다음해 4월까지 피고 한겨울 심하게 추울 때는 개화가 중지된다. 꽃가루받이는 겨울 동안 동박새에 의하여 이루어지는 새나름꽃(鳥媒花)이나 봄에는 새나름꽃이면서 벌 등 곤충의 도움을 받는 벌레나름꽃(蟲媒花)이기도 하다. 꽃가루받이가 이루어지면 수정이 되고 씨방과 밑씨가 열매로 자란다. 열매는 다 자라면 10월에 벌어지고 씨가 떨어져 낙엽이나 흙 속에 묻히면 다음해 봄에 싹이 나서 자란다. 어릴 때는 음지나무로 자라나 커지면서 반음지나무로 변한다. 나무는 물 빠짐이 좋고 영양물질과 수분이 풍부한 곳에서 잘 자란다. 꽃이 달리는 기간은 빠른 경우 싹이 난 3~4년이면 피기 시작하나 늦은 것은 6~8년 되어야 핀다. 숲 속에 난 어린 나무는 자라면서 공간과 햇빛 경쟁 등을 위한 밀도 조절로 세력이 약한 그루는 도태된다.

동백나무는 어릴 때 도태되지 않은 개체들은 수백 년 동안 살아가는 장수목이다. 겨울의 추위 때문에 꽃가루받이를 시킬 곤충이 없어 새가 꽃가루받이를 시키는 새나름꽃이다. 이 예쁜 꽃은 진한 향기가 없는 대신 아주 달콤한 꿀을 잔뜩 품고 있다. 동박새가 꿀을 빨면서 부리에 묻힌 꽃가루가 다른 꽃을 빨 때 옮겨져 꽃가루받이가 된다. 이 새는 떠돌이새로 여름에는 산에서 살면서 나무에 집을 지어 번식하고 곤충을 먹는데 벌레가 없는 겨울엔 산 아래로 내려와 나무열매나 동백꽃의 꿀을 먹는다. 동백꽃과 동박새는 종의 생식과 개체의 생명 유지라는 떼려야 뗄 수 없는 상호관계를 가지고 있다.

동백나무는 남해안 및 서해, 동해의 도서 지방에 주로 생육한다. 내륙 지방에는 자연 분포지가 매우 한정되어 있으며 불연속적인 분포상을 나타낸다. 육지의 분포는 현재 천연기념물 제169호인 충남 서천 마량리 동백나무 숲이 최북단이며, 제83호인 전남 무안 사마리 동백나무, 제151호 전남 강진군 도암면 만덕리의 백련사 동백나무 군락지, 제184호 전남 고창군 삼인리 동백나무숲 등이 있다.

도서 지방의 경우 동백나무 군락지는 천연기념물 제66호인 대청도 군락지가 북한지이며, 제233호 경남 거제시 학동리의 동백나무 군락지, 제65호 울산 울주군 온산읍 방도리 목도의 동백군락지, 경북 울릉도 등이 있다.

육지와 도서의 동백나무 분포는 인천 대청도에서 충남의 서천, 전북의 굴업도, 전남의 완도와 오동도, 경남의 거제, 울산의 목도(동백도), 경북 울릉도 등 U자형 분포를 나타낸다. 이런 현상은 주변 난류인 쿠로시오 해류의 지류인 황해난류와 동한난류의 영향을 받기 때문이다.

우리나라의 분포 지역은 지질시대를 거쳐 황해가 생긴 이후 오랜 기간 동안 상호 격리되어 생육해 왔기 때문에 각 분포지의 자연 조건과 지역 집단에 따라 형질에 차이가 있어 잎의 크기가 북쪽 집단일수록 작다. 나무 모양은 남쪽이 교목형이고 북쪽으로 갈수록 관목형이며 지역에 따라 개화기와 꽃의 색깔에도 차이가 있다. 그 한 예로 동백의 개화 시기가 오동도나 가덕도에서는 11월부터 개화가 시작되나 강진은 3월부터 개화하여 개화기가 상이한 편이며, 옛날부터 동계에 개화하는 것을 동백冬栢, 봄에 개화하는 것을 춘백春栢이라 하였다. 그리고 대흥사, 쌍계사, 연곡사, 천은사 등에 직경 1자 전후의 노목들이 분포하는 것은 자생 동백일 수도 있고 만다라수라 하여 절에서 식재하여 보호해왔기 때문에 노목들이 남아 있는 것들일 수도 있다.

세계적으로는 북해도를 제외한 전 일본과 산동반도로부터 양자강, 운남성,

자유중국에 이르는 지역에 분포한다.

4) 용도

동백나무의 목재는 담황갈색이고 질이 굳고 곧으며 치밀하고 질기고 압력강도가 438~439kg/㎡, 인장강도가 682~876kg/㎡로 농기구의 제작, 기계재, 조각재, 세공재, 양산자루 등에 이용되나 도서 지방에서는 주로 땔감과 숯으로 활용된다. 동백나무로 구운 숯(木炭)은 불살이 세고 불티와 그을음이 생기지 않아 최고급 숯으로 쳤고 남해 섬지방에서는 겨울철 화로에 담는 숯불로는 반드시 동백나무 숯을 썼다.

동백나무를 태운 재를 동백회(冬柏木灰)라 하여 염색할 때 매염제로 썼다. 동백목회는 칼륨 성분과 철분을 띠고 있어 선명한 붉은색과 보라색을 띤다. 동백목회는 도자기의 잿물을 만들 때도 쓰인다. 동백목회를 진흙물에 섞어 유약으로 쓰면 고운 빛깔의 도자기를 구워낼 수 있다. 저 강진 고려청자는 동백목회를 섞은 유약 때문에 그 고운 비취색이 드러났는지도 모른다. 동백나무 잿물로 청자의 비색을 재현해 보는 일도 의미 있는 일이다. 동백나무로 불을 때거나 숯을 만들었기 때문에 동백나무가 수난을 받아 지금은 사람이 접근할 수 없는 낭떠러지 같은 곳에만 남아 있다.

봄철에 새로 돋아나는 어린 싹을 차와 나물로 먹는다. 새싹을 따면 소금을 넣은 끓는 물에 살짝 데쳐서 찬물에 담가 쓴맛을 우려고 무침, 전 같은 요리에 쓴다. 살아 있는 나무는 모양이 아름답고 해풍과 공해 등에 강하여 조경용, 분재용, 절화용, 방풍수 등에 이용된다.

씨는 불건성유가 35% 내외 함유되었고 조발용, 등유, 의료용, 연고기제, 이뇨제 등에 이용된다. 씨에는 각종 사포닌과 오레인산, 리놀린산, 팔미틴산 등이 함유되어 있어 식용과 약용으로 이용된다. 씨에서 짠 기름을 불에 덴데 바르면 상처가 쉽게 아물고 흉터도 잘 생기지 않는다. 머리에 바르면 머리카락이 세지 않는다고 알려져 머릿기름으로 인기가 있었다. 최근 일본에서는 동백기름에 발모 성분이 있다는 것이 알려져 발모제를 합성하기 위한 연구가 활발하다.

5) 민속 전설 및 시민 인식

오동도에는 아름다운 아녀자가 도둑에 쫓겨 물에 빠져 죽었고 그 뒤 그녀의 무덤에서 동백나무가 돋아났고, 그래서 동백꽃이 아녀자의 미모를 닮아 아름답다는 동백나무의 기원에 관한 전설이 있다. 또한 일본에서는 동백꽃 속에 역병(전염병)의 귀신이 숨어 있다가 꽃이 떨어질 때 함께 떨어져 죽게 된다고 하여 동백나무를 뜰에 심었다는 재배에 관한 전설이 있다. 이것은 동백꽃이 다른 꽃들과 달리 시들지 않고 통째로 뚝 떨어지기 때문에 나온 풍속인 것 같다.

우리나라 남부지방의 전통 혼례식에서는 혼례상에 동백나무와 대나무 가지를 꽃꽂이로 사용한다. 부부간의 정열적 사랑, 장수長壽와 굳은 약속, 그리고 여자의 절개를 상징하는 것이었다. 또한 동백나무 가지는 귀신을 쫓아낼 뿐 아니라 아들을 많이 낳게 한다는 믿음이 있었던 것이다. 그 가지로 신부의 엉덩이를 치면 사내아이를 가질 수 있다는 이야기까지 전해지고 있었다. 나도 내자의 엉덩이를 한 번 쳐볼까 했지만, 우리 세대가 애기를 가질 때는 "아들 딸 구별 말고 하나 낳아 잘 기르자." "잘 기른 딸자식 열 아들 안 부럽다."를 외치던 시절이었고 이를 가르치고 실천해야 할 선생이기에 그냥 둘 수밖에, 어쨌든 이것은 동백나무가 많은 열매를 맺는데서 다산성多産性을 물려받겠다는 생각에서 유래된 풍속일 것이다.

봄에 동백나무의 새잎이 한꺼번에 피어나면 풍년이 들고, 두 번에 나누어 피면 평년작이고, 세 번 이상 나누어 피면 흉년이 온다고 믿는 풍속도 있었다. 또 잎이 잘 피면 비가 많이 오고, 위쪽이 먼저 피면 북쪽 마을이 좋고, 아래쪽이 먼저 피면 남쪽에 풍년이 든다고 믿었다.

제주도에서는 동백나무를 집 안에 심으면 도둑이 든다 하여 집 안에서는 심지 않는 풍속이 있다. 제주도는 원래 도둑이 없는 곳이기 때문에 도둑을 우려해서가 아니라 동백나무가 자연 상태에서 자랄 수 있게 하고, 종자 등을 누구나 따서 이용할 수 있게 하기 위한 배려에서 생겨난 양풍이 아닐까 생각된다. 과거 진주 등 전국의 여러 지역에서 대추나 모과 등의 과수를 집 안에 심으면 도둑을 맞는다 하여 심지 않았던 것과 같은 풍속이다.

동백나무는 겨울에도 잎이 지지 않는 상록성 나무이고 겨울의 바람을 막아주는 나무이기 때문에 사철 변함없는 믿음을 주는 나무이다. 이 나무는 추위로 다른 나무는 꽃을 피우지 않는 겨울에 꽃이 피어 귀한 꽃을 주민들에게 선사하는 나무이다. 꽃의 모습은 아름답고 색깔은 정열적이며 믿음을 주는 꽃이다. 주민들에게는 겨울 추위를 이기게 땔감을 주었고 생활에 필요한 각종 기구를 만들 수 있는 자료를 제공하였으며 병마로부터 생명을 지키는 약을 제공하였다. 동백나무에 대한 주민들의 인식은 위와 같은 관계로 매우 좋은 편이다.

6) 구화로서의 동백꽃

상징물로서 고려해야 될 사항은 살펴보면 다음과 같다. 상징화로서 적합한 꽃은 지역을 상징할 수 있는 꽃, 지역의 역사나 지명의 유래 등 인문 사회적 배경을 나타낼 수 있는 꽃, 타 지역과 중복되지 않는 꽃, 모습과 색깔이 아름다운 꽃, 환경에서 잘 살아가고 연중 볼 수 있는 꽃, 해당 지역에 특별히 개체수가 많거나 해당지역에서만 볼 수 있는 희귀하고 보호해야 할 꽃 등을 상징화로 정하는 것이 바람직하다.

상징화는 지역의 역사나 지명의 유래 등 인문 사회적 배경을 나타낼 수 있는 꽃으로서 울산의 동백에 관한 기록을 살펴보면 울산이란 지명이 표시된 기록은 고려 말까지 나타나지 않는다. 그러나 신라의 동백이 중국의 문헌에 수록된 것을 통해 간접적으로 울산의 동백이 중국의 남북조에 선물되었다는 것을 알 수 있다. 중국 문헌에 신라의 동백꽃이 수록된 시대는 대만에서는 남북조시대 북위 정시正始 4년에서 영희永熙 3년 사이(507~534) 화훼서인 위방화목지魏王花木志에 "계림의 산다와 중원의 다화는 '해석류(동백)' 이다〔桂州的 山茶及中原地區的茶花 '海石榴'〕. 다화는 재배하기 적합하여 이미 남쪽으로부터 넓게 퍼져 중원지구에 까지 이르렀다〔茶花的栽培已由南方擴展到中原地區〕"로 보고, 중국에서는 남북조시대이고 강총江總(519~594) 의 시 산정춘일山庭春日에 "언덕이 푸르니 물가의 버들잎이 핀 것이요 연못이 붉으니 해류 꽃이 비친 것이다〔岸綠開河柳, 池紅照海榴〕"에 동백이 해류海榴(hai liu)란 이름으로 수록되어 있는 것을 처음으로 보고 있다.

당나라 시인 이백(701~762)의 시집 이태백시집주李太白詩集注에도 "해홍화는 신라국에 나는데 꽃이 선명하다〔海紅花出新羅國甚鮮〕." "해석류는 신라에서 들어왔는데〔海石榴新羅國來〕 종자가 들어올 때 오직 홍색 한 종류뿐이었으므로 또 단약丹若이라고도 이름 한다." "신라국에 해석류가 많다〔新羅國多海石榴〕" 등이 수록되어 있다. 이 시대에는 동백을 해류海榴, 해석류海石榴로 적고 있다. 이 시대 이전과 이 시대 중국의 중원에서는 동백이 없었는데 중원에 동백이 전래된 것은 신라로부터 전해진 것이다. 이 동백은 울산의 동백일 가능성이 높다. 당시 신라는 가야를 복속시키는 정도의 국력이었고 영역은 지금 경상도 지역에 한정되어 있었다. 신라에서 사신이 남북조의 나라에 가면서 동백나무의 씨앗을 가지고 갔다면 신라의 영역이면서 동백이 자생하고 경주와 가장 가까운 지역은 울산이기 때문이다. 울산에는 지금도 목도(동백섬)에 천연기념물 제65호로 지정된 동백 숲이 있다.

울산의 동백나무에 관한 국내의 기록은 조선 단종 2년(1453)에 편찬된 세종장헌대왕실록지리지 등의 울산조에 동백섬冬柏島이 기재되어 있다. 동백섬은 그 뒤에 편찬된 신증동국여지승람(이행 등, 1530)에 동백꽃이 많이 피어 동백섬〔冬柏島〕이라 한다고 기재되어 있다. 이후의 각종 지리지와 경상도읍지 울산부여지도신편읍지(경상감영, 1786), 경상도읍지 울산부읍지(경상감영, 1832), 영남읍지 울산부읍지(경상감영, 1871) 등의 관찬 지리지, 대동여지도(김정호, 1864) 등 사찬 지도와 학성지(권상일, 1749), 울산읍지(조석영, 1899), 울산읍지(김용제, 신선정, 1934), 흥려승람興麗勝覽(김기홍, 1937) 등 향토지에 동백섬〔冬柏島〕이 수록되어 있다.

조선 초기 학자이자 정치가인 권근權近(1352~1409)의 대화루大和樓 기문에 '이름 있는 꽃과 이상한 풀, 해죽海竹과 산다山茶가 무성하여 이를 장춘오藏春塢(현재 태화루 맞은편 산의 절벽 지점으로 보는 견해가 많음)라고 한다' 하여 대화루大和樓(현재 태화루太和樓라 함) 근처에 당시 산다山茶(동백나무) 가 있었다는 기록이 있다. 울산 부사로 근무했던 김종직金宗直(1431~1492)은 동백섬(현재의 목도 상록수림)이란 한시를 지었고 그 원문이 전해지고 있다. 임진왜란 때 가등청정加藤清正(가토 가요마사)이 울산에서 약탈해간 오색팔중산춘五色八重散椿과 타조라는 동백나무가 일본에 살아 있다. 오색팔중산춘이란 동백나무는 일본 교토〔京都〕 지조인〔地藏院〕 통칭 쓰바키데라〔椿寺〕(동백나무절)에 임진왜란 때 약탈해간 나무의 2세가 자라고 있고 도요토미 히데요시〔豊臣秀吉〕이 사랑했던 나무로 전해지고 있다. 이 동백나무는 여러 색깔의 겹꽃이고 꽃이 질 때 꽃잎이 하나하나 나누어져 떨어지는 것이 특징이다. 이 동백나무 3세가 1992년에 들여와 울산시청, 언양 대일학원, 독립기념관에 심었고 울산시청에 심은 나무는 살아 있다. 오촌奧村가의 오색팔중산춘은 천연기념물로 지정되어 있다.

울산의 동백나무는 동백의 자생지인 목도의 상록수림이 천연기념물 제64호로 지정되어 보호되고 있다. 울산은 이와 같이 한국의 동백나무의 문화나 보존을 논할 때 울산의 동백에 관해 논하지 않을 수 없는 역사성과 향토성을 지닌 곳이다.

동백꽃은 모습과 색깔이 아름다운 꽃으로서 논의가 필요 없을 정도이다. 옛날에 우리 조상들이 가장 좋아한 꽃이 매화, 난초, 국화, 대나무였다. 그런데 성삼문은 그의 시 눈 속에 핀 동백(雪中冬柏)에서 "높고 깨끗함은 매화보다 좋고(高潔梅兄行) 아리따움은 혹 지나친 건가!(嬋娟或過哉)"라 했다. 매화보다 낫다면 이상 더 무엇을 논의할 것이 있겠는가? 그리고 강희안은 '양화소록'의 화목구품에서 동백을 도골 선풍이 속세를 벗어나 사람 무리를 떠나는 기상으로 청수한 꽃과 빛나고 윤택한 사시四時의 잎을 겸하였으니 화림 중 뛰어나고 복을 갖추었다 하여 4품으로 매기고 있다.

1970년대까지 동백섬에 꽃이 피면 울산 시민들이 동백꽃을 보기 위해 줄을 이었었다고 한다. 그리고 울산의 동백나무 자생지 동백섬을 소재로 한 정일근과 김종경 등 울산 시인들의 시도 여러 편 발표되었다.

동백나무는 해풍과 공해에 강하여 울산에서 비교적 잘 살아가고 있다. 자생지인 동백섬(목도)에서도 공단의 매연과 소음 등을 이기고 살아가고 있으며 가정에 심어진 나무들도 잘 자라고 있다.

동백나무는 늘푸른넓은잎나무(상록활엽수)로 녹색에 목말라하는 시민들에서 녹색의 기운을 1년 내 선물하고 있다. 이 식물은 수명과 개화기간이 길며, 꽃이 질 때 시들지 않고 낙화하는 특징이 있다. 동백은 꽃과 잎이 아름답고 단정하며 변함없는 느낌을 주어 귀한 겨울 꽃으로 사람들의 사랑을 많이 받아 왔다. 그리고 열매가 많이 달리며 꽃이 붉어 남녀 간의 변함없는 사랑을 뜻하며 자손의 번영을 기원하는 풍속이 전해져 오는 나무이다.

그리고 울주군 동백섬은 동해안에서 가장 북쪽에 동백나무 등이 상록활엽수림을 형성한 곳으로 천연기념물 제65호로 지정되어 보호할 가치가 있는 곳이다.

상징화로서 동백나무 꽃은 나무의 긴 수명과 꽃의 긴 개화기간, 잎의 늘 푸르름과 많은 결실 등은 단체의 무궁한 발전을 기원하는 뜻을 가지고 있다. 또한 꽃의 아름다움과 단정함은 단체 구성원들이 단정하고 아름다운 용모와 마음씨를 가져 다른 사람들에게 좋은 인상을 주고 다른 사람들로부터 사랑을 받게 되기를 바라는 것이다. 꽃말인 '사랑과 정열 그리고 믿음' 은 단체와 구성원들이 하는 일에 정열을 가지고 성실하게 일하며, 동료 간에 믿음과 사랑을 가지고 인화단결하고 나아가 단체를, 향토를, 나라를 사랑하는 마음을 가진 이 사회의 역군이 되어 달라는 것을 상징할 수 있다.

동백나무 꽃은 울산광역시의 시화나 울주군의 군화로서는 앞에서 논의한 이런 좋은 점들이 모두 적용될 수 있다. 그런데 문제는 동백꽃과 동백나무를 상징화와 상징목으로 지정한 지자체가 부산광역시 시화와 시목 및 중구 영도구 해운대구 3구의 구화, 울산광역시 남구와 동구의 구화, 충남도 보령시의 시화 및 서천군과 태안군의 군화, 전북 군산시 시화와 고창군 군화, 전남도의 도화, 여수시의 시화 시목, 광양시 시화, 해남군과 완도군의 군화 군목, 고흥군과 진도군의 군화, 경북 울릉군의 군화, 경남도 통영시의 시화 시목, 거제시 시화로 지정되어 광역시와 도의 1시화 1도화 1시목, 시군구의 5시화 5구화 8군화 2시목 2군목 모두 25곳으로 중복 지정이 너무 많아 단위 지자체의 상징성은 이미 소실되었다.

동백꽃이 울산 동구나 남구의 구화로 지정되었으나 해당구인 동구와 남구에는 동백나무의 자생지가 없고 중복으로 지정된 시군구화가 너무 많아 동백꽃은 동구나 남구를 상징하는 구화로서 권장할 만한 꽃이 못 된다. 특히 서로 붙어 있는 두 지자체가 모두 동백꽃을 구화로 지정한 것은 광역시내의 각 군구가 구화가 도안된 깃발 등 상징물을 앞세워야 할 경우 등에는 각 구군의 상징물이 같을 때 혼란을 일으킬 수 있어 두 지자체 모두의 구화로 잘못 지정한 것이다.

필자의 생각으로는 구화를 자기 구에서 자라고, 구민들의 사랑을 받을 수 있으면서 꽃이 아름다운 식물, 공해에 강한 식물의 꽃으로 새로 지정하는 것이 바람직하고 본다. 동구와 남구 모두 구화를 새로 지정할 생각이 없다면 어느 한 구 만이라도 다른 꽃을 구화로 재지정하는 것이 차선의 방법이다. 울산광역시 구군의 상징물은 울산 안에서 다른 군구와는 중복되지 않게 지정하여야 구군 사이의 중복 지정에서 오는 혼란을 막을 수 있다.

3. 마무리말

이 글은 울산광역시 동구와 남구의 구화로서 지정된 동백꽃의 생물학적 특성과 인문, 문화 등을 조사하여 구화로서 적합성을 고찰한 것이다.

동백나무는 늘푸른넓은잎나무이고, 바닷가에 나며, 한국 중국 일본에 분포한다. 꽃 피는 시기는 겨울에서 봄까지이고 겨울의 꽃가루받이는 동박새에 의해 이루어진다. 꽃은 통꽃으로 반만 피고 붉은색으로 아름답게 피며 질 때 통으로 떨어진다. 열매는 둥글고 많이 연다. 이런 특징 때문에 사랑, 정열, 믿음, 겸손 등을 상징한다.

이름은 옛말 돔박과 돈박에서 글자로 표기할 때 한자로 동박同博, 童泊과 동백冬柏, 棟柏, 棟白 등으로 적었다. 동백이 문헌에 수록된 기록은 남북조시대 북위 정시正始 4년에서 영희永熙 3년 사이(507~534) 화훼서인 위방화목지魏王花木志에 계림의 산다와 중원의 산다는 "해석류"이다〔桂州的 山茶及中原地區的茶花"海石榴"°〕 등이 있다. 이태백집시주에 "해홍화(동백)는 신라에서 나는 꽃이다." "해석류(동백)은 신라에서 들어왔다." 등의 기록이 있는 것으로 보아 중국 중원에 전래된 동백은 신라에서 보낸 것으로 봐야 한다. 그리고 이 시기의 신라는 영토가 경상도 지역의 일부에 불과한 시대이기 때문에 신라에서 중국에 보낸 동백은 울산의 동백이었을 것으로 생각된다. 울산은 동백섬이란 섬 이름과 김종직의 동백섬이란 시가 남아 있고, 임진왜란 때 일본이 약탈해간 오색팔중산춘과 타조라는 동백이 교토에 남아 있을 뿐만 아니라 천연기념물 제65호 목도상록수림이 있어 한국의 동백문화를 이야기할 때는 울산은 뺄 수 없는 고장이다.

조상들은 동백꽃을 성삼문이 "높고 깨끗함은 매화보다 좋고 아리따움은 혹 지나친 건가!"라 했을 만큼 아름답고 식용, 약용, 머릿기름으로 사용하는 등 쓸모가 많아 주민들의 사랑을 받았다. 남부지방의 전통 혼례식에서는 혼례상에 동백나무와 대나무 가지를 꽂꽂이로 꽂아 부부간의 정열적 사랑, 장수長壽와 굳은 약속, 절개 등을 빌었다.

이와 같이 동백꽃은 생물학적 특성과 인문 · 문화적 측면에서 상징화로 지정할 만한 꽃이다. 그런데 문제는 동백꽃을 상징화로 지정한 지자체가 부산광역시의 시화, 시목 등 모두 25곳으로 너무 많아 한 지자체의 싱징화로서 상징성을 상실하였다. 울산의 동구와 남구에는 동백의 자생지가 없으며, 특히 이웃한 2개의 구에서 한 종을 중복 지정하여 혼란이 생긴다. 그래서 동구와 남구 구화는 모두 다른 알맞은 꽃이 있으면 그 꽃으로 재지정하는 것이 옳다. 적당한 꽃이 없으면 두 개의 구 가운데 어느 한 구만이라도 구화를 다른 꽃으로 바꾸는 것이 옳다. 중복되지 않으면서 권장할 만한 꽃은 동구의 경우 해국, 남구의 경우 산국, 초롱꽃, 원추리이다.

울산 동구의 상징새 괭이갈매기에 관한 소고

1. 머리말

울산광역시 동구를 나타내는 상징새 구조區鳥는 괭이갈매기이다. 각 나라와 각 단체들은 그 나라와 그 단체의 성격을 나타내는 상징물이 있다. 그 상징물은 동물이나 식물일 수도 있고, 해나 달 또는 별 등 천체일 수도 있으며, 원이나 선, 기호 등일 수도 있다.

우리나라를 상징하는 국기는 동양 사상의 바탕이 되는 태극과 팔괘라는 부호로 되어 있다. 그래서 우리나라의 국기를 태극기라 한다. 미국의 국기는 성조기이다. 성조기에는 50개 주가 연합한 합중국이라는 것을 나타내는 50개의 빨간 별과 독립 당시의 16개 주를 나타내는 16개의 빨간 줄이 도안되어 있다. 미국은 흰머리독수리 콘돌을 군대기에 도안하여 미군을 나타내는 상징으로 삼고 있다. 그래서 콘돌 하면 미군으로 통한다. 이만큼 국가나 지자체의 상징은 중요하기 때문에 그 지정에 신중을 기할 필요가 있다.

이 글은 울산 동구의 상징 새 구조로 지정되어 있는 괭이갈매기에 대한 구민들의 이해를 돕기 위하여 괭이갈매기의 분류, 생태 등 생물학적 특성과 시민들의 인식, 시문, 지명 등 인문학적 문화 등을 소개하고 구조로서 적합성을 고찰한 것이다.

2. 괭이갈매기의 생물학적 특성과 관련 문화

1) 괭이갈매기 종류의 특성

(1) 한국산 괭이갈매기 종류의 계통

괭이갈매기 종류는 갈매기과Laridae 갈매기속*Larus*에 속하는 바다새이다. 갈매기과는 갈매기아과와 제비갈매기아과로 나누고 모두 60~80종이 있다. 우리나라에서 볼 수 있는 갈매기과 새는 10속 26종이 알려져 있고 이 가운데 갈매기속은 괭이갈매기*Larus crassirostris*, 갈매기*L. canus*, 재갈매기*L. argentatus*, 큰재갈매기*L. sshistisagus*, 붉은부리갈매기*L. ridibundus*, 검은머리갈매기*L. saunuderisi*, 적호갈매기*L. relictuss*, 세가락갈매기*L. tridactylus pollicaris*, 흰갈매기*L. hyperborecus*의 9종과 2006년에 한국미기재종으로 발견된 꼬마갈매기*L. minutus*를 합한 10종이다. 그러나 이 가운데 흰갈매기, 붉은부리갈매기, 재갈매기, 갈매기, 세가락갈매기는 아종으로 분류하기도 하고 또 세가락갈매기는 세가락갈매기속*Rissia*으로 독립시키기도 한다.

갈매기속의 새들은 일생을 한국에서 보내는 텃새, 특정한 계절에 찾아와 그 계절을 나거나 새끼를 키우는 철새, 어느 날 찾아와 일정 기간 머물고 가는 미조이다. 이들 갈매기속의 새 가운데 텃새는 괭이갈매기 1종뿐이며, 겨울 철새가 갈매기, 재갈매기, 큰재갈매기, 붉은부리갈매기, 검은머리갈매기, 적호갈매기, 세가락갈매기 8종이다. 그리고 흰갈매기와 꼬마갈매기는 미조이다. 괭이갈매기를 제외한 다른 갈매기 종류는 국내에 분포하는 개체수가 적다. 울산에서 여름에 볼 수 있는 갈매기 종류는 모두 괭이갈매기이고 겨울에 볼 수 있는 갈매기 종류도 거의 괭이갈매기이다.

여름 철새인 쇠제비갈매기와 겨울철새인 큰제비갈매기, 검은등제비갈매기, 큰부리제비갈매기나 나그네새인 제비갈매기는 이름에 갈매기라는 단어가 붙었지만 갈매기나 괭이갈매기와 과科는 같으나 제비갈매기속에 속하는 갈매기 종류이다. 이 밖에도 갈매기과에는 갈매기란 이름이 붙은 새로 구레나루제비갈매기, 흰죽지제비갈매기, 북극도둑갈매기, 목테갈매기와 오리라는 이름이 붙은 바다쇠오리, 뿔쇠오리, 바다오리, 알락쇠오리, 흰눈썹바다오리가 있다.

(2) 괭이갈매기 종류의 진화와 환경 적응

괭이갈매기를 비롯한 새는 하늘을 나는데 필요한 기관은 발달시키고 나는데 장애가 되는 기관을 퇴화시켰다. 새는 하늘을 날기 위해 앞다리를 날개로, 털을 깃털로, 빗장뼈를 조구골로, 작은 가슴근육을 큰 가슴근육으로, 체강에 공기주머니를 발달시켰다. 나는데 공기의 저항을 줄이기 위해 몸을 유선형으로 변화시키고, 수놈의 생식기를 몸 안으로 넣었다. 하늘을 날아오르는데 불리한 몸무게를 줄이기 위해 크고 무거운 큰 턱과 이(치아)를 부리로 변화시켰고, 오줌보를 없앴으며, 배설물을 요소에서 요산으로 바꾸었고, 하늘을 날면서도 변을 볼 수 있게 진화하였다. 뿐만 아니라 고추도 교미하는 것 외에 별 쓸모가 없기 때문에 똥구멍 입구에 작은 돌기 형태로만 남겨 두었다. 그래서 작은 것을 비교할 때 '새 좆' 만 하다고 한다.

괭이갈매기 종류들은 날개를 완만하게 펄럭여서 직선으로 날아오를 수 있으며, 바람을 이용하여 날갯짓을 거의 하지 않고 행글라이더처럼 날개를 쭉 펴고 부드럽게 날거나 상공을 선회하기도 한다. 물 위를 빙빙 돌다가 물고기가 물 위로 떠오를 때 잡거나 공중에서 물속으로 곤두박질치면서 사냥을 하고, 활공해서 내려올 수도 있게 진화하고 적응하였다.

괭이갈매기 종류는 바다와 호수 강에서 생활하는데 유리한 기관 기능을 진화시켰는데 눈은 하늘을 날면서도 물속의 고기를 볼 수 있을 만큼 대단한 시력을 가졌다. 부리는 물고기 살에 박힐 수 있게 끝이 낚싯바늘같이 구부러져 있다. 발에는 물갈퀴가 있어 물에서는 매우 교묘하게 헤엄도 치고 바닷물을 차고 쉽게 날아오를 수 있다. 또한 괭이갈매기 종류는 눈 위에 바닷물의 소금기를 거를 수 있는 기관으로 소금샘salt gland이 있어 짠 바닷물이 닿아도 탈이 나지 않는 등 하늘을 날고 물에 헤엄칠 수 있게 바다 생활에 잘 적응된 새이다.

(3) 한국의 대표적인 갈매기 종류 괭이갈매기

한국에서 살고 있거나 일시적으로 찾아오는 갈매기과 새는 26종이나 갈매기속의 9종을 말할 때 흔히 갈매기라고 한다. 그런데 표현은 바른 표현이라고 할 수 없다. 갈매기과 새들 가운데 한국에 가장 많이 서식하는 새는 괭이갈매기이고 1년 내 한국에서 살아가고 있는 텃새도 괭이갈매기이다. 여름에 볼 수 있는 갈매기속의 새는 오직 괭이갈매기밖에 없다. 괭이갈매기는 마리수도 가장 많다. 갈매기속 새의 90% 이상이 괭이갈매기이다.

우리나라에서 갈매기라고 하면 말은 갈매기라고 하지만 실제는 괭이갈매기를 부르는 경우가 거의 대부분이다. 옛날의 시가나 그림에 나오는 갈매기 종류도 특수한 경우가 아니면 괭이갈매기이다.

괭이갈매기라는 이름은 '야아오 야아오' 하고 우는 소리가 마치 괭이(고양이의 옛말, 경상도 말) 울음소리와 비슷하다고 해서 지어진 이름이다. 괭이갈매기의 학명은 *Larus crassirostris*이고, 한자 이름은 해묘海猫이나 갈매기 종을 나눌 줄 몰랐던 조상들은 백구白鷗로 썼다.

괭이갈매기는 몸길이 약 46cm, 날개길이 34~39cm의 중형 갈매기이다. 머리와 가슴 · 배는 흰색이고 날개와 등은 잿빛이다. 꽁지깃 끝에 검은 띠가 있어서 다른 갈매기류와 구별된다. 부리는 다른 종에 비해 길고 끝부분에 빨간색, 검은색 띠가 있다. 눈은 둥글고 홍채가 노랗다. 부리는 물고기 살에 박힐 수 있게 끝이 구부러져 있고 끝에는 빨간 점이 있다. 발에는 물갈퀴가 있어 헤엄도 치고 바닷물을 차고 쉽게 날아오를 수 있다.

번식기는 5~8월이지만 번식지에 오는 것은 이른 봄이다. 평상시에는 주로 항구에 살지만 번식기에는 천적이 드문 먼 바다의 무인도로 가서 수천, 수만 마리가 큰 집단을 이루어 번식한다. 번식기에 태안군 난도로 모여드는 괭이갈매기의 마리수는 15,000마리로 추산된다.

무인도에 모여든 처녀 총각 새들은 맘에 드는 짝을 만나 짝짓기를 한다. 짝짓기를 하고 나면 둥지를 틀고 알을 낳아 암수가 번갈아 품는다. 이들은 금슬이 좋아 한번 짝을 지어면 헤어지지 않는다.

번식지는 마른 풀로 둥지를 틀고 한배에 4~5개의 알을 낳는다. 알은 크기가 달걀 크기이고 올리브색 껍질에 진한 검정의 무늬가 있어 주변 환경으로부터 보호를 받고 있다. 암수가 알을 약 25일간 번갈아 품으면 새끼가 껍질을 깨고 나온다. 새끼가 깨어나면 어미는 알껍데기를 둥지 밖으로 내다 버리고 새끼를 품어 털을 말려 준다. 어미가 사냥 간 동안 새끼는 근처의 풀숲에 가만히 숨어 있다. 그리고 사냥에서 돌아온 어미가 부르면 어미 부리 끝에 있는 빨간 점을 꼭꼭 쪼아대며 먹이를 달라고 한다. 어미는 천적인 매가 나타나면 모두가 큰 소리로 울며 경계하고, 적에게 집단으로 대항하기도 하며 동료가 다치면 도망가지 않고 동료 주위를 맴돌며, 둥지에 접근한 사람에게도 자신의 배설물을 떨어뜨리며 용감하게 공격하기도 한다. 어미는 새끼를

1~2달간 기른 뒤 8월 말경에 어린 새끼와 함께 번식지를 떠나 바다 생활에 들어가 새끼와 함께 가까운 뭍의 해안이나 항구로 이동한다.

괭이갈매기는 먼 바다의 무인도에서 태어나 그 일생을 바다와 호수, 강가에서 살다가 가는 새이다. 때문에 바다의 파수꾼, 바다의 주인으로 불러 왔다. 이들은 귀소 본능이 강한 바닷새로 서식지를 꼭 찾아오는 특징이 있다.

괭이갈매기는 세계적으로 한국, 일본, 러시아의 사할린(華胎), 블라디보스토크(沿海州), 쿠릴열도, 중국의 푸젠성(福建省), 타이베이(臺灣)까지 바닷가나 섬, 호수 및 큰 강에서 서식하며 민가 건축물에 앉기도 한다. 먹이는 물에서 물고기, 게, 조개, 갯지렁이 등과 논에서 잠자리, 메뚜기 등을 사냥하거나 배에서 버린 죽은 물고기, 음식물 등을 먹고 살아간다. 한국의 번식 장소는 외딴섬의 바위틈, 풀밭 등이다. 바닷가 사람들이 괭이갈매기를 해꼬지하지 않기 때문에 때론 외딴섬에 있는 민가의 추녀 밑, 지붕 위 등에 둥지를 틀기도 한다. 그래서 바닷가 사람과 친숙하다.

주요 번식지는 강원도 고성군 앞바다, 서해의 군산시 앞바다, 격렬비열도, 인천 앞바다, 태안군 난도, 통영시 홍도, 울릉군 독도에 번식지가 있다. 태안군 난도에는 15,000마리가 모여 집단적으로 번식한다. 천연기념물로 지정하여 보존하는 번식지는 제334호 태안군 난도, 제335호 통영시 한산면 홍도, 제 336호 울릉군의 독도이다. 그리고 북한의 천연기념물 제213호 강원도 통천군 국섬에도 괭이갈매기가 번식하고 있다.

괭이갈매기는 성격이 용감하여 먹이를 잡거나 적의 공격을 받으면 매우 용감하게 방어한다. 먹이를 찾을 때는 무리를 지어 해안이나, 어선, 부둣가를 맴돌며 합동으로 찾는다. 괭이갈매기의 몸은 날씬하면서도 약하지 않으며 통통하면서도 미련스럽지 않다. 색깔은 흰색으로 밝고 깨끗하다. 행동은 용감하고 민첩하다.

2) 괭이갈매기 종류의 이미지와 문화

(1) 괭이갈매기 종류에 대한 일반적 인식

괭이갈매기 종류는 옛날부터 우리 인간과 친숙한 사이였고 우리 조상들의 괭이갈매기에 대한 인식은 매우 긍정적이었다. 하늘을 나는 갈매기(여기서는 갈매기 종류를 대표하는 종으로서 갈매기를 말함)는 가족과 고향을 떠나 바다에서 생활하면서 파도에 몸이 지치고 그리움과 향수에 마음이 지친 뱃사람들에게 뭍이, 고향이, 가족이 가까이 있다는 것을 생각게 하는 그리움과 희망을 주는 새였다. 항상 바다의 위험에 처해 있는 뱃사람들에게 항해의 안전을 느낄 수 있게 하는 새였다. 어군탐지기가 없던 시절 물고기 떼에 모여드는 갈매기는 넓은 바다에서 어디에 물고기 떼가 있는지를 모르는 어부들에게 물고기 떼가 가까이 있다는 것을 알려주는 안내자였다. 옛날에는 '갈매기가 울면 정어리 떼가 있다.' '물고기 떼 앞에는 갈매기가 떼 지어 논다.' 라는 말이 거짓이 아니었다. 또 바다에서 사고로 파도에 떠밀려 홀로 무인도에 도착한 뱃사람들에게 갈매기의 알은 생명을 유지할 수 있는 중요한 식품이었다.

(2) 백구 3덕

우리 조상들의 갈매기에 대한 인식은 매우 긍정적이다 못해 3덕까지 만들었다. 옛날 문헌에 괭이갈매기 종류를 흰 백白자와 갈매기 구鷗자를 써서 백구白鷗라 하였다. 백구는 여러 문인들의 시문에 종종 등장한다. 여기서 백구를 주로 갈매기로 알고 있으나 실제는 대부분이 괭이갈매기이다. 옛날에는 갈매기속에 속하는 갈매기 종류를 현대적 의미의 종種(speces)으로 나누지 않고 묶어서 갈매기라고 썼고 현대의 문학자나 한문학자들도 갈매기속 새들의 분류와 생태를 잘 모르기 때문에 관행적으로 갈매기로 써왔기 때문에 백구하면 지금도 갈매기라고 하거나 흰갈매기라고 한다.

갈매기(이하 갈매기의 총칭)는 조선시대 지방의 과거 시험인 초시의 시제로 백구의 삼덕三德이 출제될 만큼 덕목을 지닌 새로 여겨졌다. 갈매기의 삼덕은 사람의 나쁜 마음과 그렇지 않은 마음을 들여다볼 줄 아는 지혜智慧가 있음이 그 제 일덕一德이다. 갈매기는 살아서 움직이는 고기를 잡아먹지 않으며 늙고 병들어 죽거나 사람에 잡혀 죽을 운명에 있는 고기를 먹으니 살생계를 지키는 자비慈悲가 그 제 이덕二德이다. 갈매기는 일부일처이고 암수 사이에 금슬이 좋아 짝을 잃으면 다른 암수와 짝을 이루지 않는 절의節義가 있음이 그 제 삼덕三德이다.

또한 갈매기는 적이 공격하면 같이 협력하여 공격을 막아내고 적의 공격으로 동료가 다치거나 동료가 그물에 걸려 위협에 처하였을 때 동료 갈매기들이 자기들끼리 도망가거나 피하지 않고 위기에 처한 동료 곁을 맴돌며 동료를 도우는 용맹과 의리의 새로 알려져 있다. 현대 동물생태학적 측면에서 보면 불합리적일 수 있지만 우리 조상들의 갈매기에 대한 인식은 3덕을 논할 정도로 좋았다.

(3) 시문

옛날 조상들은 괭이갈매기가 한가로이 날고 있을 때 그 모습이 한가롭고 평화롭기가 한이 없는 것으로 느끼고 있었다. 이런 관경은 농암聾巖 이현보李賢輔의 어부가漁父歌와 고산孤山 윤선도尹善道의 어부사시사漁父四時詞 등에서 볼 수 있다.

> 靑荷애 바블 싸고 綠柳에 고기 께여
> 蘆荻花叢애 배 매야 두고
> 일반 淸意味를 어늬 부니 아라실고. —어부가 3절

山頭에 閑雲이 走하고 水中에 白鷗이 飛이라.
無心코 多情하니 이두거시로다. —어부가 4절

푸른 연잎에다 밥을 싸고 푸른 버들가지에 잡은 물고기를 꿰어,
갈대 물억새 꽃회기에 배를 매어두니,
이런 일반적인 맑은 재미를 어느 사람이 아실 것인가
산봉오리에는 한가로운 구름이 일고 물 위에는 갈매기(괭이갈매기)가 날고 있네.
아무런 사심 없이 다정한 것으로는 이 두 가지뿐이로다.

어부사시사

년닙희 밥 싸두고 반찬으란 쟝만마라
닫드러라 닫드러라
靑蒻笠은 써잇노라 綠蓑依 가져오냐
지국총 지국총 어사와
無心한 白駒는 내 좃는가 제 좃는가" —어부사시사의 하사

연잎에다 밥만 싸두고 반찬일랑 장만 마라,
닻 들어라 닻을 들어라
청약립(대껍질 삿갓)은 써노라 녹사의(푸른 도롱이, 비옷) 가져오느냐
찌그득 찌그득 어여차.
무심한 괭이갈매기(여름 갈매기류는 괭이갈매기 뿐임)는 내 좇는가 제 좇는가.

한편 명창 송만갑宋萬甲이 불렀고 백구타령이라고도 하는 백구가白鷗歌에는 "백구(괭이갈매기 또는 갈매기)야 훨훨 날지 마라, 너 잡으러 내 안 간다. 승상이 나를 버렸기러(버렸기에) 너를 좇아 여기 왔다."는 가사가 있다.

이런 시문과 타령의 가사에서 벼슬 후 낙향하여 괭이갈매기와 더불어 자연을 벗 삼아 소박하고 무위자연無爲自然하던 조상들의 모습을 엿볼 수 있다.

단종 때 김한계金漢啓(1414~1461)는 삼사를 지내고 지승문원사知承文院事에 올랐으나 수양대군이 조카의 왕위를 찬탈하여 세조로 즉위하자 병을 칭탁稱託하고 표연히 고향 안동으로 내려왔다. 그리고 그 자신을 괭이갈매기에 이입한 백구시白鷗詩를 남겼다.

白鷗宜白沙	흰 괭이갈매기는 흰 모래에 있어야 마땅하려니
莫向春草碧	봄풀 푸른 곳에 가지를 말라
不須自分明	모름지기 스스로 분명하지 못하니
易爲人所識	쉽게 보이면 사람들이 알게 된다.

이런 시문에서 보듯 우리 조상들은 괭이갈매기를 때론 친한 동무로, 때론 자연 그 자체로, 또 그 자신으로 생각하고 시문을 쓰는 등 괭이갈매기에 대해 대단히 좋은 인상을 가지고 있었다.

(4) 갈매기와 관련된 땅과 정자 이름

우리 조상들의 괭이갈매기에 대한 이런 좋은 인식은 정자의 이름과 땅의 이름에도 영향을 미쳐 갈매기가 날아들고 경치가 좋은 강가나 바닷가, 호반에 갈매기와 치하는 뜻의 압구정狎鷗亭, 반구동伴鷗亭으로 이름을 지었다. 그리고 이 정자의 이름으로 말미암아 주변의 땅이름이 압구정동狎鷗亭洞, 반구동伴鷗洞이 되었다. 그 대표적인 정자가 서울 강남의 압구정동과 파주의 반구동이다.

① 서울 압구정동과 한명회의 압구정

갈매기와 관련 있는 땅이름으로 서울특별시 강남구 압구정동狎鷗亭洞이 있다. 이 압구정동은 압구정에서 나온 말이다. 압구정은 조선 세조에서 예종을 거쳐 성종 때까지 벼슬을 한 한명회韓明澮(1415~1487)가 지은 정자와 별장을 겸한 조선 최고의 정자 건물이었고 정자의 주인 한명회의 호號이기도 하다.

이 유명한 '압구정狎鷗亭'이란 '친할 압狎'과 '갈매기 구鷗' 곧, '벼슬을 버리고 강촌에 묻혀 갈매기와 친하게 지낸다.'는 뜻의 정자亭子이다.

한명회는 송나라 황제를 들여세운 공을 세웠음에도 온갖 욕심을 버리고 갈매기와 벗하며 초야에 묻혀 살았던 정승 한충헌에 자신을 비겼고 또, 한충헌이 세운 정자가 압구정인 것을 본떠 자기도 정자를 짓고, 명나라 한림학사 예겸에게 청하여 압구정 글씨를 받아 정자의 이름으로 삼았다. 부귀와 권세를 탐하지 않았다는 것을 보여주기 위하여 압구정을 지은 것으로 알려져 있다.

그는 수양대군이 그의 조카 단종의 왕위를 찬탈하기 위해 꾸몄던 계유정란(1453) 등에서 온갖 모략과 불법 폭력을 동원하여 수많은 충신들을 참살하고 왕을 들여세웠으며, 정란공신 등 4개의 공신을 겸하고 두 딸을 제8대 왕 예종비와 제9대 왕 성종비로 시집보내 왕의 장인, 영의정 등으로 온갖 부귀영화를 누렸으나 매직, 협박 등 갖가지 나쁜 짓을 하였다고 한다. 그래서 최경지崔敬止는 압구정押鷗亭이라는 시에서 '친할 압狎'자를 '누를 압押'자로 바꾸어 압구정押鷗亭이라 했다. 갈매기의 삼덕 가운데 제 1덕이 사람의 나쁜 마음과 그렇지 않는 마음을 들여다볼 줄 아는 지혜智慧가 있음이라고 하는데 진짜로 갈매기가 한명회의 기심欺心: 詐欺心을 알아서인지 갈매기는 압구정을 찾지 않았다고 한다.

② 파주 황희의 반구정伴鷗亭

반구정伴鷗亭은 조선의 세종 때 명재상 방촌尨村 황희黃喜가 노년을 보내기 위해 파주시 반구동(경기도문화재자료 제12호, 1982) 임진강가에 지은 정자이다. 반구정 주변 마을의 이름도 반구정의 이름을 딴 반구동이다. 여기서 쓰인 반伴은 짝할 반이라는 훈과 음을 가지고 있는 글자로 '사람과 괭이갈매기 두 존재가 완전히 평등한 위치에서 가깝게 친하다.'는 뜻으로 쓴 이름이다. 반구정의 반伴이나 압구정의 압狎은 모두 '벗하다' '가깝다' 등의 뜻이 있지만 압狎의 속뜻은 한쪽이 일방적으로 친한 것으로 귀여워해 준다는 속뜻이고, 반伴은 두 존재가 대등한 위치에서 가까운 것이다.

그래서 반구정은 황희라는 인간과 괭이갈매기라는 자연이 대등하게 친구가 되어 자연 속에서 같이 살아가는 마음가짐과 자세를 잘 보여주는 이름이다. 따라서 반구정과 압구정은 글자 하나 때문에 뜻에 있어서 엄청난 차이를 나타내게 된다.

함안군 대산면 용화산 기슭에도 반구정이 있다. 이 정자는 임진왜란 때 의병장으로 공을 세운 반구정 조방趙垹이 전쟁이 끝난 뒤에 지은 정사亭舍이다.

안동시 정상동에도 1530년(중종 25)에 창건한 건물을 이굉李肱이 1740년에 중건한 경상북도문화재자료 제258호(1992) 반구정이 있다. 이 건물은 이굉이 벼슬을 버리고 고향으로 돌아와 지은 정자다.

③ 울산 반구동의 구강서원鷗江書院

울산의 반구동도 임진왜란 때의 의병장이었던 퇴사제 이응춘이 도산에 세웠던 반구정에서 유래한 이름이다. 구강이란 동천과 태화강 강변에 괭이갈매기가 많이 서식했기 때문에 부르던 이름이며 이곳에 건립된 서원이 구강서원鷗江書院이다. 이 서원은 1678년(숙종 4년) 울산의 유학자 55명이 공동출자해 현재의 중구 반구1동 서원마을에 건립한 지역 최초의 사립 고등교육기관이었다. 서원에는 포은 정몽주圃隱 鄭夢周와 회재 이언적晦齋 李彦迪의 위패를 봉안하고 1694년(숙종 20년)에는 '구강서원'이라는 사액賜額을 받았다. 이 서원은 그 뒤 170여 년간 지역 최고의 교육기관으로 유학을 가르쳐오다 1871(고종 8년)에 '서원 철폐령'으로 철폐됐다가 2004년에 복원했다.

(5) 서양에서 갈매기 종류의 이미지

고대 그리스의 신화에서 갈매기들은 항해 중에 난파한 난파선이나 조난자를 구하는 바다의 여신 레우코데스의 화신으로 표현되었다. 트로이 전쟁의 영웅 오디세우스를 조난에서 구한 이도 바로 갈매기 모습을 한 여신이다. 그래서인지 유럽에서는 갈매기들이 돛에 와서 앉으면 길조라 하여 대접하는 것이 관례라 한다. 영국의 웨스트민스터 법에는 바다에서 날다가 지친 갈매기들이 침몰하고 있는 배의 마스트에 앉았는데 이를 포기함으로써 갈매기들에게 불행을 초래시키면 위법으로 처벌하는 조항이 있었다고 한다.

유럽 사람들은 갈매기를 바다에서 죽어 뭍에 묻히지 못한 한 많은 뱃사람들의 영혼으로 생각하고 있다. 그래서 그들은 갈매기들이 항상 바다와 뭍이 이어진 곳에서 비통하게 울어 댄다고 생각하였다. 수십 년 전 프랑스의 부르타뉴 항에서 얼마 떨어지지 않은 무인도에 정부가 등대를 세우려고 했을 때 이곳이 갈매기의 집단 서식지라 하여 어부들이 선상 데모를 벌여 등대 건립 계획을 취소시킨 일이 있었다. 이유는 바다에서 죽어 뭍에 묻히지 못한 영혼들이 잠드는 밤의 안식처에 불을 밝혀 영혼들을 불안하게 할 수 없다는 것이었다고 한다.

미국의 솔트 레이크salt lake(鹽湖) 호반에는 1847년 백인들이 이곳에 이주한 다음 해 메뚜기가 번창하여 메뚜기 떼에 의해 밀밭이 큰 피해를 입게 되었다. 그러나 그 호수 주변에 사는 갈매기들이 이 메뚜기 떼를 며칠 사이에 모두 잡아먹어 피해를 별로 입지 않아 이주민들이 기근을 면하였다고 한다.

이곳에는 1913년 주민들이 이 고마운 사실을 알리기 위해 세운 갈매기 기념비가 있다고 한다.

이렇듯 갈매기는 양의 동서를 막론하고 우리 인간과 좋은 관계를 유지하며 상생해 왔다.

3) 울산 동구의 상징새 구조로서 괭이갈매기

울산 동구는 2004년 구를 상징하는 새, 구조를 괭이갈매기로 지정하였다. 앞의 글에서 갈매기 종류의 분류, 진화와 환경 적응, 사람들의 인식, 백구 3덕, 시문, 관련 땅이름과 정자 등을 조사하였다. 그리고 이 결과를 기초로 괭이갈매기가 울산 동구의 구조로서 적절한가를 고찰하였다.

지방자치단체를 비롯하여 각종 단체가 상징물로서 새를 지정할 때 고려해야 될 사항은 살펴보면 다음과 같다. 상징물로서 적합한 새는 지역을 상징할 수 있는 새, 지역의 역사나 지명의 유래 등 인문 사회적 배경을 나타낼 수 있는 새, 타 지역과 중복되지 않는 새, 모습과 소리 색깔이 아름다운 새, 환경에서 잘 살아가고 연중 볼 수 있는 새, 마리수가 많은 새 또는 특별히 희귀하여 보호가 필요한 새, 해당 지역에 특별히 많거나 해당지역에서만 볼 수 있는 새, 주민들의 사랑을 받고 있거나 받을 수 있는 새 등을 상징새로 정하는 것이 바람직하다.

한국에 서식하는 갈매기과 종은 모두 27종이고 이 가운데 갈매기속은 10종이다. 갈매기속의 새들은 물과 뭍 모두에서 살아갈 수 있게 진화하였고 건강하며 환경 적응력이 뛰어나다. 갈매기속의 새 가운데 우리나라에서 여름에도 볼 수 있는 텃새는 괭이갈매기 1종밖에 없고 괭이갈매기는 개체수도 가장 많다.

괭이갈매기는 우리나라는 물론 중국, 일본, 러시아 등 광범위한 지역에 분포한다. 이 종은 집단성이 강하여 적의 공격에 공동으로 방어하고 행동이 민첩하며 용감하다. 괭이갈매기는 일부일처제로 부부간에 금실이 좋아 죽을 때까지 해로한다. 암수는 알을 교대로 품고 새끼를 기른다. 귀소본능이 강하여 반드시 자기 둥지를 찾아 가정을 지키는 새이다. 이 새는 울음소리가 좋고, 깃이 아름답고, 인가 근처에 살아 친근감을 주어 향토적일 뿐만 아니라 깨끗하고 고결하다. 이 새는 병에 강하고 장구한 기상이 있으며 조망하여 넓게 멀리 볼 수 있는 능력을 가졌다. 우리나라의 바닷가나 강과 호수에서 흔히 볼 수 있는 새이다. 괭이갈매기는 잡식성이며 땅 위, 공중, 물 위 어느 곳에서나 자유롭게 행동할 수 있다.

이 새는 해옹호구海翁好鷗라는 고사성어에서 보듯 진심을 다하는 사람에게는 결코 신의를 저버리지 않는 의리 있는 새이고, 어부의 고독을 달래는 벗이며, 바다의 상징이고, 평화를 구가하는 새로 뱃사람들이 좋아하는 새다.

이와 같이 갈매기 종류는 뱃사람들에게 희망의 상징이었으며 안내자로 우리 인간과 좋은 관계를 맺어 왔다. 그래서 갈매기와 친하게 지낸다는 뜻의 압구정鴨鷗亭과 반구정伴鷗亭 같은 정자의 이름도 생겼으며, 어부사와 어부사시사 같은 시문을 짓고 읊었으며, 백구가 같은 노래도 짓고 불렀다. 또한 괭이갈매기로 대표되는 우리나라의 갈매기 종류들을 인간과 같이 생각하여 3덕이 생겨났다. 갈매기의 삼덕은 사람의 나쁜 마음과 그렇지 않는 마음을 들여다볼 줄 아는 지혜智慧, 살아서 움직이는 고기를 잡아먹지 않으며 늙고 병들어 죽거나 사람에 잡혀 죽을 운명에 있는 고기를 먹으니 살생계를 지키는 자비慈悲, 일부일처이고 암수 사이에 금슬이 좋아 짝을 잃으면 다른 암수와 짝을 이루지 않는 절의節義이다. 갈매기는 지혜, 자비, 절의의 삼덕을 갖춘 동물로 인식되어 왔다.

이렇게 우리는 생활 주변에서 괭이갈매기를 자주 볼 수 있어 친근감을 주어 향토적일 뿐만 아니라 그 모습이 살이 찐 것 같으나 둔해 보이지 않고 날

씬한 것 같으나 약해 보이지 않으며, 깃털은 흰색깔이나 약한 회색 부위를 가지고 있어 현란하지 않으면서도 깨끗하고 고결하며 아름답다. 이 새는 울음소리가 좋고, 행동에 여유가 있으면서도 고기를 잡는 등 필요시는 대단히 민첩하다. 그래서 주민들은 괭이갈매기 종류를 매우 좋아하였다. 이런 이유에서 여러 지자체가 갈매기 종류를 상징 새로 지정하였다.

현재 갈매기 종류를 상징 새로 정한 지방자치단체는 부산광역시를 비롯하여 울산 동구, 동해시, 삼척시, 보령시, 포항시, 거제시, 사천시, 창원시, 통영시, 군산시, 광양시, 여수시, 태안군, 영덕군, 울진군, 신안군, 완도군의 1광역시 17시 · 군 · 구이다. 이렇게 많은 시군구가 갈매기 종류를 상징새로 정한 것은 상징새로 지정할 만한 새가 별로 없었다는 것도 되고, 현재 우리 국민들의 새에 대한 지식이 별로 없는 것도 되지만 한편으로는 우리 국민들 특히 해안가 주민들의 갈매기 종류에 대한 인식이 그만큼 좋다는 것을 반영하는 것이다.

갈매기를 상징새로 지정한 지자체들 가운데는 새에 관한 전문 지식의 부족으로 갈매기, 괭이갈매기, 재갈매기 등으로 종을 구분하지 못하고 각 종의 특징을 잘 알지 못하여 모두 갈매기로 총칭하여 불러 왔기 때문에 갈매기 종류들의 종에 따른 특징을 생각하지 않고 상징새로 지정했을 가능성도 있다. 한국에 살고 있거나 찾아오는 갈매기과 새 26종 가운데는 괭이갈매기와 같이 흔히 볼 수 있는 갈매기 종류도 있고 꼬마갈매기같이 희귀한 종들도 있다. 갈매기 종류들의 종에 대한 특징 그리고 자기 지역에 찾아오는 종을 잘 알았다면 몇 종으로 나누어 지정하엿을 것이다.

괭이갈매기를 상징새로 정한 지방자치단체는 울산 동구, 창원시, 고성군, 영광군의 4시 · 군.구이다. 갈매기를 시조, 군조, 구조로 지정한 지자체보다 훨씬 적다. 괭이갈매기는 다른 갈매기 종류들과 달리 갈매기속의 종들 가운데 유일한 텃새이고, 우리나라에서 번식을 하는 새이며, 서식하는 개체수가 가장 많은 종이다. 괭이갈매기는 상징새로 지정하기 위해 고려해야 할 조건들인 지역을 상징할 수 있는 새, 타 지역과 중복되지 않는 새, 모습과 소리 색깔이 아름다운 새, 환경에서 잘 살아가고 연중 볼 수 있는 새, 마리수가 많거나 희귀하여 보호가 필요한 새, 주민들이 좋아하는 새 등 상징 새로 정하는 조건들을 잘 갖추고 있어 울산 동구의 구조로 지정한 것은 매우 적절한 지정으로 생각된다.

이제 앞으로의 문제는 동구의 구조로서 괭이갈매기를 어떻게 상징화하고 유익하게 이용하는가이다. 괭이갈매기가 하늘에서 정지 비행을 하는 것과 물 위에 떠 있는 것은 먹이를 찾고 잠시 쉬는 것이겠지만 천천히 움직이거나 한 지점에 머무는 것은 평화롭고 여유가 있어 보인다. 괭이갈매기는 먹이를 얻기 위해 물 위를, 풀밭 위를 난다. 먹고 살기 위해 항구 주변을 떠돈다. 하지만 리처드 바크는 그의 소설 '갈매기의 꿈' 에서 이런 갈매기에게 '날개' 를 달아 주었다. 소설 속 갈매기는 이상을 향해 도전하는 불굴의 도전의식으로 승화되었다. 울산 동구에서는 괭이갈매기를 어떻게 하면 리처드 바크가 그의 소설 '갈매기의 꿈' 에서 지극히 평범한 갈매기였던 조나단 리빙스턴을 이상을 향해 도전하는 불굴의 도전자로 승화시키었듯이, 동구의 구조 괭이갈매기를 주민들에게 희망과 꿈을 주는 새, 지혜와 자비, 절의와 신의를 갖춘 새로 인식시키고, 주민들 상호 간에 서로 돕는 협조심과 단결심을 심어주며, 지역 문화의 창달과 관광 등 산업에 어떻게 활용할 것인가를 실현시킬 수 있는 방안을 찾아야 한다.

3. 마무리말

괭이갈매기는 다른 갈매기 종류에 비해 개체수가 많고, 일년 내 볼 수 있는 텃새이다. 울산광역시의 다른 구군에서 상징새로 지정한 지자체가 없고 부산광역시와 관내 구군에서도 갈매기를 시조와 구조로 지정하였기 때문에 서로 중복 지정되지 않는다. 괭이갈매기는 깨끗하고 아름다우며 고결한 새이며 화려하거나 추하지 않기 때문에 이 새에 대한 주민들의 인식은 매우 긍정적이다. 괭이갈매기의 특성과 주민들의 관계를 결부시켜 볼 때 괭이갈매기는 꿈과 희망, 지혜와 자비, 절의와 신의를 갖춘 새로 인식되고 있다. 이런 이유 때문에 울산 동구의 상징 새로 괭이갈매기를 지정한 것은 대단히 잘한 것이다.

저자는 괭이갈매기를 통해 구민들에게 미래에 대한 꿈과 희망을 키우게 하며, 사회의 여러 영역과 곳곳에서 활동하면서 불의에 용감하고, 지혜와 자비, 절의와 신의의 덕을 쌓아 겨레와 사회를 바른길로 인도하는 시민이 되어줄 것을 염원하여 구조로 지정하였으리라 생각한다.

동구청과 주민들은 괭이갈매기라는 상징을 통해 주민들이 꿈과 희망을 갖게 하고, 단결과 협조를 유도하며, 지혜와 자비, 절의와 신의의 덕을 쌓게 하여 동구를 희망, 지혜, 신의의 동구가 되게 만들어 가야 한다. 괭이갈매기를 동구의 상징으로서 지역 문화의 창달과 관광 산업 등에 활용할 방안을 마련하여 나가자.

선진민주국가와 대의제

—민주정치와 정의Justice에 대하여

韓大和

Ⅰ. 서론

민주정치는 18세기에 접어들면서 생동감이 넘치는 세계적인 자유주의와 정의를 주장하는 사상가의 영향으로 성장하여 왔으며 점차적으로 민주정치의 기초는 다수결과 국민대의의 원리로 발전해 왔다. 이는 사회내의 분화와 대립을 결합하여 일체적 공동의사를 결정코자 하는 의회가 성립되고 제 기능을 다함으로써 더욱 성장하였다. 특별히 영국의 로크John-Loke와 버크Edmand Burke의 대의제 이론과 벤덤Jermy Bencham과 밀Johnstat Mill의 대의제 이론을 살펴보고 2010년 하버드 대학의 명강의 마이클 샌델의 정의jastice에 대하여 논하고자 한다.

II.

1. 로크의 대의제 이론

민주정치의 기본요소의 하나인 대의제에 관하여서는 많은 논자에 의하여 자연상태는 원래 평등한 상태이나 파멸적 투쟁상태로 빠진 가능성이 있다.

이것을 면하기 위하여 인간은 자연상태를 벗어나 정치사회를 결성한다. 그와 함께 입법권과 집행격의 그 (?)의 성립된다. 입법권이란 생명, 자유, 재산 등을 보전하기 위하여 사형 이하의 법률을 제정할 권력이다.

여기서 입법권의 기능은 사회의 의지의 표명인 법률의 제정이 된다. 그런데 법률은 그 내용에 있어서 어디까지나 자연권을 보조하는 자연법에 적합해야 한다. 그러므로 로크에 있어서 입법권은 공동사회의 최고 권력이며 동시에 최고로 우월한 것이었다.

로크는 인간의 자연권을 확실하게 보장하는 통치는 국민과 입법부의 동질성을 확보하는 대의제 민주정치 외에서는 찾아볼 수 없다는 것이었다. 따라서 모든 권력은 입법권에 있기 때문에 로크는 모든 것은 의회에서 책임을 져야 하며 입법권은 국가에서 최고의 권력이며 따라서 다수결에 의해서 행사되는 국가는 민주제democracy이며 소수의 선택된 사람들에 의해서 행사되는 국가는 과두제oligarchy이고 한사람이 입법권을 갖는 국가는 군주제monarchy인 것이다.

입법권은 인간의 집합체, 즉 의회parliameng를 갖게 함으로써 재산이 보전된다는 것이며 입법부는 어떠한 경우에 있어서도 다수인으로 구성되어야 하는 것이었다. 의회는 국민을 대표하는 것으로서 의회의 결정은 실제로 국민 자신의 판단과 다름이 없는 것이며 국민은 대표자를 선출해야 한다는 것이었다. 확실히 그에 있어서 다수인으로서 구성되는 입법제의 우월론은 인민주권적인 것이며 민주주의에의 지향을 가지고 있었다.

로크에 있어서 대의제는 자연법의 한 질서와 평화가 있는 자유의 상태인 것이었다. 이상과 같이 로크의 대의제는 전통적 의회 권력을 변호한 것이었고 근민주정치 이론적 기초를 제공하였던 것이었다.

2. 버크의 대의제 이론

버크는 역사의 주체는 이성이 아니라 전통이며 정치의 근본적인 원칙은 질서라고 했다. 그에 있어서 질서가 이성적인 것이며 신에 의한 도덕적인 것이다. 따라서 그는 영국민의 자유를 위해서 질서를 유지하려고 하였으며 18C 영국의 산업혁명이 개막되는 시대에 즉 공동사회가 오랜 과거로부터 계승해서 얻은 누적된 지식과 인간의 순진한 본성에 적응하는 개혁이 필요하다는 것이었다.

버크에 있어서 대의제는 국민대표제라야 한다는 것이었다. 그에 의하면 의원은 국민대표이고 의원이 지방대표가 된다면 혼란과 항쟁으로 추락하는 것이다. 그 이유는 다음과 같은 것이었다.

첫째, 선거구 내에서는 이해관계가 대립하고 있어 유권자들인 모든 선거구민을 만족시키는 것은 곤란하기 때문에 의원은 사물에 본질적 주의를 기울이는 것이 바람직하며 따라서 의원은 선거구에서 독립해야 한다는 것이다.

둘째, 의원이 선거구의 의향에 신경을 쓴다면 선거구민에게는 순종하는 것이 되기는 하나 소신을 관철하지 못하는 무원칙한 의원이 된다는 것이다.

셋째, 정치에 있어서는 국가적 이해관계가 중요하며 그것은 지방적 이익과 대립하는 것이기 때문에 의원은 사물에 관한 확대된 견해에 따라서 행동해야 된다는 것이다.

이상과 같이 버크의 대의제의 초점은 첫째로 의원들이 그의 선거구의 이익을 대표해서 행동하여야 하느냐 아니면 국가이익을 대표해서 행동하느냐의 전제였으며 또는 의회가 자유주의적이어야 하느냐 아니면 보수적Conserative이어야 하느냐였으며 다음으로 소속 정당의 선거공약을 의원들이 수행하여야 하느냐 아니냐의 전제였다.

둘째, 대의 방식과 관련된 전제들은 의원들이 스스로 양심에 따라서 행동하고 있다고 생각하느냐 아니면 어떠한 지시에 따라서 행동하고 있다고 생각하느냐와 같은 것들이다.

3. 벤덤의 대의제 이론

18세기 말은 근대 대의민주주의를 통한 정치발전의 토착화 시대라 할 수 있다. 이러한 시대를 배경으로 하는 벤덤의 공리주의는 자연법과 자연권이 제기했었던 개인의 합리성과 실체성을 부정하는 것이 아니라 합리주의를 계승 발전시키는 것이었다.

벤덤의 공리주의 원리는 사적인 도덕뿐만 아니라 정치체제에 적용되는 공리원리가 최대다수의 최대행복The greatost happiness the greaitest mumb〈최대행복〉인 것이다.

벤덤에 의하면 인간의 자유는 크게 제한받는 것은 아니며 그것은 공리의 원리 자체가 아니라 정부권력을 제한한다는 것을 내포하고 있다. 즉 권력의 강화를 전망케 하는 것은 아니라는데 있는 것이다. 여기서 개체의 정당성 근거가 있는 것이었고 개인의 행동은 행복을 추구하는 것이라는 데서 개인의 자유로운 행복추구에 정부가 관련해서는 안된다는 것이었다.

벤덤에 있어서 주권은 최고의 구성적 권력Constititive authority이며 이 주권은 국가기구의 기동력으로서 인민에 속한다는 것이었다. 그러므로 대의제적 민주주의가 필요하다는 것이며 즉 대의제적 민주주의가 최대 다수의 최대의 행복을 보장한다는 것이었다.

그러므로 벤덤은 루소와 달리 직접적 민주주의는 현실적으로 불가능하며 대의제가 가장 적합한 것이며 지배자와 피지배자로 자유와 권력의 충돌이 가장 적게 되도록 하는데 있다는 것이다.

4. 밀의 대의제 이론

밀은 대의제가 불가피한 이유를 다음과 같이 말하고 있다. 이상적인 최량의 정부형태는 주권 또는 통치권이 공동사회 전체에 부여되어 있어야 하며 각 국민이 주권을 행사함에 있어서 다만 발언권을 가질뿐만 아니라 지방적 또는 일반적 공직을 개인이 수시로 담당함으로써 정부에 적극적으로 참여해야 되는 것이다.

최량의 정부는 전 인민이 참가하는 정부이기는 하나 면단위 이상의 사회에서는 전 인민이 개인적으로 모든 공공사무에 참가하는 것이 불가능하기 때문에 완전 정부의 이상형은 대의가 아니면 안된다는 것이다. 이러한 대의제 정부는 전 인민이 선가한 대표를 통하여 통치권을 행사하며 원한다면 언제든지 정부의 주인공이 되는 것이다.

밀의 있어서 자유는 인간의 자기목적인 것이었다. 즉 개인적 독자성과 창조성을 함양하기 때문이다. 밀의 자유의 영역은 3가지가 특히 중요하다.

① 사상 및 언론의 자유 그리고 이상발표의 자유이다. ② 생활태도 및 생활양식의 자유였고, ③ 동일한 한계 내에서 결사 및 단결의 자유였다.

밀에 있어서 3가지 자유 가운데 가장 중요한 것이 사상 및 언론의 자유the

liberty of thouhht and cassion였고 그것은 인류의 정신적 복지에 있어서 중요성을 강조하였다.

이상과 같이 선진민주국가에서는 많은 사상가들의 영향으로 오늘날까지도 민주주의 초석이 되어왔고 앞날에도 변함없이 성장되어갈 것이다.

Ⅲ. 결 론

이상과 같이 18세기 전후로 세계적인 인문 사회학 사상가들의 영향으로 민주주의가 성장되고 또한 의회가 제 기능을 확립함으로써 국가가 힘을 얻고 의회의 권한이 주어짐으로 민주주의 근본적인 정의의 불꽃을 피우게 되었고 노동당과 서민원이 성장되었다. 앞서 사상가들은 자유주의에서 공리주의, 많은 사람들의 행복을 위한 정치 그 사회의 자유로운 인문학의 영향으로 민주주의는 성장되어 왔다. 그러나 오늘날 전세계인의 마음을 사로잡은 2010년 하버드대학의 마이클 샌델 교수의 '정의Justice란 무엇인가!' 란 강의에 수많은 학생들이 감명을 받는 것은 정의에 관심을 가질 때 학생들의 마음의 문이 열린다는 것이다. 정의란Justice란 즉 올바른 사회 또는 올바른 도덕관, 윤리관 여러 가지로 정의될 수 있다. 그러나 우리나라에서는 물질만능주의 사회에서 정의란 모르고 지나쳐 온 것이 사실이다.

이 나라 이 민족에 정말로 정의가 있었는가. 우리 모두 반성해야 할 것이다. 서양에서 의회정치가 꽃을 피우고 있을 때 우리나라 국회는 정말 정의로운 국회가 운영되어 왔던가 다시 한번 반성해야 한다. 원래 민주정치는 힘에 의한 정치가 아닌, 민주정치는 대화와 타협의 정치이며 인간을 사랑하는 화합의 정치이다.

결론적으로 민주정치의 근본목표는 이 땅에 평화를 추구하는 정의의 정치이며 정의가 하수같이 흐르는 정치가 되도록 온 국민이 협력하는 정치인 것이다.

정의란 나라를 바로 세워 나아가는 것이며 정의란 부패된 사회를 바르게 하는 것이며 정의란 타협하는 것이며 정의한 균형을 유지하는 것이며 다시 말하면 모든 사람을 사랑하는 것이 아닌가 생각된다.

이제 우리나라가 세계적인 우수한 국민이 되려면 세계를 지향하는 생각을 가져야 할 것이며 모든 인간을 사랑하는 마음의 문을 활짝 열어가야 한다.

이것이 민주정치이며 이것이 모든 국민이 잘 살아갈 수 있는 민주정치 실천의 원리인 것이다.

풍요로운 공간으로의 초대

—기운이 모이는 공간을 기준으로

나는 지난 11월 2일에 현대백화점 갤러리 H에서 개최된 창사 39주년 특별 초대전 지당 박부원 도예가 달 항아리 전시를 구경한 적이 있었다. 전시회를 구경하게 된 동기는 평소 알고 지내던 차인茶人 박경수 씨가 달 항아리 전시회 기간 동안 차茶 봉사를 하게 되었는데 아주 유명한 도예가의 전시회라며 리플릿을 나에게 가져다 준 것이 계기가 되었다. 전시회 리플릿 표지에 실린 순백색의 덩그런 달 항아리를 보는 순간 나는 달 항아리 그 자태에 매료되어 한참을 보고 있었다. 평소 내가 보고 싶어 했던 달 항아리이기도 해서 구경을 꼭 가겠다고 하였더니 그러면 전시회 개막식 날은 바쁠 것 같으니 오시지

공학박사

말고, 그 다음 날에 오시면 작가 선생님과 차 한잔 할 수 있는 시간을 만들어 드리겠다는 것이다.

나는 자연에 존재하는 지형지물 형태의 음양이치를 다루는 풍수지리 연구와 서예글씨의 조형미를 나타내는 필선에 대한 기운이라는 음양의 조화 기능에 관심이 많다. 그래서 이러한 동양의 전통기운과 연관되는 한국의 도자기라든지 그림, 미술품 등 골동 예술품에 대해서 관심이 조금 있었지만, 조선의 달 항아리 도자기에 대해서는 간혹 사진으로 본 것 이외에는 직접적인 전문지식은 없었다. 그래서 전시회를 관람하기 전에 인터넷 검색을 통하여 달 항아리에 대해서 알아보았다.

> 달 항아리는 조선 후기 15~16세기부터 만들어졌으나 특히 문화 황금기로 꼽히는 17~18세기 영조 때에 많이 만들어진 조선의 대표적인 백자로서 경기도 광주 금사리가마(1726~1752년)에서 제작된 작품이 많이 출토되고 있다. 그 크기는 높이 40센티 이상 50센티 미만의 정방형에 가까운 원형 또는 타원형으로 구성되어 있다. 도예가 박부원 선생님의 말에 의하면 일본인에 의해 백자대호白磁大壺로 불려졌던 것을 1970년대에 들어오면서 최순우 박사의 책에서 하늘의 달 이미지를 닮았다 하여 순수한 우리 이름인 달 항아리라는 이름을 쓴 이후 백자대호 이름보다 달 항아리라는 이름으로 널리 알려지게 된 것이라고 한다. 달 항아리는 조선의 대표적인 백자로, 전 세계에서 우리나라에서만 유일하게 제작됐던 원형 형태의 도자기로 근대 한국미를 대표하는 예술품으로 각광받고 있으며, 도자기 컬렉션으로 이름난 일본 오사카 동양도자미술관과 영국의 대영박물관 등 해외에도 10여 점 있는 것으로 알려져 있다.
>
> —취화당

아무런 장식도 고운 색깔도 아랑곳할 것 없이 오로지 흰색으로만 구워 낸 백자 항아리의 흰빛의 변화나 그 어리숭하게만 생긴 둥근 맛을 우리는 어느 나라의 항아리에서도 찾아볼 수 없다는 데서 대견함을 느낀다. 이러한 백자 항아리들을 수십 개 늘어놓고 바라보면 마치 어느 시골 장터에 모인 어진 아낙네들의 흰옷 군상들이 생각나리 만큼 백자 항아리의 흰색은 우리 민족의 성정과 그들이 즐기는 색채를 반영한 것이라고 생각한다.

— 최순우

15~16세기에 만들어진 백자 달 항아리가 국보나 보물로 지정된 것 이외에도 보물지정으로 추진되는 18세기에 제작된 순백색의 조선 달 항아리에 대한 이야기는 많이 있다. 달 항아리 중 일화 하나는 '일본의 어느 절에 보물급 달 항아리가 있다는 것을 알고 도둑이 이를 훔쳐 가다가 스님께 발각되어 도망치다가 달 항아리를 떨어뜨려 그 조각이 330편으로 박살이 났다고 한다. 스님은 조각 파편들을 하나하나 주워 모아서 이전 모습의 달 항아리 원형으로 복원하는데 3년이라는 긴 시간이 걸렸다고 하며, 달 항아리가 다시 태어났다는 의미로 성대한 복원식을 치른 후 현재 박물관에 전시되고 있다' 는 사실만 보더라도 조선백자 달 항아리에 대한 예술적인 작품성과 가치성은 뛰어나다고 보아야 할 것이다.

11월 3일 오전에 나는 전시도 보고 차도 한잔 할 겸해서 박경수 씨께 미리 전화를 하고 가벼운 마음으로 갤러리 H에 갔다. 갤러리 H 입구에는 특별초대전에 어울리는 전시축하 화환들이 많이 서 있었다. 달 항아리 한 가지 주제로 전시되는 경우는 보기 드문 전시이기도 하지만 내가 아는 사람이 전시장 안내 도우미를 하고 있다는 내심에 편안한 마음으로 갤러리를 들어가게 되었다. "어~이! 박 사장님 좋은 일 하시느라 수고가 많으십니다." "예, 교수님 오셨습니까?" 나를 아는 주위 분들은 내가 대학에 조그마한 강의를 다닌다고 나를 편의상 교수님 박사님이라 부른다. 나도 듣기가 싫지 않아 그대로 생활하는 편이다.

갤러리 초입에서 제일 먼저 전시장의 분위기를 둘러보기도 전에 전시작가 선생님과 인사를 나누게 되었다. 리플릿 안내장으로는 구면이지만 눈앞에 나타난 작가의 인상은 흰 수염에 가느다란 뿔테 안경을 끼신 조그마한 얼굴에 키와 체격이 왜소해 보이는 70살이 넘어 곱게 늙어 보이시는 노익장이었다. 내가 갤러리에 도착하기 전에 박경수 씨가 지당 박부원 작가 선생님께 "작가에게 아까 말씀드린 풍수지리 교수님입니다"라고 소개하였다. 인사를 드리고 원탁에 3명이 나란히 앉아서 이야기를 나누는데 달 항아리 전시를 울산에서 하게 된 동기와 도자기에 대한 전반적인 이야기를 주고받는 과정에서 자연스럽게 달 항아리 전시장 작품공간배치에 대한 풍수기운의 접목 이야기가 나오게 되었다. 나를 풍수지리를 전공한 공간배치의 전문가라고 미리 소개를 하였는지 작가 선생님과의 대화에서 생기生氣 있는 전시장 작품 배치에 대한 이야기는 공감대를 형성하게 되었다.

달 항아리 제작 전통기법은 항아리의 크기가 커서 한 번에 물레에 돌리지 못하고, 원형의 모양을 반원으로 만들어 2개를 맞붙여 구워낸다. 그래서 항아리 가운데에 붙인 자국도 남아 있고, 굽는 과정에서 불의 농간에 의해 반듯한 구형球形이 아니라 한쪽이 이지러져 보이는 경우도 많다. 그래서 시각적으로 정형이 아닌 비정형의 정형 같은 달 항아리의 모양에서 빛과 어우러져 여러 가지 달 항아리 모습이 나타나게 되는 것이 색감과 조화되어 그 아름다움으로 보이게 된다.

아무리 훌륭한 작품이거나 좋은 기운을 가진 존재라도 자기 스스로의 기운과 어울리는 자리에 배치되지 못하면, 즉 작품 배열의 공간배치가 잘못되면 그 작품이 가진 기운은 감소되거나 퇴화되게 된다. 이러한 기운 변화과정은 자연의 순리인 공기이동에 해당된다. 그리고 한정된 공간에서 전시되는 작품은 공간의 기운을 재창출하게 되는데, 디자인 색상 대소 원근의 배열에 따라 표출되는 기운의 길흉吉凶적 성질은 각각 다르게 나타난다.

원탁에 앉아 나누는 대화 중에 나는 전시장을 보게 되는데 달 항아리라는 작품은 눈에 들어오지 않고 전시장의 달 항아리 진열에 대한 공간 배치가 좋은 기운을 발생시키지 못하는 배치로 되었음이 계속적으로 내 마음과 인상을 무겁게 만들고 있었다. 그러던 중에 작가 선생님과 아시는 분이 대구에서 오셨다. 작가 선생님은 손님에게 인사를 나누고 전시된 달 항아리 작품을 하나하나 설명을 하기 위해서 자리에서 일어났다. 나도 따라 일어나 전시장을 돌면서 전시 설명을 경청하게 되었다.

전통지리사상을 배경으로 연구되는 풍수지리風水地理라는 학문은 본질적으로 땅과 땅 위에 존재하는 물 그리고 물과 땅에서 비롯된 바람을 연구하는 학문이며, 이를 바탕으로 유익한 환경조성을 연구하는 학문이다. 그리고 풍수지風水地 이들의 상호조화와 부조화를 밝혀 인간생활에 응용하여 사용하면 그만큼 유익한 정보나 기운을 얻을 수 있게 된다. 달 항아리의 재료로 쓰이는 흙 물 불의 조건들도 풍(불) 수(물) 지(흙) 그 자체임을 확인할 수 있다. 제작 과정에 있어서도 항아리의 모양 질감 및 기능에도 풍수지의 조화 내지는 균형의 이치가 적용이 된다는 것을 묵시적으로 보여주는 대목이다.

전시되는 작품의 공간배치가 잘 되어 작품을 통하여 전시장 기운이 생기를 생산하게 되면 그 전시회는 작가가 의도한 대로 성공하게 된다. 반면에 작품의 공간배치가 잘못되어 전시장 기운이 생기를 잃거나 소모시키게 되면 그 전시회는 성공할 수가 없다. 그 이유는 똑같은 작품이라도 공간배치에 영향을 받는 공기이동으로 파생되는 기운에 따라 그 작품이 심미적으로 훌륭해 보이기도 하고 때로는 천박스럽게 보이기도 하기 때문이다. 이러한 이유를 근거로 나는 작가 선생님에게 원탁에서 아까 나눈 대화를 마무리하기 위해 조심스럽게 "선생님 제가 전시장 작품배치에 대해서 제안을 하나 드리고 싶은데 괜찮겠습니까?"라고 물었다. 다행스럽게도 긍정적으로 의아해 하시면서 타당하면 받아들이겠다는 것이다. 그래서 나는 "지금 배치된 전시형태로서는 작품이 많이 판매되는 좋은 결과를 가져올 수가 없습니다. 그러니 제 임의대로 작품배열을 재배치해도 되겠습니까?" 물으니 잠시 생각다가 '도와주면 감사하겠다' 하시기에 나는 위 그림 도면에서 보이는 원리대로 생기가 생산되는 새로운 전시공간으로 작품을 재배치하고는 "선생님 마음에 드십니까? 이전 배치보다 더 나은 것 같습니까?" 하고 물으니 좋다 하시며 이 고마움을 잊지 않겠다고 하셨다. 나는 "이제 전시장 같지 않습니까? 걱정하지 마십시오. 선생님이 생각하고 계신 것보다 작품이 더 많이 팔리게 될 것이며 대박은 아니더라도… 기다려 보십시오. 멀리 울산까지 오셨으니 대박을 내셔야죠."

확답을 내린 전시결과에 대한 예언에 책임감을 느껴 전시기간 일주일 동안 특별한 일이 없으면 전시장 분위기를 지켜보았다. 그렇게 한 이유는 과연 공간배치에서 얻어지는 기운의 힘에 근거한 재화의 창출이 이루어지는지, 일점 당 삼천오백, 이천오백만 원 하는 달 항아리의 판매 여부를 확인해야 할 부분이 남아 있었기 때문이었다. 사실 나는 여러 번의 전시공간배치 기획으로 전시회를 성공시키지 않은 적은 없지만 처음 시도할 때마다 늘 긴장의 연속이었다. 그렇지만 이번은 달 항아리 개당 단가가 수천만 원을 호가하는 보통 금액이 아니었다. 그런데 생기공간生氣空間의 약속은 전시 마지막 날 나를 배신하지 않았고 그 결과는 역시 투 아웃 9회 말 말루에 홈런의 경쾌함과 같았다. 일주일 동안 이 전시를 통하여 일억이 넘는 매출이 발생하게 된 것이다.

지당 박부원 달 항아리 전시를 마치면서 작가의 말씀에 의하면 아무 일면식의 연고도 없는 지역에 준비되지 않은 상태로 갑작스럽게 전시를 하게 되었기 때문에 다만 보여주는 발표회의 성격을 지닌 전시로 생각했다 한다. 그래서 소품 한두 점 판매하게 되면 만족한다고 생각했는데, 이번 전시를 통하여 대작 3점을 포함한 소작 2점이 판매된 것은 뜻밖의 결과라 하시면서 마음속에 담아 그 고마움을 잊지 않겠다고 하셨다. 좋은 결과는 우연일 수도 필연일 수도 있겠지만 나는 여러 번 반복되는 똑같은 전시공간배치 실험을 통하여 거의 비슷한 결과가 나타남을 발견할 수 있었다. 그리고 나는 다음 전시회 때에는 작가의 한층 더 발전된 작품 무심 속에서 해탈된 새로운 기운의 작품을 관람할 수 있기를 기대한다.

달 항아리 전시라는 실질적인 사례를 통하여 일정한 공간에 자리를 차지하는 물건의 장소적 배치에 따라 공간 전체의 기운이 변화된다는 것을 알아보았다. 이렇게 재창조되는 명당 기운이 재화 출세 성공을 창출하는 기운과 직결될 수 있는지에 대한 가능성에 대해서도 알아보았다. 가정적인 사례이긴 하지만 달 항아리 전시를 통하여 작품의 공간배치가 잘 되면 작품의 판매 면이나 평가 면에서 좋은 결과를 가져오게 된다는 것을 알 수 있었다. 이와 같이 기운의 순행원리를 이해하여 사람의 생활환경 주변으로 기운을 모으는 공간배치 구성 즉 주거공간 사무공간 생산공간을 설계배치 한다면, 그 공간 속에서 누구나 미래의 삶을 더욱 윤택하고 풍족하게 유도할 수 있을 것이다.

울산문수필담동인 정관

제1장 총 칙

제1조(명칭) 이 모임은 울산문수필담동인(이하 모임)이라 칭한다.

제2조(소재지) 본 모임의 연락처는 울산광역시에 둔다.

제3조(목적) 본 모임은 동인의 지위 향상과 돈독한 우의을 통하여 문학 · 예술 중흥에 이바지하며 모임원의 화목을 최우선으로 한다.

제4조(사업) 본 모임은 제3조의 목적을 달성하기 위하여 다음의 사업을 전개한다.

1) 시 · 수필(기타 장르 포함) 문학에 대한 연구 발표.
2) 우수 모임원과 작품에 대한 포상.
3) 모임원의 저작권 보호와 권익 증대.
4) 기타 목적 달성에 필요한 사업.

제2장 모임원

제5조(모임원의 구분 및 자격) 본 모임의 모임원은 본회의 설립취지를 찬동하여 소정의 입회서를 제출하고 총회 및 이사회의 승인을 얻은 자로 한다.

제6조(의무) 모임원은 다음의 의무를 진다.

1) 본 모임의 정관 및 제 규정의 준수.
2) 총회 및 이사회의 의결사항 준수.
3) 회비 및 부담금 납부.

제7조(권리) 모임원은 본회의 운영에 참여할 수 있는 권리를 가진다.

제8조(상벌)

1) 모임원으로서 본 모임의 발전에 기여한 자에 대해서는 이사회의 의결을 거쳐 포상할 수 있다.
2) 모임원으로서 본 모임의 목적에 위배되는 행위 또는 명예와 위신에 손상

을 가져오는 행위를 하거나 제6조의 의무를 이행하지 아니한 자에 대하여는 이사회의 의결을 거쳐 징계할 수 있다.

제3장 임 원

제9조(임원의 정수) 본 모임은 다음과 같이 임원을 둔다.

1) 회장 1명
2) 부회장 1명
3) 이사 3명
4) 감사 1명
5) 사무국장 1명

제10조(임원의 선출)

1) 임원은 총회에서 선출한다.
2) 새로운 임원의 선출은 임기만료 15일 전까지 하여야 한다.

제11조(임원의 임기)

1) 임원의 임기는 1년으로 하며 1차에 한하여 연임할 수 있다.
2) 보선에 의하여 취임한 임원의 임기는 전임자의 잔여기간으로 한다.

제12조(임원의 임무)

1) 회장은 본 모임을 대표하고 본 모임의 업무를 총괄하며 총회 및 이사회의 의장이 된다.
2) 부회장은 회장을 보좌하고 회장의 유고 시 그 직무를 대행한다.
3) 이사는 이사회에 출석하여 본회의 업무에 관한 사항을 의결하고 처리한다.
4) 감사는 본회의 재정에 대한 사항 및 총회 · 이사회의 운영과 그 업무에 관한 사항을 감사한다.

제4장 회의와 기구

제13조(회의) 본 모임의 의결은 총회(정기총회, 임시총회)와 월례회와 이사회로 구분한다.

제14조(정기총회)

1) 정기총회는 매년 12월 중 회장이 소집하며 회원 과반수 이상 출석으로 한다.

2) 총회는 정관개정, 임원개선, 예산 및 결산 심의, 사업계획, 기타 중요사항을 의결한다.

제15조(임시총회) 임시총회는 회원 1/3 이상의 요구가 있을 때 회장이 소집한다.

제16조(의결) 본 모임의 규칙 개정은 참석회원 과반수 찬성으로 의결하고 그 외 사항은 다수결로 정한다.

제17조(기구) 본회의 목적을 달성하기 위하여 아래 기구를 둔다.

1) 이사회

2) 특별위원회

제18조(이사회) 이사회는 회장, 부회장, 이사로 구성하며 연중 분기별로 회장이 소집하여 개최하고 제반 사업에 대하여 토의 및 집행한다.

제19조(특별위원회) 필요하다고 인정될 때 이사회를 거쳐 회장이 구성한다.

제5장 재 정

제20조(수입 및 지출) 본 모임의 필요한 재정은 모임비 및 기타수입으로 충당한다.

1) 모임금

2) 보조금

3) 찬조금

4) 특별모임금

부칙

제1조의 규정에 규정되지 아니한 사항은 일반관례에 따른다.

제2조 본 규정은 2010년 2월 26일부터 시행한다.

편집후기

창간호를 내면서 산고를 다시 생각케 한다.

2009년 초 창립하여, 2010년 말 책을 내기까지 우리 《문수필담》 창립회원들은 매월 회의와 합평회를 하였다.

회원들은 합평 대상 원고를 두고 면도날 같은 지적과 평가를 할 땐 분위기가 거칠었으며, 당사자는 진땀을 흘렸다.

모든 문학회가 다 그렇지만 우리 문수필담 문학회는 읽는 독자에게 예의를 갖춘다는 기본과, 우리가 발표하는 내용 하나 하나가 세상에서 하나뿐인 글이 되어야 하기 때문이었다. 또한 전 회원들이 각계에서 구슬 같은 경험을 바탕으로 옥고를 제출하고, 엄한 담금질을 하였으므로 읽는 이의 뜻 깊은 감동과 좋은 평을 받으리라 감히 믿어 의심치 않는다. 그러나 이제 걸음마를 시작했으므로 부족함도 많으리라 생각한다.

우리 회원 일동은 합심하고, 더욱 노력하며 2집 3집을 내면서 스스로 자정하여 더 좋은 작품을 만들 것을 약속한다.

경인년을 잘 마무리하시고 신묘년 새해 회원 여러분의 건강과 행운을 빌며 편집후기에 가름한다.

— 이영식 부회장

봄볕이 기다려지는, 생명의 계절에 문수필담 회원들의 옥고로 꾸며진 창간호가 얼굴을 내밀었다. 첫술에 포만감을 가질 수는 없지만 이 작품들은 일년의 꾸준한 만남이 거듭되면서 얻어진 결과이다. 그 속에는 회원들의 정서와 삶의 의지가 엿보인다. 글의 행간마다 고민하고, 사색한 표정도 읽을 수 있다. 또한 인간적인 체취도 강하게 느껴진다.

필담은 글로 표현한다. 회원들의 가슴에는 삶의 진지함과 고뇌가 함께 녹아 있다. 그래서 사람들의 이야기를 만들고, 우리의 마음을 달래 주는가 보다. 이순耳順을 오르내리는 회원들의 인생과, 내공의 넉넉함이 있기에 이런 것들이 가능한 것이 아닐까? 보다 더 일신한 문운을 기대해 본다.

— 최영수 이사

울산문수필담동인 주소록

회원명	연락처	주소 및 직장	비고
강문중	010.5535.8670	울산광역시 남구 신정5동 4-84 진성빌라 201	
		(온열공간, 공학박사)	
김경숙	010.6556.6793	울산광역시 동구 전하1동 550-62	
		(한자논술울산지부장)	
김경식	010.7240.7958	울산광역시 남구 야음3동 755-3 광화빌라 202	
		(무룡중학교 교장)	
		kgs0823@paran.com	
김금자	010.8551.7658	울산광역시 울주군 범서읍 천상리 한라그린 103/1406	사무국장
		(울주문화원 사무국장)	
		kjkj219@hanmail.net	
김성수	010.6577.4465	울산광역시 울주군 범서읍 천상리 33B 5-1L	
		(울산학춤보존회 고문)	
		hakchum1976@hanmail.net	
김수정	011.567.6952	울산광역시 남구 신정1동 1401-15 크로바A 1/1303	
		(동주대 작곡과 교수)	
		mssm7@hanmail.net	
김인철	011.284.2577	대구광역시 달성군 화원읍 본비리 131-4	
		나우빌302 (기업가)	
김진영	010.2866.4770	울산광역시 남구 달동 873-6 삼호빌딩	
		(울산신문사 편집국장)	
박일송	011.578.2125	울산광역시 울주군 웅촌면 석천리 71	이사
		(전 교수)	
유성재	010.3872.1268	울산광역시 남구 무거동 569-4 협성벽산A 1/705	
		(삼호초등학교 교장)	
		ysj0408@hanmail.net	

회원명	연락처	주소 및 직장	비고
이명숙	011.808.8767	울산광역시 남구 야음2동 564-1 태양한신A 상가2층	
		(대구예술대학 교수)	
		mirimart@hanafos.com	
이영식	010.6567.1111	울산광역시 남구 신정2동 690-3세한A B/203	부회장
		(유림㈜)	
이왕복	011.9346.9376	울산광역시 북구 연암동 401-5	
		이왕복소아청소년과의원 (소아 청소년과 원장)	
		wangbok@pednet.co.kr	
정상태	011.564.6020	울산광역시 울주군 언양읍 반천리 769-1	
		(울산문화연구소 소장)	
정우규	017.580.8403	울산광역시 남구 신정2동 1203-5 동아아트빌라 401호	
		(생물학 박사)	
정환철	010.3911.9770	울산광역시 북구 염포동 73-1	
		(현대자동차)	
최영수	010.2922.3310	울산광역시 남구 달동 삼산선경A 6/601	이사
		(울산중앙방송 전무이사)	
한대화	010.2726.8390	울산광역시 울주군 온양읍 남창리 151-5	
		(정치학 박사, 전 교수)	
홍중곤	010.4027.0511	울산광역시 중구 복산2동 186-3 세운파래스 1/202	감사
		(전 고등학교장)	
한석근	011.851.1640	울산광역시 중구 북정동 116-6 도서관길 27	회장
		(울산조경공사 대표)	
		dr0300@naver.com	
한신디아	011.834.0661	울산광역시 남구 신정1동 1842-29	
		(시인) eshan0661@hanmail.net	

文殊筆談 창간호

펴낸날 | 2010년 12월 30일

펴낸이 | 회장 한석근
펴낸곳 | 울산문수필담동인
울산광역시 중구 북정동 116-6 도서관길 27
☎ 011-851-1640

제작보급처 | 도서출판 경남
연락처 | (055)245-8818~8819/223-4343(f)
홈페이지 | http://www.gnbook.com
전자메일 | gnbook@empal.com
등록 | 제2호(1985. 5. 6.)

ISBN 978-89-7675-680-0-04800
ISBN 978-89-7675-679-4(세트)

〔값 12,000원〕